NEUES GROSSES TECHNIK LEXIKON FÜR KINDER

Sabine Fritz & Feryal Kanbay

Compact Verlag

Liebe Leserin, lieber Leser,

wenn du mit offenen Augen und neugierig durch die Welt gehst, werden dir immer wieder Dinge auffallen, über die du gern etwas mehr wissen möchtest. Beim Frühstück hast du dich vielleicht schon einmal gefragt, wie die Mikrowelle deinen Kakao so schnell erhitzt. Wie kommen denn die Bilder in den Fernseher und wie funktioniert eine Stereoanlage? Wann fuhren die ersten Autos durch die Straßen und wer hat das Telefon erfunden? Wie kann man im Internet surfen und was ist eigentlich ein Computervirus?

Fragen über Fragen: Wir haben uns mal schlau gemacht und versucht, auf diese Fragen Antworten zu finden, die man auch verstehen kann.

Um es für dich einfacher und übersichtlicher zu machen, haben wir nach der Einleitung die über 60 interessantesten Themengebiete in diesem Buch alphabetisch sortiert. Jedes Thema beleuchten wir aus verschiedenen Blickwinkeln. Bei vielen geben wir dir auch Anregungen, wie du selbst experimentieren und Dinge überprüfen oder herausfinden kannst. Diese Anregungen findest du in den farbig unterlegten Kästen. Es gibt auch Kästen, die besonders spannende Informationen enthalten. Sie beginnen mit der Frage: „Hast du schon gewusst ..."

In der Technik hängen viele Dinge irgendwie mit anderen zusammen. Deshalb kommt es in den Texten immer wieder vor, dass du ein Wort in **blauer** Schrift findest. Das verweist auf ein anderes Thema, das mit dem gerade gelesenen in Zusammenhang steht. Dazu kannst du dann an anderer Stelle im Buch Einzelheiten nachlesen. Du musst dieses Buch also nicht von vorn bis hinten durchlesen, sondern kannst dich auch von den blauen Wörtern leiten lassen und so kreuz und quer durchs Buch springen.

Für den Fall, dass du ein spezielles Stichwort suchst, haben wir für dich im Anhang – ab Seite 154 – ein Stichwortverzeichnis im Buch. Dort findest du die meisten wichtigen Begriffe, zu denen du vielleicht Informationen suchst – wieder alphabetisch geordnet. Wenn du also etwas nicht im Inhaltsverzeichnis findest, schau einfach dort nach.

Das war's für den Anfang. Blättere das Buch einfach erst mal durch und verschaff dir einen Überblick. Und dann überlege, was dich am meisten interessiert – damit fängst du an. Viel Spaß dabei!

Impressum

Alle Angaben wurden sorgfältig recherchiert, eine Garantie bzw. Haftung kann dennoch nicht übernommen werden.
Text: Sabine Fritz, Feryal Kanbay
Chefredaktion: Evelyn Boos
Redaktion: Kerstin Pfeil
Fachredaktion: Andreas Burgwitz
Produktion: Wolfram Friedrich
Abbildungen: IFA-Bilderteam, München; dpa Picture-Alliance, Frankfurt, Bilderbox
Titelabbildungen: IFA-Bilderteam, München; dpa Picture-Alliance, Frankfurt
Gestaltung: Axel Ganguin
Umschlaggestaltung: Inga Koch

ISBN 3-8174-5832-0
5458321

Besuchen Sie uns im Internet:
www.compactverlag.de

PEUGEOT
LAZER

33%
17%
17%
33%

74 1192

CHINA AIRLINES

OE-BXM

USA

MSC

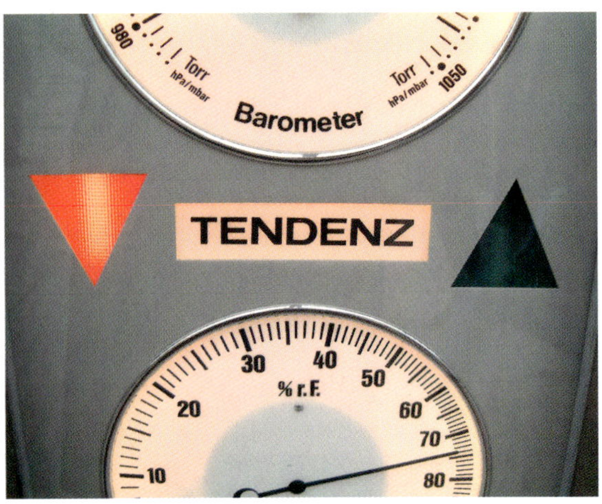
Barometer
TENDENZ
% r.F.

Was ist Technik?

Das Wort Technik kommt aus dem Griechischen und bedeutet übersetzt soviel wie Kunstwerk oder Kunstfertigkeit. Im Laufe vieler Jahrhunderte und Jahrtausende haben Menschen die Natur beobachtet und versucht, daraus bestimmte Gesetzmäßigkeiten abzuleiten. Die Kenntnisse wurden gesammelt und Zusammenhänge erkannt. Heute haben wir für viele Vorgänge eine logische Erklärung. Doch das war nicht immer so.

In der Steinzeit wussten die Menschen nicht, warum beispielsweise Vögel fliegen können oder weshalb Gegenstände immer nach unten fallen. Doch viele Forscher und Wissenschaftler studierten die Natur und versuchten mit Hilfe von Experimenten Gesetzmäßigkeiten festzustellen. Sie machten sich ihr Wissen zu Nutze, um unter anderem Gegenstände herzustellen, die das tägliche Leben erleichterten. Am Anfang waren die Erfindungen noch recht einfach. Doch je besser sich mathematische, biologische, physikalische oder chemische Zusammenhänge erklären ließen, desto hochwertiger und komplexer waren die sich daraus ergebenden Erfindungen. Der Begriff Technik beschreibt also das Nutzbarmachen der Naturkräfte, Naturgesetze und Rohstoffe für die Menschen. Weiter steht er aber auch für Verfahren und Maßnahmen zur Beherrschung und Nutzung der Mittel, die zur Ausübung eines Handwerks notwendig sind.

Isaac Newton

Leonardo da Vinci

Otto Hahn

Thales

Luigi Galvani

Thomas A. Edison

Computerplatine

Zahnräder

Geschichte der Technik

Vom Faustkeil bis zur Gentechnik

In der Steinzeit hatte der Mensch nicht mehr als seine Hände zur Verfügung, um verschiedenste Gebrauchsgegenstände herzustellen. Es war ein großes Abenteuer das tägliche Leben zu bewältigen. Die Menschen mussten sich völlig der Natur unterwerfen. So ließen sie sich dort nieder, wo es von Natur aus schützende Felsvorsprünge und Höhlen gab. Schon der Bau von Hütten setzt nämlich einige technische Entwicklungen voraus. Doch die Steinzeitmenschen wussten nicht, welche Baumaterialien geeignet waren und wie man diese bearbeiten konnte. Es gab auch keine statischen Berechnungen für eine sichere Bauweise ohne Einsturzgefahr. Außer dem Feuer gab es in der Steinzeit keine Lichtquellen. Für die Menschen war der Tag zu Ende, sobald die Dunkelheit hereinbrach. Doch selbst um das Feuer zu erzeugen, war eine gewisse Technik im Umgang mit dem Feuerstein notwendig.

Eine der größten Herausforderungen war die Nahrungsbeschaffung. Tiere wurden gejagt, was nicht ungefährlich war. Schließlich gab es noch keine Waffen, mit denen sich die Jäger bei einem Gegenangriff des Tieres hätten verteidigen können. Es waren auch keine Transportmittel vorhanden, um die Beute ins Lager zu schaffen und kein Messer, um sie zu zerteilen. Die Jagd stellte die Menschen somit vor Probleme. Deshalb war die Erfindung des Faustkeils eine große Bereicherung. Ein Faustkeil ist ein keilförmiger Feuerstein mit zwei geschärften Seiten. Man kann ihn gut in der Hand halten und zum Hacken, Schneiden und Schlagen benutzen. Um den Stein zu schärfen wurden damals zwei Steine so lange gegeneinander geschlagen, bis sich Teile mit scharfen Kanten absplitterten.

Mit diesem neuen Werkzeug konnten die Steinzeitmenschen ihre Jagdbeute zerteilen und stückweise transportieren. Es war möglich, das Fell des Tieres abzutrennen und daraus wärmende Decken und Umhänge herzustellen, sowie das Fleisch klein zu schneiden. Zudem war der Faustkeil die Grundlage für weitere Entwicklungen wie zum Beispiel Axt oder Messer.

Die Erfindung des Rades

Eine weitere wichtige Erfindung war das Rad. Auf dieser Erfindung beruht noch heute der Großteil unseres Transportsystems. Das Rad erfanden die Menschen an verschiedenen Orten unabhängig voneinander. Sie erkannten, dass sich runde Gegenstände wie beispielsweise Baumstämme leichter und schneller befördern ließen, wenn man sie rollte. Somit begann die Suche nach einem Transportverfahren durch Räder. Zuerst gab es nur Rollen und Walzen, doch bereits im Jahr 2000 vor Christus wurde mit

Maschinen sollen die Arbeit erleichtern

dem Speichenrad ein Gerät entwickelt, das noch heute benutzt wird.

Die Erfindung der Dampfmaschine

Viele Dinge, die wir im täglichen Leben benutzen, wurden schon vor Jahrhunderten erfunden. Inzwischen gibt es die meisten von ihnen in verbesserter Form. Durch die Entwicklung der **Dampfmaschine** in der Mitte des 18. Jahrhunderts und die Entstehung von Fabriken waren neue Produktionsformen möglich. Was vorher in mühevoller Handarbeit oder großem körperlichen Kraftaufwand gefertigt worden war, konnte nun schneller, leichter und günstiger produziert werden. Die Dampfenergie wurde zu dieser Zeit Grundlage der Energieerzeugung. Bis dahin waren vorrangig Wasser- und Windenergie genutzt worden. Nun war man von der Natur nicht mehr so sehr abhängig. Eine ganz neue Form der **Energiegewinnung** durch Kernspaltung machten sich die Menschen vor ungefähr 50 Jahren zu Nutze. Da die Stromerzeugung in **Kernkraftwerken** aber nicht ungefährlich ist, sind Wissenschaftler bis heute auf der Suche nach neuen anderen Energiequellen.

Neue Forschungsgebiete

Die Energiegewinnung ist aber nur eines von vielen Gebieten, mit dem sich die heutige Wissenschaft befasst. Da die Erde fast vollständig erforscht worden ist, untersuchen Astronauten, Physiker, Chemiker, Biologen und Geologen den Weltraum. Durch moderne **Satelliten** und Sonden hat die Weltraumforschung in jüngster Vergangenheit enorme Fortschritte gemacht.

Ein anderes Gebiet, welches die Wissenschaftler derzeit sehr beschäftigt, ist die **Gentechnik**. Die Gesetze der Vererbungslehre wurden schon früh erkannt. Es dauerte aber viele Jahre, bis Menschen in der Lage waren, auf die Entstehung von neuem Leben Einfluss zu nehmen.

Das **Internet** ist eine weitere wichtige Erfindung der letzten Jahre. Dieses nachrichtentechnische System verbreitete sich rasant und dient den Menschen als schnelles Kommunikationsmittel.

Wir leben im Informationszeitalter

Vorteile und Gefahren

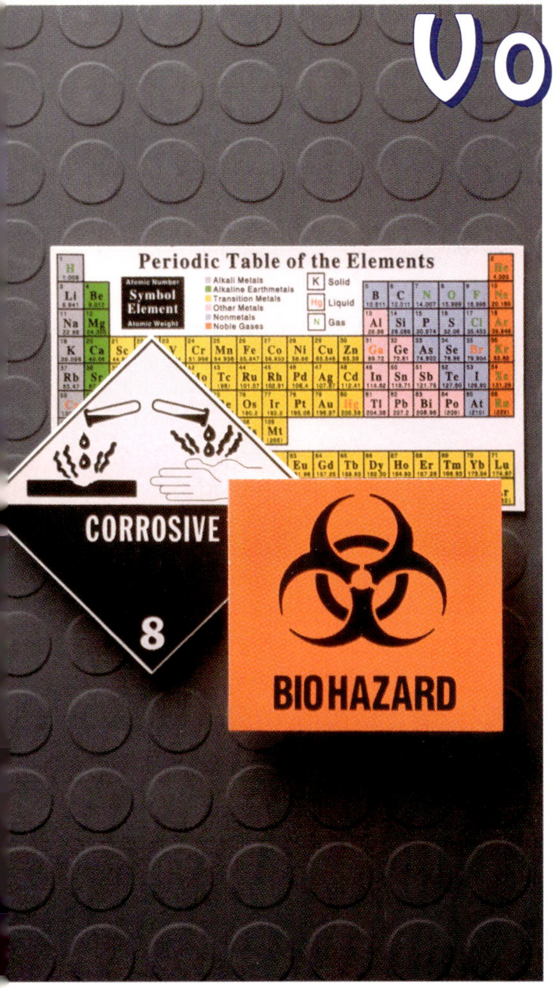

Warnschilder

Wozu brauchen wir Technik?

Auf Technik können wir heute nicht mehr verzichten. Jeden Tag kommen wir hundertfach mit technischen Erfindungen in Berührung. Schon morgens, wenn der Wecker klingelt, werden wir von einer technischen Erfindung geweckt. Die Butter auf dem Frühstücksbrötchen kommt frisch aus dem **Kühlschrank**. Das Wasser für die Zubereitung des Tees oder Kaffees wurde in einer Maschine oder auf dem Herd erhitzt. Den Weg zur Arbeit oder Schule legen viele Menschen mit **Fahrrädern**, **Autos**, Bussen oder Zügen zurück. Um die tägliche Arbeit zu erledigen werden verschiedene Werkzeuge, **Computer** und **Telefone** benötigt. Abends wäre ein schöner Fernsehabend ohne Technik nicht möglich. Gäbe es keine **Satelliten**, könnten wir Sportereignisse in fernen Ländern nicht live am Bildschirm verfolgen. Wir könnten darüber nur in der Zeitung lesen – doch auch eine Zeitung würde es ohne Druckverfahren und Papier nicht geben. Wenn wir abends wieder ins Bett gehen, löschen wir das Licht. Ohne **Glühbirnen** und **Elektrizität** wären die Städte stockdunkel. Hätte sich die Technik nicht über Jahrhunderte entwickelt, würden wir leben wie im Steinzeitalter.

Das Leben von einst war sehr beschwerlich. Doch durch die Entwicklung der Technik können wir heute komfortabel leben. In Westeuropa muss fast kein Mensch mehr im Winter frieren. Es gibt genug Nahrung, die auch in entfernte Dörfer transportiert werden kann. Das Wasser aus dem Wasserhahn ist sauber und wir müssen keinen Durst leiden. Da das Leben nicht mehr so anstrengend ist, leben die Menschen heute länger als im Steinzeitalter. Dafür ist auch die **Medizintechnik** verantwortlich. Die Errungenschaften der Technik sorgen also in vielerlei Hinsicht für unser tägliches Wohlergehen.

Vorteile und Gefahren

Die meisten technischen Errungenschaften sind für die Menschen von Vorteil. Doch inzwischen überschreitet die Forschung manchmal Grenzen, wo

Medizintechnik

nicht mehr klar ist, ob die daraus entstehenden Entwicklungen wirklich vorteilhaft für alle sind.

In den letzten Jahrzehnten wurden der Umwelt durch den Menschen erhebliche Schäden zugefügt. Eine lange Zeit wurden diese Schäden nicht bemerkt, doch inzwischen gibt es umfassende Erkenntnisse darüber. So weiß man heute, dass sich die Ozonschicht rund um die Erde zunehmend verdünnt und an Nord- und Südpol sogar Löcher aufweist. Sie schützt wie ein Sonnenschirm alle Erdbewohner vor den gefährlichen ultravioletten B-Strahlen. Geschädigt wurde die Ozonschicht vor allem durch Fluorchlorkohlenwasserstoffe (FCKW). Dieser Stoff wurde jahrelang in Kühlschränken, Klimaanlagen und Spraydosen verwendet.

Auch die Wälder weisen weltweit große Schäden auf. Dabei ist der Mensch auf gesunde Bäume angewiesen: Sie liefern den lebenswichtigen Sauerstoff. Für das Waldsterben verantwortlich sind Industrie, Kraftwerke, Haushalte und Verkehr. Sie produzieren schädliche Abgase wie Schwefeldioxide oder Stickoxide. Deshalb sind Ingenieure und Wissenschaftler gefordert, Produktionsverfahren und Autos mit geringerem Schadstoffausstoß zu entwickeln.

Eine weitere Gefahr für das Leben auf der Erde sind die **Kernkraftwerke**. Zum einen wird die dort gewonnene Energie von den Menschen dringend benötigt. Während man bei der Gewinnung von Wind- oder Sonnenenergie auf die äußeren Bedingungen angewiesen ist, können Kernkraftwerke Tag und Nacht Strom produzieren und den Bedarf decken. Allerdings sind Kernkraftwerke nicht zu 100 % sicher. Einer der schlimmsten Unfälle ereignete sich im ukrainischen Kernkraftwerk von Tschernobyl. Dort kam es 1986 zu einer Explosion in einem Reaktor. Dadurch trat radioaktive Strahlung aus. Viele Menschen starben oder erkrankten in Folge des Unglücks. Deshalb sollen alle Kernkraftwerke in Deutschland auch nach und nach stillgelegt werden. Neben ihrem Nutzen wurde die Atomforschung aber auch für die Herstellung atomarer Waffen missbraucht. Atomwaffen können binnen kürzester Zeit Tausende von Menschen töten. Deshalb geht von ihnen und von den Menschen, die sie besitzen, eine große Gefahr aus.

Auch in den nächsten Jahren wird sich die Technik weiterentwickeln. Wichtig ist es, Gefahr und Nutzen der neuen Entwicklungen abzuwägen. Letztlich kann sich der Mensch mit Hilfe der Technik zwar die Natur zu Nutze machen, doch kontrollieren kann er sie nicht. Deshalb sollten wir alle respektvoll mit unserer Umwelt umgehen.

Computer: Ist Datensicherheit gewährleistet?

Achterbahn

Achterbahn im Europa-Park Rust

Die Geschichte der Achterbahn

Zu den beliebtesten Attraktionen auf jedem Jahrmarkt zählt die Achterbahn. Wer eine Fahrt wagt, hat die Möglichkeit, die Geschwindigkeit von weit über 100 Stundenkilometer direkt am Körper zu spüren. Aber das war nicht immer so. Die ersten Holzachterbahnen fuhren Ende des 19. Jahrhunderts mit einer Höchstgeschwindigkeit von gerade mal zehn Stundenkilometer viel langsamer als heute!

Weil die Geschwindigkeit schon immer die Menschen fasziniert hat, suchten sie schon im 15. Jahrhundert nach dem besonderen Nervenkitzel. In Russland wurden damals die ersten Holzgerüste gebaut. Sie waren bis zu 20 Meter hoch und wurden mit Wasser übergossen. Aufgrund der extremen Kälte in den Wintermonaten gefror das Wasser. Die glatte Eisfläche war die Grundlage für schnelle Abfahrten in besonderen Schlitten. Die Leute hatten viel Spaß daran, die „künstlichen Berge" hinunterzufahren. Aus dem Wintervergnügen entwickelte sich im vorletzten Jahrhundert ein Freizeitspaß für das ganze Jahr. Dafür baute man einfach kleine Räder an die Schlitten und benötigte somit keine eisige Gleitunterlage mehr. Die Schwerkraft zog die Schlitten mit viel Tempo vom obersten Punkt eines Achterbahn-Berges hinab in die Tiefe. Zuvor hatte ein Kettenlift die Gondel auf den Berg hinauf befördert. Da die Strecke anfangs nur auf und ab ging, wurde die Achterbahn als Berg- und Talbahn bezeichnet. In Amerika gab es 1898 die erste Achterbahn, bei der die Strecke tatsächlich in Form einer Acht verlief.

Mitte des 19. Jahrhunderts gab es in Frankreich die erste Achterbahn mit Looping. Die Loopings von damals hatten gerade mal einen Durchmesser von etwa vier Metern. Durch die hohe Geschwindigkeit der Bahn und den zu kleinen Durchmessern der Loopings wirkten enorme Kräfte auf jeden Fahrgast. Der Körper des Gastes musste mehr als das 12-fache seines eigenen Körpergewichts aushalten. Nachdem sich die gesundheitlichen Beschwerden der Achterbahnfahrer häuften, wurde die Loopingbahn verboten. Erst rund 100 Jahre später konnte eine optimale Loopingform geschaffen werden, die bei den Passagieren der Achterbahn keine gesundheitlichen Schäden mehr hinterließ.

Im letzten Jahrhundert ersetzte man die Holzkonstruktionen der Achterbahnen durch Stahl. Auch die Schlitten mussten kleinen Wagen weichen, die sich in einer Kette hintereinander reihten. Darin konnten viel mehr Passagiere Platz finden. Kleine Räder

Euro-Star

an den Seiten der Wagen dienten der sicheren Führung. Um die Geschwindigkeit nach einer Abfahrt wieder zu senken, wurden Kurven auf den Strecken eingebaut. So hat sich die Achterbahn Schritt für Schritt verbessert und weiterentwickelt.

So funktionieren die Achterbahnen von heute

Inzwischen gibt es ganz viele verschiedene Achterbahnen. Doch das Prinzip ist noch fast das gleiche wie vor 150 Jahren. Ein Ketten- oder Seillift befördert die Bahn nach oben. Bevor die Bahn auf ihre Bergfahrt geht, rastet unterhalb des Wagens ein Mechanismus ein. Der Wagen wird nun über eine Kette in die Höhe befördert. Die rasante Abfahrt beginnt, wenn der schwerere Teil des Zuges den Höhepunkt des Berges überwunden hat. Die Schwerkraft zieht nun die Bahn nach unten. Da die Bahn bei ihrer Abfahrt extrem viel Geschwindigkeit aufnimmt, kann sie mühelos durch Kurven, Loopings oder Schleifen schießen. Allerdings bremst der Luftwiderstand die Bahn auch ein wenig.

Neben der Schwerkraft spielt auch die Flieh- oder Zentrifugalkraft eine wesentliche Rolle beim Achterbahnfahren. Sie tritt dann auf, wenn die Geschwindigkeit der Bahn hoch genug ist. Die Zentrifugalkraft drückt den Zug und seine Passagiere zu jeder Zeit fest in Richtung Schiene. Deshalb fallen die Fahrgäste beim Looping auch nicht aus dem Wagen. Zudem werden sie durch einen Sicherheitsbügel im Sitz festgehalten. Am Ende einer wilden Fahrt benötigt die Bahn eine Auslaufstrecke, damit sie ihr Tempo verliert. Kurz vor der Einfahrt in die Haltestation wird der Zug noch einmal abgebremst: Nun können die mutigen Passagiere den Zug verlassen und haben wieder festen Boden unter den Füßen!

Die Räder einer Achterbahn

Die einzelnen Wagen der Achterbahn laufen meist über eine Vielzahl von Rädern. Die Räder umfassen das Schienenrohr von drei Seiten. Zum einen gibt es ein Laufrad, das auf den Schienen fährt und das Gewicht des Zuges in den Schienenkörper leitet. Im rechten Winkel zu den Laufrädern sind die Seitenräder montiert. Durch die Seitenräder wird die Bahn in der Spur gehalten. Somit werden auch in Kurven die Fliehkräfte auf die Schienen

Olympia-Looping auf dem Münchner Oktoberfest

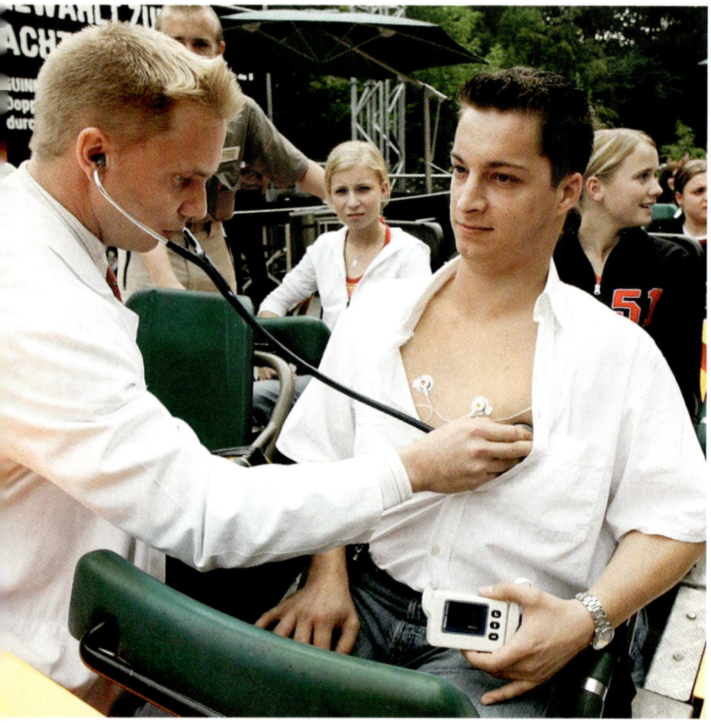

Arzt untersucht Herzschlag eines Passagiers

übertragen. Außerdem gibt es bei der Achterbahn noch die Gegenräder. Sie sind gegenüber der Laufräder angebracht und verhindern das Abheben des Zuges in bestimmten Abschnitten. Die Gegenräder werden beim Looping in der Regel gar nicht belastet, da die Zentrifugalbeschleunigung den Zug in die Schiene drückt. Jedoch gibt es auch Kurven, in denen die Zentrifugalbeschleunigung nicht ausreicht. In einem solchen Fall werden die Gegenräder zu Laufrädern.

Die Rekord-Achterbahnen

Die höchste Achterbahn Deutschlands steht im Europa-Park Rust. Ihr Name ist „Silver Star". Vor der ersten rasanten Abfahrt werden die Wagen des „Silver Stars" in eine Höhe von über 70 Metern befördert. Von dort aus stürzen sie mit einer Höchstgeschwindigkeit von 130 Kilometern in der Stunde in die Tiefe. Die Streckenlänge beträgt 1620 Meter. Aus Sicherheitsgründen dürfen aber nur Personen mitfahren, die mindestens 1,40 Me-

Die Wagen werden über eine Kette in die Höhe befördert

ter groß und elf Jahre alt sind. Wer beim Achterbahnfahren gerne über Kopf steht, der sollte nach England fahren. In der Nähe von London gibt es im „Thorpe Park" eine Achterbahn mit zehn Überschlägen. Den höchsten Looping in Deutschland bietet das „Skywheel" im „Allgäu Skyline Park" in Bad Wörishofen. Es ist 45 Meter hoch. Rein theoretisch könnte ein Looping auch 100 Meter oder höher sein. Eine derartige Stahlkonstruktion wäre aber sehr teuer.

Der verrückteste Achterbahnfahrer der Welt

Der amerikanische Universitätslehrer Richard Rodriguez ist ein begeisterter Fan der Achterbahn. 1977 stellte er seinen ersten Rekord auf, als er 103 Stunden und 55 Minuten am Stück mit einer Holzachterbahn fuhr. Sein jüngster Rekord gelang ihm im Holiday Park in Hassloch. Im Jahr 2003 fuhrt er dort 49 Tage und Nächte abwechselnd in den Achterbahnen „Superwirbel" und „Expedition GeForce". Alle acht Stunden durfte er für 15 Minuten eine Pause machen. Mit dieser Leistung erhielt Richard Rodriguez einen Eintrag in das „Guinness-Buch der Rekorde".

Looping im Heidepark Soltau

HAST DU SCHON GEWUSST,

was die Zentrifugalkraft ist? Für die Achterbahn ist diese Kraft von großer Bedeutung. Sie wirkt nach außen und tritt dann auf, wenn ein Körper sich in einer bestimmten Geschwindigkeit im Kreis bewegt. Wie die Zentrifugalkraft genau wirkt, zeigt das Experiment mit dem Eimer. Dafür wird der Eimer an seinem Henkel fest an eine Kordel gebunden. Nun muss der Eimer ungefähr zehn Zentimeter hoch mit Wasser gefüllt werden. Wenn man den Eimer einfach waagerecht auf die Seite legt, läuft das Wasser aus, da keine Zentrifugalkraft wirkt. Sie wirkt dann, wenn man das Gefäß an der Kordel wie einen Schleuderball im Kreis bewegt. Je schneller die Bewegung und je größer die Geschwindigkeit, desto höher kreist der Eimer. Wenn dieser nun beim Schleudern waagerecht in der Luft liegt, läuft kein Wasser heraus. Die Kraft drückt das Wasser fest an den Boden des Eimers. Das funktioniert auch, wenn du ihn über deinem Kopf schwingst.

EXTRATIPP: DER BESONDERE NERVENKITZEL

Für den Körper ist eine Fahrt mit der Achterbahn eine enorme Anstrengung. Er ist schwer damit beschäftigt, den Gleichgewichtssinn wiederherzustellen. Die Muskeln spannen sich an, das Herz rast vor Aufregung. Ärzte haben herausgefunden, dass die Hälfte aller Achterbahn-Fahrer noch zehn Minuten nach der Fahrt einen unregelmäßigen Herzschlag hat. Deshalb dürfen nur gesunde Menschen mitfahren! Kleiner Tipp: Wer sich in einer Achterbahn in den letzten Wagen setzt, erlebt die Geschwindigkeit noch intensiver. Die Bahn nimmt nämlich im hinteren Teil die meiste Beschleunigung mit.

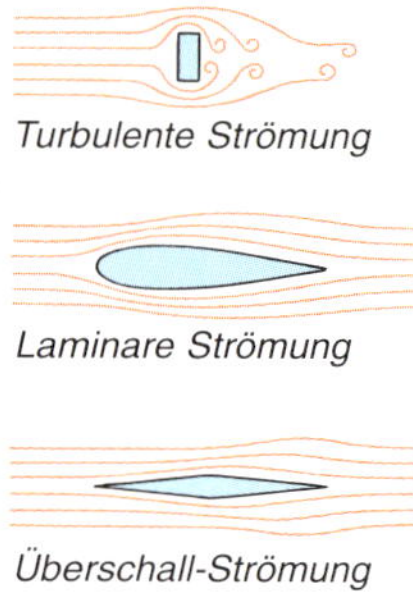

Aerodynamik

Die Aerodynamik ist die Wissenschaft vom Verhalten strömender Gase, vor allem der Luft. Sie umfasst die physikalischen Gesetze für unbewegte Körper in Luftströmungen oder für bewegte Körper in ruhender Luft, also beispielsweise für **Flugzeuge**, Fahrzeuge oder Raketen. Forschungsgegenstände sind vor allem Strömungsgeschwindigkeiten, Drücke, Wirbelbildungen und Auftriebe an Profilen. Die Aerodynamik untersucht, wie sich strömende Luft verhält, wenn sie auf einen Widerstand trifft. Wie fliegt zum Beispiel ein Drachen? Wie kann sich ein Drachenflieger in der Luft halten, auch wenn er von keinem **Motor** angetrieben wird? Wie kann sich ein Jumbojet in die Luft erheben, obwohl er mehr als 350.000 Kilogramm wiegt? Die Antworten auf diese Fragen gibt uns die Aerodynamik.

Die Aerodynamik des Flugzeugs

Sie beschäftigt sich mit Luftkräften, die während des Fluges am **Flugzeug** insgesamt, an seinem Rumpf, den Tragflächen, dem Leitwerk und dem Motor wirksam werden. Flugzeuge müssen in ihrer Ausgestaltung möglichst aerodynamisch konstruiert sein. Das zu verwirklichen ist allerdings eine sehr schwierige Angelegenheit, weil die Aerodynamik wiederum von vielen, sehr unterschiedlichen Luftkräften abhängt: von der Form des Flugzeugs, der Beschaffenheit seiner Oberfläche und von seiner Geschwindigkeit. Die Oberfläche eines Flugzeugs muss glatt, die Rumpfform stromlinienförmig sein. Segelflugzeuge waren die ersten aerodynamisch gut geformten Flugzeuge.

Sportler im Windkanal

Strömungsgünstige Form eines Autos

Der Windkanal

Erst die Erfahrungen von vielen Piloten und die Untersuchungen vieler Wissenschaftler haben die Aerodynamik verbessert. Dazu hat auch die Entwicklung des Windkanals beigetragen. In Windkanälen untersucht man das aerodynamische Verhalten von Autos, Flugzeugen oder von Sportlern in vorbeiströmender Luft. Denn je kleiner der Luftwiderstand ist, desto schneller kann ein Auto fahren oder ein Radfahrer den Berg hinabsausen. Im Windkanal wird durch leistungsfähige Ventilatoren Wind erzeugt. Dabei bläst Luft an dem Prüfobjekt vorbei. Physikalisch gesehen ist das dasselbe, als ob man zum Beispiel ein Flugzeug durch stillstehende Luft bewegte. Im Windkanal ist aber die Untersuchung einfacher. Im Idealfall strömt die Luft über das

Aerodynamische Ausrüstung und Haltung

Flugzeug, ohne verwirbelt zu werden und Turbulenzen zu erzeugen. Eine solche Flugzeugform bezeichnet man als stromlinienförmig.

Das Geheimnis des Fliegens

Die Oberfläche eines Flugzeugflügels ist stärker gekrümmt als die Unterfläche. Gleitet ein solcher Flügel durch die Luft, so muss die Luft, die über die Oberseite des Flügels fließt, eine größere Strecke zurücklegen als die Luft auf der Unterseite. Die Luft der Oberseite muss also schneller strömen. Der Luftdruck nimmt ab, wenn die strömende Luft ihre Geschwindigkeit erhöht. Der Luftdruck auf der Oberseite des Flugzeugflügels ist also geringer als auf der Unterseite. An der Oberseite entsteht ein Unterdruck oder ein Sog, an der Unterseite ein Überdruck. Aus diesem Grund wird der Flügel nach oben gedrückt. Die entsprechende Kraft nennt man Auftrieb. Der Auftrieb wächst mit zunehmender Geschwindigkeit des Flugzeugs. Deshalb können Flugzeuge erst ab einer bestimmten Geschwindigkeit abheben.

Im Flug muss das Flugzeug den Luftwiderstand überwinden. Je höher die Geschwindigkeit, umso höher auch der Luftwiderstand. Bei Flugzeugen, die hohe Geschwindigkeit erreichen, stellt der Luftwiderstand ein besonders Problem dar, weil er schneller wächst als die Geschwindigkeit des Flugzeugs. Um den Luftwiderstand zu verringern, müssen alle Teile des Flugzeugs, die der Luft ausgesetzt sind, stromlinienförmig sein. Dadurch strömt die Luft ungehindert über die Oberflächen, trifft auf wenig Widerstand und wird nicht verwirbelt. Um den Luftwiderstand zu verringern, sind bei sehr schnellen Flugzeugen die Tragflügel nicht im rechten Winkel, sondern in einem spitzen Winkel nach hinten geneigt angebracht. Das Überschallpassagierflugzeug „Concorde“ (Flugbetrieb seit 2004 eingestellt) besitzt solche Delta- oder Pfeilflügel.

HAST DU SCHON GEWUSST,

dass der erste Windkanal in Deutschland 1908 von dem Ingenieur Ludwig Prandtl (1875-1953) in Göttingen gebaut wurde? Prandtl gilt als Begründer der modernen Strömungslehre.

Alarmanlage

Viele Hauseigentümer installieren eine Alarmanlage, um ihren Besitz zu schützen. Die Anlage zeigt an, wenn jemand ohne Erlaubnis oder Berechtigung in ein Haus, eine Wohnung oder auch ein Auto eindringt. Wenn der Alarm losgeht, zieht er in großem Umkreis die Aufmerksamkeit der Leute auf sich. So hat der Einbrecher keine Gelegenheit mehr, in Ruhe einen Diebstahl zu begehen. Bevor eine Alarmanlage überhaupt aktiv wird, muss sie zuerst scharf geschaltet werden. Dies geschieht durch ein elektromechanisches Schloss samt Schlüssel oder durch eine elektronische Karte im Kreditkartenformat. Auch die Scharfschaltung per Zahlencode oder Fingerabdruck ist möglich. Normalerweise wird eine Alarmanlage beim Verlassen des Hauses eingeschaltet und vor dem Betreten wieder ausgeschaltet. Man kann aber auch nur einzelne Bereiche scharf schalten und sich dann weiter im Haus aufhalten, ohne dass ein Alarm ausgelöst wird.

Wie funktioniert die Alarmanlage?

Je nach Art der Alarmanlage gibt es unterschiedliche Möglichkeiten, den Alarm anzuzeigen. Der Alarm kann akustisch durch eine Sirene und optisch durch ein Blitzlicht oder einen Scheinwerfer erfolgen. Oft gibt es auch eine direkte Verbindung zu einer Einsatzzentrale eines Sicherheitsunternehmens oder zur Polizei. Ausgelöst wird die Alarmanlage durch Öffnungskontakte an Türen und Fenstern, durch Glasbruchsensoren oder durch Bewegungsmelder im Inneren des Hauses oder der Wohnung. Die Sirene stellt sich meist nach einer gewissen Zeit von selbst wieder ab, das Blitzlicht bleibt so lange in Betrieb, bis die Anlage wieder korrekt ausgeschaltet wird. Die Steuerungszentrale der Alarmanlage, die Sirene und die Sensoren sind gegen ein unbefugtes Ausschalten geschützt. Sie haben eine Notbatterie. Beim Aufbrechen der Geräte oder beim Durchtrennen von Verbindungskabeln wird ebenfalls sofort Alarm ausgelöst.

Elektronischer Wachmann

Sicherheitsglas

Woraus besteht die Alarmanlage?

Das Herzstück der Anlage ist die Alarmzentrale. Dort werden alle Signale, die von den einzelnen Meldern kommen, aufgenommen. Die Zentrale überwacht außerdem den Zustand der Alarmanlage und die Stromversorgung. Die Alarmzentrale steuert auch die Auslösung des Alarms. Die einzelnen Alarmmelder sind sozusagen die „Wachposten" der Alarmanlage. Sie werden in den Räumen an Wänden, Türen und Fenstern angebracht und entdecken sofort, wenn jemand versucht, eine Tür oder ein Fenster zu öffnen. Alarmmelder sind zum Beispiel Bewegungsmelder. Sie empfangen die von Menschen ausgestrahlte Wärme. Betritt nun eine Person einen überwachten Raum, so ergibt sich ein Wärmeunterschied, und die **Elektronik** löst den Alarm aus. Lichtschranken sind ebenfalls Alarmmelder. Sie lösen Alarm aus, wenn die Strahlen zwischen Sender und Empfänger unterbrochen werden. So genannte Körperschallmelder setzt man zur Überwachung von Tresoren ein. Sie reagieren auf Erschütterungen und Vibrationen. Um ein Haus auch von außen zu sichern, werden Glasbruchmelder an den Fenstern und Magnetkontakte an den Türen angebracht. Sie geben Alarm, wenn ein Fenster aufgebrochen oder der Kontakt zwischen einem Schalter und Magneten unterbrochen wird.

Ein weiterer wichtiger Bestandteil der Alarmanlage sind die eigentlichen Alarmgeber. Der Alarm erfolgt normalerweise durch Sirenengeheul mit Blinklicht und eventuell wird auch die gesamte Außenbeleuchtung des Hauses eingeschaltet. Bei dieser Art von Alarm möchte man den Einbrecher möglichst schnell vertreiben. Eine andere Möglichkeit ist der stille Alarm, wodurch der nächstgelegene Sicherheitsdienst oder die Polizei verständigt wird. Beim stillen Alarm besteht eine hohe Wahrscheinlichkeit, den Täter auf frischer Tat zu schnappen, sofern er selbst die Alarmauslösung nicht bemerkt hat. Der stille Alarm wird vor allem bei Banküberfällen ausgelöst. Dies dient dem Schutz der Angestellten, da der Bankräuber unkontrolliert reagieren könnte, wenn er merkt, dass Alarm ausgelöst wurde.

HAST DU SCHON GEWUSST,

dass früher neben Wachhunden vor allem auch Gänse eingesetzt wurden, um Häuser, Burgen und Schätze zu schützen? Durch ihr lautes Geschnatter machten sie zuverlässig auf einen Eindringling aufmerksam.

Überwachungskamera

Alarmanlage an einer Hauswand

Astronomie

Was macht ein Astronom?

Astronomen sind Menschen, die sich wissenschaftlich mit Planeten, Monden, Sonnen, Sternen und Galaxien beschäftigen. Sie erforschen deren Entstehung und beobachten ihren Zustand und die weitere Entwicklung. Die Astronomie beinhaltet viele andere Wissenschaften. Mit Hilfe der Mathematik lässt sich zum Beispiel die Umlaufbahn von Planeten berechnen. Auch physikalische, chemische oder biologische Vorgänge werden unter anderem in der Astronomie erforscht. Gerade in den letzten Jahren machte die Erforschung des Weltraums enorme Fortschritte. Dies liegt vor allem an den verbesserten Erforschungsmethoden. Vor einigen hundert Jahren konnte ein Astronom nur mit seinen Augen Objekte am Himmel betrachten. Heute gibt es zur Beobachtung Fernrohre und **Teleskope**. Sonden und Raketen fliegen in den Weltraum und liefern den Forschern genaue Bilder. Alle Erkenntnisse werden in Forschungszentren zusammengetragen und ausgewertet.

Geschichte

Schon ungefähr 2750 Jahre vor Christus gaben die Babylonier den Sternbildern Namen. Der griechische Astronom Claudius Ptolemäus (um 100-178) fasste im Jahr 150 erstmals das gesamte Wissen der griechischen Astronomie in einem Buch zusammen. Ende des 16. Jahrhunderts wurde in Holland das Fernrohr entwickelt. Eine entsprechende Linsenkombination im Fernrohr lieferte gute Bilder von weit entfernten Objekten. 1609 richtete der italienische Naturforscher Galileo Galilei (1564-1642) zum ersten Mal ein Fernrohr gegen den Himmel. Er entdeckte unter anderem die Jupitermonde und den Saturnring. Der erste künstliche russische Erdsatelliten „Sputnik" verließ 1957 die Erde. Damit begann das Zeitalter der Weltraumflüge. 1969 betrat der Amerikaner Neil Armstrong (geboren 1930) als erster Mensch den Mond. Die Bilder von der Mondlandung wurden weltweit im Fernsehen übertragen.

Galileo Galilei

Astrolabium

In den letzten Jahren erforschten Raumsonden verschiedene Planeten und Monde. Raumsonden sind unbemannte Raumflugkörper, die wissenschaftliche Untersuchungen im Weltraum und auf

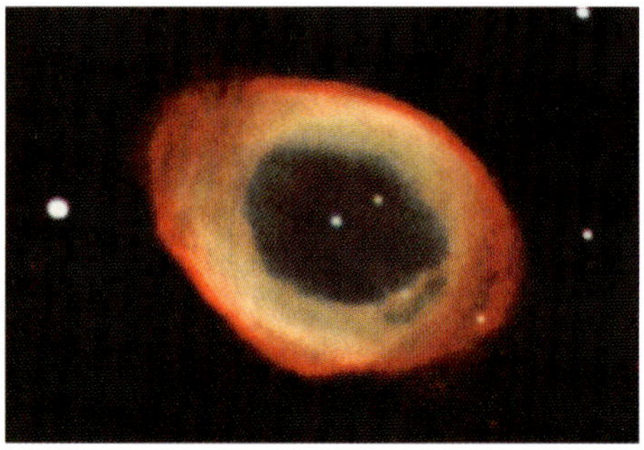

Ringnebel

Orionnebel

Komet: Kern (1), Coma (2), Schweif (3)

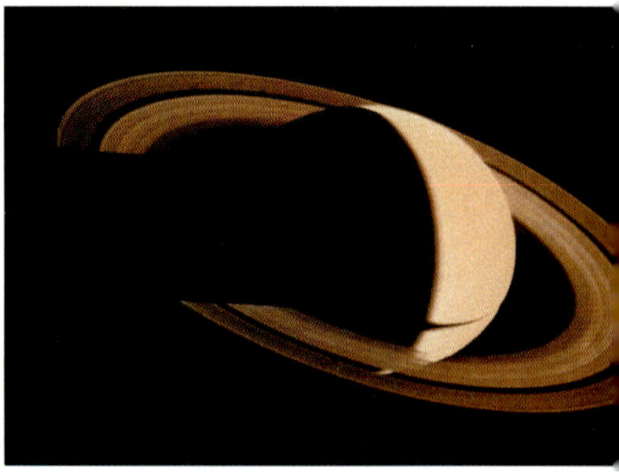

Saturn

Planeten durchführen. Immer wieder liefern die Sonden neue Erkenntnisse. So entdeckte beispielsweise die Raumsonde „Cassini Huygens" im Jahr 2004 zwei neue Monde des Saturns.

Die Planeten unseres Sonnensystems

Im Zentrum unseres Sonnensystems steht die Sonne. Um sie herum kreisen neun Planeten. Sie sind ein Nebenprodukt der Entstehung der Sonne. Diese Planeten heißen:

Merkur

Der Planet Merkur ist der Sonne am nächsten. Er braucht gut 87 Tage, um die Sonne zu umkreisen. Die Oberfläche des Merkurs ist übersät mit Kratern.

Venus

Rund 225 Tage benötigt der Planet Venus für seinen Weg um die Sonne. Dieser Planet ist von Schwefelsäure-Wolken umgeben.

Erde

Die Erde ist der einzige von Menschen bewohnte Planet. Auf ihr gibt es Ozeane und Kontinente. Die Umlaufzeit um die Sonne beträgt ein Jahr.

Mars

Der Mars ist als Planet der Erde am ähnlichsten. Er hat polare Eiskappen und wird wegen seiner Farbe auch „Roter Planet" genannt. In knapp 687 Tagen umrundet der Mars einmal die Sonne.

Jupiter

In knapp zwölf Jahren kreist der Jupiter einmal um die Sonne. Der Jupiter ist der größte Planet unseres Sonnensystems.

HAST DU SCHON GEWUSST,

wie Sternschnuppen und Kometenschweife entstehen? Sternschnuppen sind kleine Himmelskörper, die in die Erdatmosphäre eindringen und dort verglühen. Am Himmel sind dann ihre hellen Spuren zu sehen. Die Umlaufbahn von Kometen ist nicht rund, sondern elliptisch. Deshalb sind sie der Sonne mal ganz nahe, und mal weit von ihr entfernt. Ihr leuchtender Kometenschweif besteht aus Gas und Staub und entwickelt sich nur in der Nähe der Sonne, weil dort die Wärme, die von der Sonne ausgeht, den aus Eis bestehenden Kometen etwas auftaut.

Saturn

Das besondere Merkmal des Saturns sind die Ringe, die ihn umgeben. Zwar haben auch andere Planeten Ringe, doch die Ringe des Saturns sind besonders gut sichtbar. Sie bestehen aus unzähligen Partikeln. Seine Sonnen-Umlaufzeit beträgt mehr als 29 Jahre.

Uranus

Der Uranus besteht aus Felsen und Eis. Der Planet braucht für seinen Weg um die Sonne schon ungefähr 84 Jahre.

Neptun

Die Zusammensetzung des Neptuns ist nicht völlig geklärt. Allerdings wird vermutet, dass auf dem Planeten kräftige Stürme toben. In zirka 165 Jahren umkreist der Neptun die Sonne einmal.

Pluto

Mit rund 248 Jahren Umlaufzeit hat der Pluto den längsten Weg um die Sonne. Während alle anderen Planeten auf einer Ebene um die Sonne kreisen, bewegt sich der Pluto auf einer schiefen Bahn.

Bis auf Merkur und Venus haben alle Planeten einen oder mehrere Monde. Besonders die Planeten Venus, Jupiter, Mars und der Saturn mit seinen Ringen sind bei klarer Sicht am Nachthimmel relativ gut zu erkennen.

Schwarzes Loch

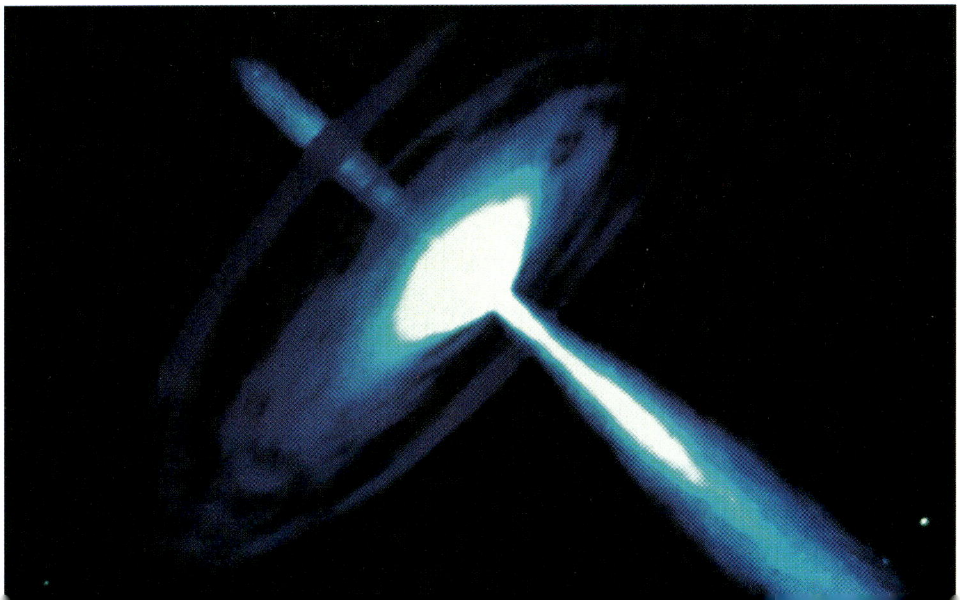

Aufzug

Wie Aufzüge die Treppen ersetzten

Es gibt Überlieferungen, nach denen schon Kaiser Nero (37-68 nach Christus) eine Art Aufzug zwischen zwei Stockwerken benutzt hat. Doch dieser wurde noch mit der Muskelkraft von Sklaven betrieben. Auch am Hof von Versailles in Frankreich benutzte der König ab 1743 einen Aufzug, der von Hand betrieben wurde. Das Gefährt erhielt den Namen „Fliegender Stuhl".

Durch die Erfindung von Drahtseil und **Dampfmaschine** kam die Entwicklung des Aufzugs dann ein ganzes Stück weiter. In der ersten Hälfte des 19. Jahrhunderts wurden durch Dampfkraft angetriebene Lastenaufzüge in Fabriken installiert.

Der Amerikaner Elisha Graves Otis (1811-61) erfand im Jahr 1853 den ersten Aufzug mit einer Sicherheitsfangvorrichtung, die den Absturz verhindern sollte. Dabei lief die Plattform links und rechts durch gezackte Führungsschienen. Dort konnte sich der Aufzug im Fall eines gerissenen Seiles schnell festhaken. Erst durch diese Erfindung war ein sicherer Transport von Menschen in Seilaufzügen möglich.

Der erste getriebelose elektrische Aufzug wurde 1903 im „Beaver Building" in New York/USA installiert. Elektrische Aufzüge hatten den Vorteil, dass sie weniger Platz brauchten als dampfbetriebene. Außerdem erreichten sie eine höhere Geschwindigkeit.

Paternoster mit umlaufenden Kabinen

Die Entwicklung schneller Aufzüge war eine Voraussetzung für den Bau von Wolkenkratzern. Ohne dieses Transportmittel wäre das Wohnen und Arbeiten in luftigen Höhen für die Menschen sehr beschwerlich. An der Sicherheit und Technik der Aufzüge wird auch heute noch gefeilt und weiterentwickelt.

Wie der Aufzug funktioniert

Die Kabine, mit der die Menschen befördert werden, hängt an einem oder mehreren Tragseilen. Die Seile laufen am oberen Ende des Fahrstuhlschachtes über eine Rolle. Diese Rolle heißt Treibscheibe. Dort sind die Seile nicht befestigt, sondern werden durch die Reibung gehalten. Mit der Treibscheibe ist ein Elektromotor verbunden. Auf der anderen Seite der Treibscheibe hängt an den Seilen ein Gegengewicht aus Beton. Das Gewicht des Betons entspricht dem einer halb gefüllten Aufzugkabine. Fährt der Aufzug für Passagiere nach oben, wird die Treibscheibe so bewegt, dass sich die Kabine hebt und das Gegengewicht senkt. Fahren die Passagiere in der Kabine wiederum abwärts, bewegt sich der Betonblock nach oben. So transportiert der Motor lediglich den Gewichtsunterschied zwischen Kabine und Betonblock.

Aufzug in einem Bürogebäude

Damit die Kabine nicht am Tragseil baumelt, wird sie an den Seiten von einer Schiene geführt. An der Schiene befinden sich so genannte Stockwerkschalter. Sie erkennen, wann die Kabine der gewählten Etage näher kommt und sorgen dafür, dass sich ihre Geschwindigkeit mehr und mehr verringert. Doch erst nachdem die Kabine zum Stillstand gekommen ist, wird der Impuls zur Öffnung der Türen gegeben.

Aufzugsschacht

Die Sicherheitsvorrichtungen eines Aufzuges

Damit kein Passagier von einer sich schließenden Tür eingeklemmt wird, sind an der Tür Sensoren angebracht. Sie geben einen Impuls, die Tür zu öffnen, falls sich noch Personen oder Gegenstände im Türrahmen befinden. Für den Fall, dass das Tragseil reißt, hat der Aufzug eine Fangvorrichtung. Diese verkeilt sich in der Führungsschiene, wenn die normale Geschwindigkeit überschritten wird. Somit kommt die Kabine im Schacht zum Stehen. Kontrolliert wird die Geschwindigkeit von einem Regler, der auch die Fangvorrichtung aktiviert.

Der schnellste Aufzug der Welt

Derzeit steht in Taiwan das weltweit höchste Gebäude, das „Taipeh 101". Wie es der Name schon vermuten lässt, hat das Gebäude 101 Stockwerke. Es ist 508 Meter hoch. Insgesamt gibt es in dem Gebäude 63 Aufzüge. Mehr als die Hälfte davon sind wie eine Art Doppeldecker mit zwei Kabinen übereinander bestückt – das spart viel Platz! Über 10.000 Fahrgäste werden mit den Aufzügen jeden Tag befördert. Ein Fahrstuhl braucht von der ersten bis zur 89. Etage nur 39 Sekunden. Das ist Rekordzeit! Übrigens sind die Kabinen der Aufzüge im „Taipeh 101" wie in einem Flugzeug luftdicht verschlossen. So ist das Trommelfell der Passagiere geschützt und kann durch den enormen Druck nicht platzen.

EXPERIMENT

In zwei Schuhkartons wird jeweils an der Breitseite ein kleines Loch gebohrt. Das Loch sollte groß genug sein, dass ein kräftiger Wollfaden durch passt. Der Wollfaden gelangt durch das Loch ins Innere des Kartons und wird dort an einen Bleistift gebunden. Nun kann man außen am Wollfaden ziehen und der Stift verkantet sich im Karton. So ist es möglich, den Karton am Faden baumeln zu lassen. Das andere Ende des Wollfadens wird nach dem gleichen Prinzip im zweiten Schuhkarton befestigt. An jedem Ende des Wollfadens hängt also ein Karton. Nun wird der Faden in der Mitte über eine Türklinke gelegt. Die Kartons können jetzt mit unterschiedlichen Gewichten bestückt werden. Dabei fällt auf: Je ähnlicher das Gewicht in beiden Kartons ist, desto weniger Kraft braucht man, um einen der Kartons nach oben zu ziehen. Viel schwerer ist es, einen vollen Karton über die Türklinke aufwärts zu ziehen, wenn der andere Karton leer ist. Das ist der Grund, weshalb auch die schweren Aufzugskabinen ein entsprechend schweres Gegengewicht benötigen.

Auto

Was bedeutet der Begriff „Auto“?

Das Wort „Auto“ ist die Abkürzung von „Automobil“. Beide Begriffe stammen aus dem Griechischen. „Auto“ bedeutet selbst, „mobil“ heißt beweglich. Ein Automobil ist ein Fahrzeug, das unabhängig von Schienen selbstständig und aus eigenem Antrieb beliebig auf Straßen und Wegen fahren kann. Eigentlich sind auch motorisierte Zweiräder (Mofa, Motorrad) Automobile. Doch wenn jemand von einem Auto spricht, meint er meist einen Personenkraftwagen (PKW). Auch Lastkraftwagen (LKW) gehören zu den Automobilen.

So fuhren die ersten Autos

Schon der ägyptische König Amenemhet III. (1844-1797 vor Christus) ließ ein Fahrzeug bauen, das weder von Menschen noch von Tieren gezogen wurde. Es hatte aber noch keinen Motor, sondern wurde vom Wind angetrieben. Dies war das erste Windauto der Welt. Durch die Erfindung der Dampfmaschine im 18. Jahrhundert kam man auf die Idee, Autos zu bauen, die mit Dampf betrieben wurden. Der Franzose Nicolas Joseph Cugnot (1725-1804) konstruierte im Auftrag des französischen Kriegsministeriums den ersten Dampfwagen. Mit ihm sollten Kanonen gezogen werden. Der Wagen war

In einer Autowerkshalle

extrem groß und schwer. Der Dampf zum Antrieb wurde in großen Kupferkesseln erzeugt. Doch der Wagen ließ sich kaum lenken und noch schwerer bremsen. Bei einer Probefahrt im Jahre 1771 fuhr Cugnot mit seinem Dampfwagen gegen eine Mauer. Dies war der erste Autounfall der Welt. Bei einem weiteren Versuch walzte er einen Zaun nieder. Das Kriegsministerium war enttäuscht und man gab die Versuche wieder auf.

In den nächsten Jahrzehnten folgten unzählige Experimente von Erfindern mit verschiedenen anderen Maschinen und Treibstoffen. Man versuchte etwa einen Motor mit Schießpulver oder Wasserstoff anzutreiben. Doch erst im Jahre 1885 schaffte es Carl Friedrich Benz (1844-1929), das erste brauchbare Auto mit Motor zu bauen. Das Auto hatte drei Räder und einen wassergekühlten Einzylinder-Heckmotor, der mit Benzin angetrieben wurde. Die Kraft wurde über eine Kette auf die hinteren beiden Räder übertragen. Die Höchstgeschwindigkeit lag bei 16 Kilometer pro Stunde.

Die erste Ausfahrt mit dem Auto unternahm Bertha Benz (1849-1944), die Frau des Erfinders. Da es viele Vorbehalte und Ängste gegenüber der Erfindung ihres Mannes gab, setzte sie sich eines Morgens mit ihren beiden ältesten Kindern Richard und Eugen in das Auto und fuhr von Mannheim nach Pforzheim zum Einkaufen. Die Strecke betrug 106 Kilometer. Wenn die Straße zu steil wurde, stiegen sie aus und schoben das Auto. Nach dieser erfolgreichen Fahrt waren die

Vorbehalte zerstreut und das Auto wurde ein Erfolg.

In Amerika wurde schließlich das erste Auto am Fließband produziert. Der Unternehmer Henry Ford (1863-1947) brachte 1908 das so genannte Modell T auf den Markt. Dieses Auto wurde bis 1927 fast unverändert gebaut. Mehr als 15 Millionen des Modells T wurden innerhalb von 19 Jahren in den Fabriken von Ford hergestellt. Damit wurde das Auto zu einer alltäglichen Erscheinung.

Die Bauteile eines Autos

Ein modernes Auto besteht aus mehreren tausend Teilen. Nur wenn jedes Teil richtig und vorschriftsmäßig funktioniert, ist das Auto fahrtüchtig und verkehrssicher. Schon der Ausfall einer einzelnen Schraube oder eines kleinen Elektronikbauteils kann dazu führen, dass ein Auto nicht mehr fahren kann.

Von außen betrachtet, fällt der Blick zuerst auf die Karosserie des Autos. Diese besteht meist aus Stahlblech, das in großen Pressen in seine Form gebracht wird. Das Blech wird durch chemische Substanzen gegen Rost geschützt und dann in verschiedenen Schichten lackiert. Um Gewicht zu sparen, werden verschiedene Teile der Karosserie heute aus leichtem Kunststoff hergestellt.

Das Fahrwerk eines Autos besteht aus Radaufhängung, Bremsen, Lenkung, Differenzialgetriebe, Felgen und Reifen. Die Reifen des Autos sorgen für die nötige Bodenhaftung und mindern Unebenheiten auf den Straßen. Starke Stahlfedern sorgen in Verbindung mit den Stoßdämpfern dafür, dass sich größere Unebenheiten nicht in das Wageninnere übertragen. Der Motor verbrennt den Treibstoff und erzeugt so die Energie, die benötigt wird, um die Räder des Autos anzutreiben. Die Kraftübertragung auf die Räder erfolgt dann über das Getriebe, bei einigen Autos über die Kardanwelle und das Differenzial.

Im Innenraum befinden sich die Sitze für die Passagiere. Hinter dem Lenkrad ist das Armaturenbrett. Dort sind die Anzeige für die Geschwindigkeit (Tachometer), ein Drehzahlmesser, Kontrollanzeigen für die Öl- und Kühlwasser-

Ferrari

temperatur und alle weiteren wichtigen Knöpfe und Schalter zur Bedienung des Autos angebracht. Bei einem technischen Defekt leuchtet eine Kontrolllampe auf und informiert den Fahrer über den Fehler.

Wie setzt man ein Auto in Bewegung?

Um ein Auto in Bewegung zu setzen, steckt der Fahrer den Zündschlüssel in das Zündschloss und dreht ihn nach rechts. In diesem Moment wird ein **Stromkreis** geschlossen, der von der Batterie ausgeht und den Anlasser in Gang setzt. Der Anlasser ist ein kleiner Elektromotor. Dieser dreht nun ein kleines Zahnrad, das die Drehbewegung an das Schwungrad weitergibt. Das Schwungrad sitzt fest auf der Kurbelwelle, die diese Drehbewegung mitmacht. Die Kurbelwelle ist über die Pleuelstangen mit den Kolben verbunden. Die Kolben bewegen sich nun in den Zylindern auf und ab. Nach ein paar Drehungen der Kurbelwelle zündet der Motor und läuft von alleine weiter. Nun drückt der Fahrer das Kupplungspedal bis zum Anschlag durch. Dann kann er den ersten Gang einlegen. Der erste Gang ist der stärkste Gang, aber auch der langsamste. Man benutzt ihn nur zum Anfahren. Wichtig: Angurten nicht vergessen!

Wenn der Gang über die Gangschaltung eingelegt ist, nimmt der Fahrer langsam wieder seinen Fuß vom Kupplungspedal. Die Motorkraft wird nun über die Kupplung, das Getriebe und die Kardanwelle auf die Antriebsachse übertragen. Dabei kann ein Auto Hinterradantrieb, Vorderradantrieb oder sogar Allradantrieb haben. An der Antriebsachse gelangt die Kraft zum Differenzial. Dieses sorgt dafür, dass sich die Räder mit verschiedener Geschwindigkeit drehen können. Bei einer Linkskurve legt zum Beispiel das rechte Rad einen weiteren Weg zurück als das linke. Würden sich beide Räder gleich schnell drehen, würde das rechte Rad hoppeln oder scheuern. Nach dem Anfahren kann der Fahrer beschleunigen und

Historischer Benz-Motorwagen

Ford Modell T

Historisches Rennauto

in den nächsthöheren Gang schalten.

HAST DU SCHON GEWUSST,

wie viele Autos es bei uns gibt? Derzeit sind in Deutschland mehr als 53,5 Millionen Automobile auf den Straßen unterwegs. Davon sind etwa 44,6 Millionen PKW und 2,7 Millionen LKW. Auf der ganzen Welt gibt es mehrere hundert Millionen Autos. Jede Sekunde wird ein Auto zerstört – entweder bei einem Unfall oder durch die Schrottpresse. Ebenso häufig, sogar noch um einen Bruchteil häufiger, wird aber auch in irgendeiner Autofabrik auf der Welt ein neues Auto hergestellt. Darum nimmt die Zahl der Autos auf der Erde von Tag zu Tag zu. Die vielen Autoabgase sind jedoch schädlich für unsere Umwelt.

So sicher sind unsere Autos

Sicherheit ist das oberste Gebot und somit auch eines der wichtigsten Merkmale eines modernen Autos. Durch eine Vielzahl von neuen Erfindungen sind Autos in den letzten Jahren immer sicherer geworden. Der Sicherheitsgurt schützt die Insassen bei einem Zusammenstoß und verhindert, dass der Körper nach vorne geschleudert wird. Luftsäcke, so genannte Airbags, blasen sich in Sekundenbruchteilen auf und schützen die Passagiere vor Verletzungen. Das Glas der Autoscheiben zerfällt bei einem Aufprall in winzig kleine Stücke. So bilden sich keine scharfen Kanten, an denen man sich verletzen kann. Das Anti-Blockier-System verhindert, dass die Räder bei einem starken Bremsvorgang blockieren und der Fahrer nicht mehr lenken kann. Vorne und hinten ist das Auto mit einer Knautschzone ausgerüstet. Bei einem Zusammenstoß verformt sich dieser Bereich besonders stark und schluckt die Energie des Aufpralls. Stahlrohre in den Türen, der so genannte Seitenaufprallschutz, bieten Schutz bei einer seitlichen Kollision.

Cugnot-Wagen

Autos und Umwelt

Durch die Abgase der Verbrennungsmotoren entsteht ein hohes Maß an Luftverschmutzung. Die Treibstoffe der Motoren beinhalten giftige Substanzen und bei der Verbrennung entsteht Kohlendioxid. Dieses Gas ist eine der Hauptursachen für die Erderwärmung, den so genannten Treibhauseffekt. Außerdem sind die Ölvorkommen auf der Erde nur begrenzt und werden irgendwann einmal erschöpft sein. Darum werden heute auch vermehrt Autos mit Elektromotor hergestellt. Sie bekommen ihre Energie aus Batterien oder Brennstoffzellen. Außerdem werden Autos entwickelt, die mit Erdgas, Sonnenenergie oder Wasserstoff angetrieben werden. Diese Fahrzeuge konnten sich aber bislang nicht durchsetzen, da sie zu teuer sind, oder die Technik noch nicht ausgereift ist.

Peugeot von 1894

Lanza von 1895

Renault von 1899

Batterie

Alessandro Graf von Volta

Ob Gameboy, Taschenlampe oder Reisewecker – keines dieser Geräte würde ohne eine Batterie funktionieren. Hast du dir das einmal überlegt? Batterien speichern Energie und geben diese an die elektrischen Geräte ab. Es gibt sie in verschiedenen Formen und Größen. Manche sind scheibenförmig und so winzig, dass man sie kaum richtig greifen kann. Trotzdem sind sie stark genug, den Zeiger einer Armbanduhr über Monate oder Jahre hinweg zu bewegen. Andere Batterien sind mehrere Kilo schwer und befinden sich in **Autos** oder **Satelliten**.

Die „Voltasche Säule“

Der Italiener Alessandro Volta (1745-1827) entdeckte um 1800, dass ein kontinuierlicher Fluss einer elektrischen Kraft möglich ist, weil bestimmte Flüssigkeiten als Leiter eine chemische Reaktion zwischen Metallen zulassen. Er konstruierte mit der „Voltaschen Säule“ eine Batterie, die abwechselnd aus einer Kupfer- und einer Zinkplatte bestand. Getrennt waren die Platten durch in Salzlösung getränkte Pappscheibchen. Wurde die Zinkplatte durch einen Draht mit der Kupferplatte verbunden, so floss Strom. Die „Voltasche Säule“ stellte damals die brauchbarste Energiequelle dar.

Eine der ersten Batterien von Volta

Funktionsprinzip einer Trockenbatterie

Trockenbatterien sind die Sorte Batterien, die zum Beispiel eine Taschenlampe zum Leuchten bringen. Die Batterie enthält bestimmte Chemikalien, die sich verwandeln und bei diesem Prozess Strom erzeugen. In der Batterie von Volta befinden sich die Elemente Zink und Kupfer. Diese werden mit einer Salz- oder Säurelösung (Elektrolyt) in Verbindung gebracht. Es kommt zu einer Reaktion, die dem Zink positive Ladung entzieht. Positiv geladene Teilchen nennt man Ionen. Ohne Ionen bleibt im Zink ein Überschuss an negativer Ladung übrig. Negativ geladene Teilchen heißen Elektronen. Nun kommt das Kupfer als zweites Element ins Spiel: Kupfer hat die Fähigkeit, die vom Zink abgegebenen Ionen aufzunehmen. Dadurch erhält Kupfer eine positive Ladung. Das Kupfer mit seinen Ionen bildet den positiven Pol einer Batterie, das Zink mit seinen vielen negativen Teilchen den negativen Pol. Nun müssen die beiden Pole mit einem Leiter verbunden werden und es kommt zu einem Elektronenfluss vom Kupfer zum Zink. Das bedeutet: In diesem geschlossenen Kreislauf fließt jetzt Strom. Je nach Bedarf kann nun ein so genannter Verbraucher, beispielsweise eine **Glühbirne**, in diesen Kreislauf eingebaut werden. Die elektrische Energie der wandernden Elektronen wird in der Birne in Licht verwandelt.

In modernen Batterien verwendet man heute anstelle von Zink und Kupfer zumeist andere Materialien, wie zum Beispiel Zink und Kohle. Eine Batterie hält natürlich nicht ewig. Je länger der Strom fließt, desto mehr verbraucht sich das Zink. Je weniger Zink vorhanden ist, desto schwächer ist die Leistung der Batterie.

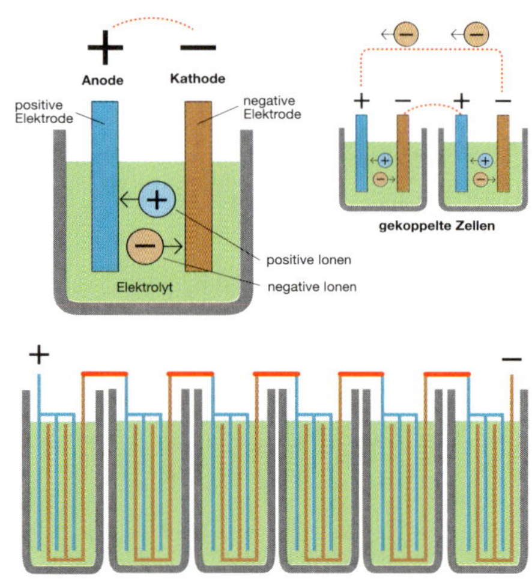

Funktionsschema einer Batterie

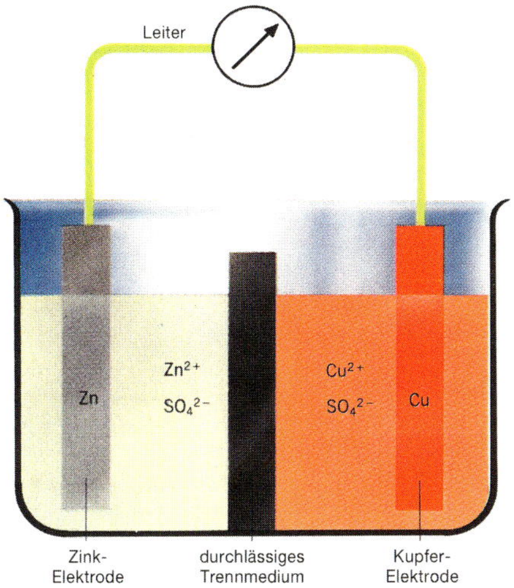

Batterie

Hat sich am Ende das Zink zersetzt, kann kein Strom mehr fließen. Die Batterie ist dann leer und muss umweltgerecht entsorgt werden. Es gibt auch wieder aufladbare Batterien, so genannte Akkus. Solche Batterien können mit speziellen Ladegeräten an einer Stromquelle, beispielsweise einer Steckdose, wieder aufgeladen werden. So kommen sie mehrmals zum Einsatz und dienen auf diese Weise auch dem Umweltschutz.

Verschiedene Batterien

EXTRATIPP: BATTERIEN UMWELTGERECHT ENTSORGEN

Batterien enthalten Metalle. Wenn leere Batterien im ganz normalen Mülleimer landen, können sie nach und nach in die Umwelt gelangen und schwere Gesundheits- und Umweltschäden anrichten. Deshalb müssen Batterien auch auf den Sondermüll. Viele Supermärkte, Drogerien oder Elektrofachgeschäfte bieten deshalb an, leere Batterien zurückzunehmen und umweltgerecht zu entsorgen.

Warum hält eine Autobatterie länger?

Eine Batterie, wie sie oben beschrieben wurde, wird auch als „Primärelement" bezeichnet. Sie lässt sich nach der Entladung nicht mehr verwerten. Im Gegensatz dazu bezeichnet man Batterien, die sich wieder aufladen lassen als so genannte „Sekundärelemente". Zu den wieder aufladbaren Batterien zählen die Autobatterien. Sie werden während einer Fahrt immer wieder neu aufgeladen. Dafür benötigt die Autobatterie elektrischen Strom, den sie von einem bestimmten Generator bezieht. Dieser Generator im Auto heißt Lichtmaschine.

Aber natürlich kann sich auch eine Autobatterie entleeren. Das passiert, wenn man zum Beispiel über Nacht das Licht oder das Autoradio an lässt. Da die Lichtmaschine nur während der Fahrt arbeitet, wird die Batterie nicht neu aufgeladen. Am nächsten Morgen kann es deshalb sein, dass die Batterie nur noch ganz schwach ist. Um das Auto zu starten, wird eine fremde Batterie benötigt. Nach dem Start muss der Autobesitzer mit dem Auto fahren, damit die Lichtmaschine arbeiten kann und wieder elektrischen Strom an die Autobatterie abgibt. Autobatterien funktionieren auf ähnliche Weise wie Trockenbatterien. Allerdings enthalten diese Batterien Blei und Bleioxid. Als Elektrolyt dient eine verdünnte Schwefelsäure. Auch hier bewegen sich die überschüssigen Elektronen von einem zum anderen Element und wieder fließt Strom.

Batterien und Kälte

Die Temperatur der Umgebung hat Einfluss auf die Leistung einer Batterie, denn die elektrochemischen Reaktionen sind temperaturabhängig. Bei tiefen Temperaturen nimmt die Geschwindigkeit der Elektrodenreaktionen ab. Der Stromfluss sinkt und damit nimmt auch die Leistung der Batterie ab.

Bergarbeiter unter Tage

Der Bergbau umfasst alle Verfahren zur Gewinnung von Bodenschätzen wie Kohle, Erdöl, Erz, Schiefer und Mineralien. Pumpen befördern zum Beispiel Erdöl an die Oberfläche. Auch Salzlagerstätten können auf ähnliche Weise ausgebeutet werden: Man presst Wasser durch ein Bohrloch in den Salzstock hinein und wartet so lange, bis sich genügend Steinsalz gelöst hat. Dann wird die Salzlösung, die so genannte Sole, nach oben gepumpt.

Gewinnung

Die Gewinnung bzw. vorausgehende Aufsuchung der Vorkommen erfolgt durch geophysikalische und geologische Untersuchungen. Anschließend werden die Lagerstätte und das umgebende Gestein durch Bohrungen und Schürfgräben erkundet. Die meisten Bodenschätze sind feste Mineralien oder Erze. Befinden sich die Lagerstätten knapp unter der Oberfläche, so können sie im Tagebau gewonnen werden. Die obersten Schichten werden so weit abgetragen, bis das Mineral zum Vorschein kommt. Im Tagebau werden zum Beispiel Braunkohle, Steine und Erden abgebaut. Tief in der Erde liegende Gesteine und Mineralien wie zum Beispiel Steinkohle werden hingegen im Untertagebau gefördert. Zunächst gräbt man senkrechte Schächte. Dann erfolgt der Abbau der waagerechten kohlehaltigen Gesteinsschichten (Flöze). Im Untertagebau wird schon lange nicht mehr mit der Spitzhacke gearbeitet, sondern mit großen Schrämmaschinen, die mit zahnbewehrten Walzen die Steinkohle losbrechen. Schram bedeutet im Bergbau waagerechter oder schräger Einschnitt in das abzubauende Gestein. Ablagerungen am Boden von Seen oder Meeren fördert man mit Baggern. Die Arbeit

HAST DU SCHON GEWUSST,

was Schlagwetter bedeutet? In der Steinkohle kann Methan eingeschlossen sein. Methan ist ein Gas und im Gemisch mit Sauerstoff explosiv. Dieses Gemisch nennt man Schlagwetter. Durch den Abbau wird das Gas frei und kann durch einen Funken entzündet werden. Durch gute Belüftung (Bewetterung) muss dafür gesorgt werden, dass der Methangehalt in der Luft nie ein Prozent übersteigt. Die Versorgung der Bergleute mit Frischluft ist also von größter Wichtigkeit.

im Bergbau erfolgt heute weitgehend mechanisch. Im Kohlebergbau kommen Hobel oder Walzenschrämlader in Verbindung mit speziellen Fördermaschinen zum Einsatz. Im Erz- und Kalibergbau werden Bandanlagen und der so genannte Schrapper, ein nach unten offener Kasten, der über das Ladegut gezogen wird und es auflädt, eingesetzt.

WAS SIND ERZE?

Erze sind metallhaltige Mineralien oder Gesteine. Sie müssen aber so viel Metall enthalten, dass sich eine Gewinnung lohnt. Der Metallgehalt der Erze ist sehr unterschiedlich. Eisenerz muss ein Viertel reines Eisen liefern. Pro Tonne Erz sollten also 250 Kilogramm Eisen enthalten sein. Beim seltenen Gold reicht schon ein Metallgehalt von zehn Gramm pro Tonne. Erze können ganz unterschiedliche Lagerstätten bilden, zum Beispiel Gänge oder Adern.

Förderung

Die Förderung umfasst den Transport des Fördergutes vom Abbau bis zur Aufbereitung. In den Abbaustrecken erfolgt sie meist über Gurtförderer. Das sind Förderbänder mit einem breiten, endlosen Band. Im Bereich von Strecken, die den Schacht mit den Lagerstätten verbinden, den so genannten Querschlägen, wird das Fördergut an Hauptladestellen zusammengefasst und auf große Förderwagen aufgeladen, die man Hunde nennt. Diese werden von Lokomotiven zum Füllort, der Nahtstelle zwischen Grube und Schacht, gezogen. Hier werden die Förderwagen auf den Förderkorb geschoben oder in Fördergefäße entleert, um das Fördergut an die Oberfläche zu bringen.

Verhüttung

Unter Verhüttung versteht man die Gewinnung von Metallen aus ihren Erzen durch Reduktion. Dabei erhitzt man das Erz mit einem Stoff, der mit dem Sauerstoff des Erzes reagiert und sich mit ihm verbindet. So erhält man am Ende der Reaktion das reine Metall. Das gleiche passiert im Hochofen mit dem Eisenerz. Das Erz Eisenoxid wird mit einem Kohlenstoff in einer sauerstoffarmen Atmosphäre erhitzt. Wenn der Kohlenstoff verbrennt, entzieht er dem Erz den Sauerstoff und reines Eisen bleibt zurück. Andere Metalle, zum Beispiel Aluminium aus Bauxit, gewinnt man durch kompliziertere Verfahren. Die Abfallprodukte der Metallverhüttung sind meist giftig. Sie müssen sorgfältig entsorgt werden, um Umweltschäden zu vermeiden.

Förderturm

Bionik

Die Bionik ist die moderne Grenzwissenschaft zwischen Biologie und Technik. Sie ist eine Art Kreuzungspunkt mehrerer wissenschaftlicher Wege. Die Biologie, welche die Modelle liefert, befindet sich im Mittelpunkt. Die technischen Zweige gruppieren sich außen herum. Die Bioniker versuchen, Merkmale aus der Natur auf technische Anwendungen zu übertragen. Diese Wissenschaftler müssen sehr gute Kenntnisse auf ihrem Gebiet haben und zugleich sehr offen für andere wissenschaftliche Bereiche sein, um Erfolg zu haben. So sollte beispielsweise ein Biologe sich für physikalische und technologische Fragen interessieren. Ein Ingenieur sollte umgekehrt ein breites Allgemeinwissen in der Biologie haben. Die Natur liefert oft die besten Ideen und bietet ihre Formen und Verfahrensweisen dem Ingenieur als Anregung für eigenständiges Weitergestalten an. Das bedeutet aber nicht die Kopie der Natur. Die „Erfindungen" in der Natur sind vielmehr der Ausgangspunkt neuartiger technologischer Umsetzungen.

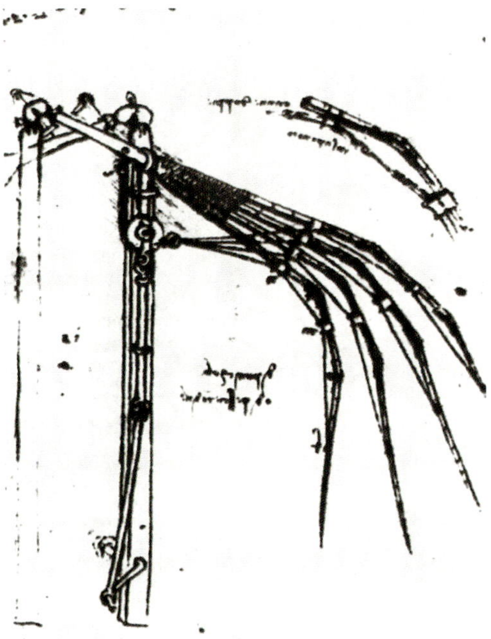

Entwurf von Leonardo da Vinci

HAST DU SCHON GEWUSST,

was der Lotos-Effekt ist? Die Lotosblume hat eine besondere Eigenschaft: Auch im schlammigen Wasser sind ihre Blätter immer sauber. Dies ermöglicht eine spezielle Oberfläche, an der das Wasser abperlt und dabei den Schmutz von den Blättern mitnimmt. Selbst Klebstoff haftet nicht auf einem Lotosblatt. Wissenschaftler haben diese Oberfläche nachgeahmt – heute gibt es bereits Farben für Außenwände von Gebäuden, die den Lotos-Effekt aufweisen. Auf diese Weise verschmutzen Häuserfassaden nicht so schnell.

Die Häkchen der Klette

Nach Spaziergängen im Gestrüpp findest du manchmal kugelige Früchte von Kletten, die sich in der Kleidung oder im Fell des Hundes verfangen haben. Wissenschaftler haben diese Früchte unter dem **Mikroskop** untersucht und entdeckt, dass die vielen Stacheln dieser igelartigen Kugeln in kleinen Widerhaken enden, die nach innen gebogen sind. Deshalb verfangen sie sich leicht im Haarkleid der Tiere oder an unserer Kleidung. Wird die Frucht mit Gewalt abgestreift, biegen sich die elastischen Haken auf und lassen los, ohne beschädigt zu werden. Diese Eigenschaft hat die Wissenschaftler auf die Idee gebracht, ein mit einer Vielzahl von Haken versehenes Band herzustellen, das sich an ein anderes Band mit feinen Schlingen anhaken und wieder von ihm lösen ließe – und so wurde der Klettverschluss, den jeder von uns kennt, entwickelt.

Mit schlagenden Flügeln

Auf die Idee der Entwicklung eines Luftfahrzeuges mit Rotor kam schon um 1500 der italienische Maler und Gelehrte Leonardo da Vinci (1452 – 1519). Er entwarf einen Hubschrauber, wusste dafür aber keinen geeigneten Antrieb. Der Hubschrauber ist die einzige Maschine, die eine Art Schlagflug ausführt. Da dieses Problem technisch sehr kompliziert ist, gab es viele Fehlschläge, bis man in den 30er Jahren des 20. Jahrhunderts die ersten richtigen Hubschrauber bauen konnte. Das gelang erst,

Lotos-Effekt

Die Körperform der Delfine ist dem Leben im Wasser gut angepasst.

als man den Flug von Vögeln und Insekten genauer studiert hatte. Man stellt fest, dass die technischen Lösungen bei Hubschraubern denen von Libellen und Kolibris stark ähneln.

Strömungsgünstige Formen

Alle Körper, die schnell und somit möglichst ohne Widerstand durch eine Flüssigkeit oder ein Gas bewegt werden müssen, weisen eine Stromlinienform auf. Eine günstige Strömungsanpassung zeigt beispielsweise die Körperform von Pinguinen und Delfinen. Sie ist vorne leicht verdickt und hinten spitz auslaufend. Je schneller ein Flugzeug fliegen soll, desto wichtiger wird die Stromlinienform, denn der Luftwiderstand steigt bei hoher Geschwindigkeit sehr stark an. In Wasserkanalversuchen haben Wissenschaftler für größere Pinguine Widerstandswerte gefunden, die geringer sind als alles, was die Techniker bisher in der Schiff- und Luftfahrt entwickelt und gebaut haben.

Natur als Vorbild für die Baukunst

Von großer Bedeutung ist das Studium biologischer Werkstoffe und Bauverfahren für Werkstofftechnologie und Architektur. Das Knochenmaterial beispielsweise ist häufig bälkchenförmig angeordnet und dadurch besonders belastbar, obwohl es sehr leicht ist. Ein Blick auf das Mittelstück des Oberschenkelhalses beim Menschen zeigt den Grund für diese außerordentliche Belastbarkeit der Knochen. Bricht man den Knochen an dieser Stelle auseinander, sieht man eine Struktur aus einem Wirrwarr von unzähligen kleinen unregelmäßigen Hohlräumen. In der Technik und Architektur griffen Ingenieure und Baumeister schon früh auf derartige Strukturen zurück. Ein besonders anschauliches Beispiel stellt die Konstruktion des Eiffelturms in Paris aus einem Geflecht von zahllosen Stahlpfeilern und -trägern dar.

Pinguine haben einen strömungsgünstigen Körperbau

Blitzableiter

Was ist ein Blitz?

Ein Blitz entsteht, wenn sich in Gewitterwolken statische Ladungen und Spannungen von bis zu 100 Millionen Volt aufbauen. Durch den Blitz entladen die Wolken ihre Spannung auf die Erde. Dies ist der sogenannte Erdblitz. Es gibt auch Blitze innerhalb einer einzelnen Wolke oder zwischen mehreren Wolken. Diese Blitze heißen Wolkenblitze. Jedes Jahr schlagen in Deutschland mehrere hunderttausend Erdblitze ein. Im Jahr 2003 waren es mehr als zwei Millionen Blitze. Ein Blitz hat einen sichtbaren Durchmesser von nur wenigen Zentimetern. Er kann eine Energie von bis zu 200.000 Ampere haben. Die bislang höchste gemessene Temperatur eines Blitzes liegt bei etwa 30.000 °C. Diese Temperatur herrscht aber nur für eine Millionstel Sekunde.

Historischer Blitzableiter

Wie funktioniert der Blitzableiter?

Blitzableiter schützen vor Einschlag. Ein Erdblitz sucht immer den kürzesten Weg zwischen Wolke und Erde, damit sich die **Elektrizität** möglichst schnell aus der Wolke entladen kann. Darum besteht der Blitzableiter aus einer hochragenden, zugespitzten Metallstange, um den Weg zum Blitz zu verkürzen. Metall zieht den Blitz an. Der Blitzableiter sorgt nun dafür, dass die hohe Spannung, die in die Metallstange gelangt, an der äußeren Wand eines Hauses zum Erdboden abfließen kann. Dies geschieht auf dem kürzesten Weg über Leitungen,

Ein Auto wirkt wie ein Faradayscher Käfig

die an der Metallstange befestigt sind. Im Boden verteilt sich die Spannung und richtet keine Schäden mehr an.

Die Leitungen des Blitzableiters werden in bestimmten Abständen über die Dachflächen verlegt und mit Antennenanlagen, Schornsteinen und der Wasserleitung verbunden. Wenn man die Leitungen für einen Blitzableiter verlegt, ist es sehr wichtig, genau festgelegte Abstände zwischen den Leitungen einzuhalten. Sonst besteht die Gefahr, dass der Blitz vom Blitzableiter abspringt und doch noch in das Gebäude eindringt. Wird ein Haus ohne Blitzableiter von einem Blitz getroffen, können schwere Schäden entstehen. Durch die hohe Spannung können alle elektrischen Geräte und Anlagen im Haus zerstört werden, da sie mit einem Schlag sehr viel mehr Elektrizität bekommen als sie vertragen können. Die hohen Temperaturen der Blitze können sogar Brände auslösen.

Wer hat den Blitzableiter erfunden?

Als Erfinder des Blitzableiters gilt der Amerikaner Benjamin Franklin (1706-90). Im Jahre 1752 ließ er während eines Gewitters einen Drachen steigen, um die Elektrizität eines Blitzes nachzuweisen. Die **Elektrizität** aus der Wolke floss an der Schnur des Drachens entlang in einen Metallschlüssel. Der Schlüssel sprühte Funken und dies war der Beweis für die Elektrizität des Blitzes. Außerdem war somit erwiesen, dass der Blitz sich seinen Weg über einen Körper sucht, der ihm - ähnlich wie der Drachen - weit entgegen kommt.

Wie kannst du dich vor Blitzen schützen?

Obwohl es sehr selten vorkommt, dass ein Mensch von einem Blitz getroffen wird, solltest du dich bei einem Gewitter nicht draußen aufhalten. Wenn du aber gerade auf einem freien Feld oder im Gebirge unterwegs bist, solltest du dich in eine Mulde ducken, in die Hocke gehen, alle Gegenstände aus Metall ablegen und den Kopf einziehen. Es ist nicht sinnvoll, sich flach auf den Boden zu legen, weil durch die größere Berührungsfläche des Körpers mit der Erde ein wesentlich höherer Teil des Blitzstromes durch den Körper fließen kann, wenn der Blitz in den Boden einschlägt. Es gibt zwar die Redensart: „Eichen sollst du weichen, Buchen sollst du suchen", aber bei einem Gewitter bieten Bäume auf keinen Fall Schutz vor Blitzen. Hohe Holzmasten, Gewässer und metallische Gegenstände, die in die Höhe ragen, sind sehr gefährlich.

Sicher ist es dagegen, beim Gewitter im Auto zu sitzen. Dort ist man vor einem Blitz geschützt. Die Metallhülle des Autos verhindert, dass der Blitz in das Auto eindringt. Das Auto wirkt wie ein „Faradayscher Käfig". Der englische Physiker und Chemiker Michael Faraday (1791-1867) bewies mit Experimenten, dass alle elektrischen Ströme - so auch der Blitz - über die Außenseite eines Metallkäfigs oder einer Kugel fließen und keine elektrischen Effekte innerhalb des Käfigs hervorrufen. Umgekehrt würde auch ein Blitz, der innerhalb einer Kugel aus Draht erzeugt wird, außenstehende Zuschauer nicht verletzen.

Blitz

Experiment von Benjamin Franklin

Bohrinsel

Was ist eine Bohrinsel?

Eine Bohrinsel ist eine künstliche Plattform, die auf dem Meeresgrund befestigt ist. Von der Bohrinsel aus kann man Bohrungen nach Erdöl oder Erdgas durchführen. Ist eine Bohrung fertig gestellt, wird die Bohrinsel meistens durch eine Förderplattform ersetzt. Wichtigster Teil einer Bohrinsel ist der Bohrturm. Meist haben Bohrinseln auch einen Landeplatz für **Hubschrauber**. Außerdem befindet sich auf der Plattform ein Wohntrakt, wo die Arbeiter untergebracht sind. Wer auf der Bohrinsel arbeitet, kann nicht jeden Tag per Schiff oder Hubschrauber aufs Festland zurück. Wochenlang leben die Arbeiter auf der Plattform, die nur wenige Quadratmeter groß ist. Ihre Unterkünfte sind gut gegen Wind, Wetter und Wasser isoliert.

Bohrinsel

Erdölgewinnung auf dem Wasser

Erdöl ist einer der wichtigsten und begehrtesten Rohstoffe der Welt. Die Vorkommen sind aber nicht gleichmäßig über die Erde verteilt. Die größten Vorräte befinden sich im Mittleren Osten, den USA und in der ehemaligen UdSSR. Aus Erdöl werden Benzin, Diesel, Heizöl und verschiedene andere chemische Produkte gewonnen. Da sich große Erdölvorkommen unter dem Meeresboden befinden, setzt man Bohrinseln ein, um dort nach dem Öl zu bohren und es dann zu fördern. Diese Technik bezeichnet man als Offshore-Ölgewinnung, Bohrungen auf dem Land dementsprechend als Onshore-Ölgewinnung.

Verschiedene Arten von Bohrinseln

Es gibt drei verschiedene Typen von Bohrinseln. Eine einfache Plattform kann mit einem festen

HAST DU SCHON GEWUSST,

wann die ersten Bohrungen im Meer erfolgten? Bereits im Jahr 1896 wurde mit Bohrgerüsten an der Küste von Kalifornien gearbeitet. Ab 1914 begann die Erschließung von Ölfeldern in Venezuela. Die Erdölbohrungen außerhalb der Küstenzone starteten Anfang der 40er Jahre im Golf von Mexiko. Allerdings standen die Pfeiler der Bohrinsel in einer Wassertiefe von nur sechs Metern.

Versorgungsschiff

Sockel aus Stahl oder Beton auf dem Meeresboden befestigt werden. Sie wird von Schleppschiffen zu der Stelle gezogen, an der die Bohrung erfolgen soll. Dort erfolgt die Verankerung am Meeresboden. Damit man diese einfache Plattform verwenden kann, darf die Wassertiefe nicht zu groß sein.

Die Hubbohrinsel steht dagegen auf Gerüstbeinen und ist vertikal beweglich. Die Länge der Stützen kann nach oben und nach unten verändert werden. Die Bohrplattform wird etwa 20 Meter über den Wasserspiegel angehoben, damit sie auch bei stürmischer See nicht vom Wasser überspült und beschädigt wird. Spezielle Lastschiffe transportieren sie zu ihrem Einsatzort. Diese Bohrinsel ist bei einer Wassertiefe von bis zu 100 Metern einsetzbar. Die Halbtaucherbohrinsel schwimmt auf so genannten Pontons auf dem Wasser und besitzt einen eigenen Antrieb. Damit die Halbtaucherbohrinsel immer genau über dem Bohrloch bleibt und ihre Position nicht verändert, wird sie mit Ballasttanks und Ankern stabilisiert. Computer überwachen die genaue Position der Bohrinsel.

Erdölgewinnung

Große Teile der Erde können heute durch Bilder aus **Satelliten** erfasst und ausgewertet werden. Ebenso ist es möglich, weiträumige Gebiete schnell und kostengünstig von Geologen auf Ölvorkommen untersuchen zu lassen. Darauf folgen eingehende Bodenuntersuchungen. Eine endgültige Sicherheit, ob Erdölquellen im Untergrund liegen, bringt immer erst die Probebohrung.

Heute werden fast alle Bohrungen nach dem Rotary-Bohrverfahren durchgeführt. Hier wird das Bohrgestänge der Bohranlage durch einen Drehtisch in Rotation versetzt. Die Bohrkrone, oft Meißel genannt, befindet sich am unteren Ende des Bohrgestänges. Sie dringt mit bis zu 200 Umdrehungen pro Minute in das Gestein vor. Je nach Härte des Gesteins schafft der Meißel nur wenige Zentimeter oder bis zu mehreren Metern in der Stunde. Beginnend mit dem größten Durchmesser wird das Bohrloch mit zunehmender Tiefe stufenweise verengt. Das bei der Bohrung anfallende Gestein wird mit Hilfe der Spülung, die aus Wasser und Mineralien besteht, nach oben befördert. Die erfolgreiche Suche nach Erdöl muss nicht unbedingt eine Förderung nach sich ziehen. Erst nach mehreren Probebohrungen lässt sich feststellen, ob ein Feld genügend Ölvorräte enthält. Wenn genug Öl vorhanden ist, wird es gefördert. Während der Bohrung werden die Wände des Bohrlochs durch sogenannte Futterrohre gesichert. Die Förderung erfolgt dann durch die in die Futterrohre eingebauten Steigrohre. Den Auftrieb des Öls bewirkt sowohl der unterirdische Druck aus der Ölquelle als auch installierte Pumpen. Nach der Abtrennung von Gas und Salzwasser kann das Öl durch Pipelines in Verarbeitungsanlagen oder zum Weitertransport durch Öltanker in Häfen fließen.

Erdölgewinnung

Buchdruck

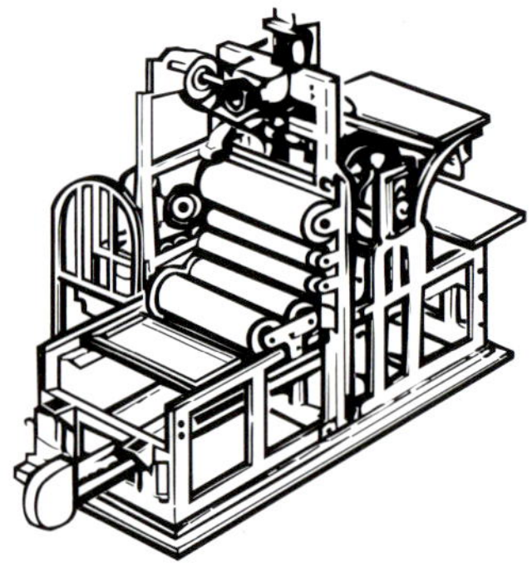

Historische Buchdruckmaschine

Die Erfindung der Druckkunst

Johannes Gutenberg

Eine wesentliche Rolle in der Entwicklung des Buchdrucks spielte Johannes Gutenberg (um 1397–1468). Oftmals wird er als Erfinder des Buchdrucks bezeichnet. Doch das stimmt nicht ganz. Schon zuvor wurden Seiten bedruckt. Dafür schnitzte man die zu druckenden Buchstaben einer kompletten Seite in Holztafeln. So war es möglich, mit einer Tafel mehrere Seiten zu bedrucken. Nach ihrer Fertigstellung konnte die Tafel jedoch nicht mehr verändert werden. War ein Teil der Buchstaben beschädigt, war die gesamte Tafel unbrauchbar. Dieses Druckverfahren war somit für die Massenproduktion von Büchern ungeeignet.

In China erfand man im 11. Jahrhundert den Druck mit beweglichen Lettern (Buchstaben). Die Koreaner entwickelten Mitte des 13. Jahrhunderts den Druck mit einzeln geschnittenen Lettern aus Metall. Um 1450 goss Gutenberg einzelne Lettern aus Blei. Die Buchstaben wurden zu den gewünschten Worten zusammengesetzt. Danach erfolgte der Überzug mit Druckerschwärze. Die Farbe wurde von den Lettern beim Aufdrücken auf das Papier wieder abgegeben. Gutenberg entwickelte ebenfalls den Aufbau einer Druckpresse und den Setzkasten. Eines der ersten Druckerzeugnisse von Gutenberg war die Bibel. Von den zirka 180 Exemplaren der berühmten Gutenberg-Bibel gibt es heute noch 49 Stück.

Die Bedeutung des Buchdrucks

Gutenbergs Druckverfahren war revolutionär. Bis zu diesem Zeitpunkt waren Bücher sehr teuer. Schreiber beschäftigten sich wochenlang damit, Bücher abzuschreiben und auf diese Weise zu vervielfältigen. Die wertvollen Abschriften wurden in Bibliotheken aufbewahrt. Mit dem neuen Druckverfahren konnten nun Bücher relativ günstig hergestellt werden. Geschichten mussten nicht mehr laut für alle vorgelesen werden, jeder las für sich im eigenen Buch, sofern er Lesen gelernt hatte. Der Bildungsgrad des Volkes stieg wesentlich an, da durch die Bücher Wissen aus unterschiedlichen Bereichen weiterverbreitet wurde.

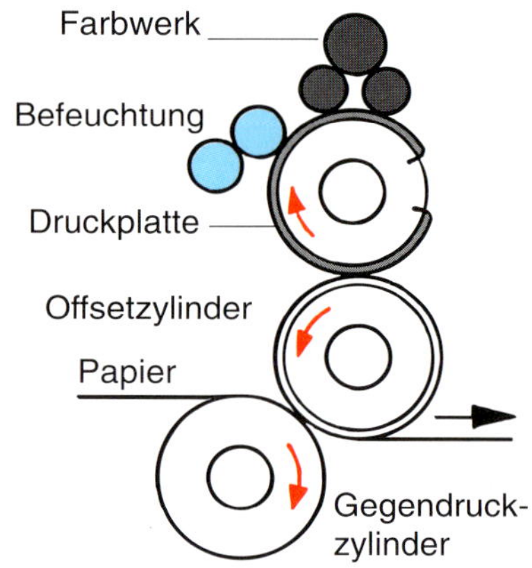

Funktionsschema Offset-Druck

Verschiedene Drucktechniken

Hochdruck: Die zu druckenden Buchstaben liegen wie bei einem Stempel erhöht auf der Druckform. Beim Einfärben der Druckform durch eine Walze nehmen deshalb nur die erhöh-

Gutenberg-Bibel

ten Stellen Farbe auf. Die nicht zu druckenden Stellen liegen entsprechend tiefer. Es gibt verschiedene Arten von Hochdruckformen. Bis vor einigen Jahren setzten sich die Druckformen aus einzelnen Lettern zusammen. Moderne Hochdruckformen werden heute aus lichtempfindlichem Kunststoff auf fotomechanischem Wege hergestellt. Die Form ist kompakt und besteht nicht mehr aus einzelnen Teilchen.

Bleibuchstaben

Tiefdruck: Der Tiefdruck funktioniert genau umgekehrt wie der Hochdruck. Die zu druckenden Stellen liegen tiefer in der Druckform. Die winzigen Vertiefungen, aus denen sich das Druckbild zusammensetzt, heißen Näpfchen. Beim Drucken wird die Form ganz eingefärbt und in den Näpfchen sammelt sich die Farbe. Danach entfernt ein Rakel (Stahllineal) die überschüssige Farbe von den erhöhten Stellen. Somit befindet sich nur noch Farbe in den Näpfchen. Durch einen kräftigen Anpressdruck wird die Farbe schließlich auf den Bedruckstoff übertragen.

Offsetdruck: Beim Offsetdruck gibt es auf der Druckform keine Erhöhungen oder Vertiefungen. Das Verfahren funktioniert durch den Abstoßungseffekt von Wasser und Öl. Die nicht druckenden Stellen sind wasserfreundlich, die druckenden Partien hingegen wasserabweisend. Die Druckform wird zuerst mit Wasser und danach mit Farbe überzogen. So können die wasserfreundlichen Stellen Feuchtigkeit annehmen. Hier setzt sich danach keine ölige Farbe mehr ab. Die Partien, die beim Drucken Farbe abgeben sollen, weisen das Wasser ab und nehmen im zweiten Arbeitsschritt die ölige Farbe an. Mit den Druckfarben Cyan (Blaugrün), Magenta (Rot), Gelb und Schwarz können alle anderen Farben wiedergegeben weden. Der Offsetdruck ist das am meisten verbreitete Druckverfahren, da die Herstellung der Druckform relativ einfach und die Druckqualität aber dennoch sehr hochwertig ist.

DER KARTOFFELDRUCK

Dazu brauchst du eine halbierte rohe Kartoffel, einen Teelöffel, einen Filzstift, ein Stempelkissen und ein Stück Papier. Auf den Innenseiten der Kartoffel malst du zuerst die Stellen aus, die du später drucken willst, zum Beispiel einen Buchstaben. Die nicht zu druckenden Stellen höhlst du mit einem Teelöffel aus. Dann drückst du die Kartoffel kräftig auf das Stempelkissen. Wie beim Hochdruck nehmen die erhöhten Stellen die Farbe an und du kannst mit der Kartoffel das Papier bedrucken. Mit dem Kartoffeldruck kannst du lustige Motive drucken!

Digitaldruck: Beim Digitaldruck hingegen ist zur Vorbereitung des Druckvorgangs die Herstellung von Druckformen nicht mehr notwendig. Die in digitaler Form vorliegenden Texte und Bilder werden von einem Computer direkt an eine Druckmaschine gesendet und anschließend gedruckt.

Offset-Druckmaschine

Computer

Frühe Computeranlage

Ohne Computer wäre unser modernes Leben kaum vorstellbar. Computer werden in allen Bereichen des täglichen Lebens eingesetzt. Egal ob im Beruf oder im privaten Bereich, der Computer ist für uns unverzichtbar geworden. Computer arbeiten sehr schnell, sie können riesige Datenmengen speichern und bearbeiten, sie arbeiten rund um die Uhr und sind inzwischen für jedermann bezahlbar. Computer steuern Maschinen, wie zum Beispiel Fließbandroboter, die in einer Fabrik Autoteile zusammenschweißen. Computer fliegen **Flugzeuge**, überwachen den Verkehr auf den Straßen oder werden in Handys eingebaut. Mit Hilfe des Computers können fast alle Geräte gesteuert werden. Man kann sich sogar in eine künstlich erzeugte **virtuelle Realität** begeben, die dem Benutzer die Illusion einer wirklichen Welt vermittelt. Im Prinzip ist der Computer eine Rechenmaschine, da er alle Informationen, die er erhält, in Zahlen umwandelt und in dieser Form speichert. Darum wird der Computer von vielen Leuten auch nur „Rechner“ genannt.

Die Entwicklung des Computers

Bereits 1642 baute der französische Wissenschaftler Blaise Pascal (1623-62) eine mechanische Rechenmaschine. Charles Babbage, ein englischer Mathematiker, entwickelte die erste programmierbare Rechenmaschine, aber die praktische Umsetzung gelang ihm nicht. Das Hollerithverfahren, benannt nach dem Erfinder Hermann Hollerith (1860–1929), war bedeutend für die Entwicklung des Computers. Dabei wurden Löcher in Kartonkarten gestanzt. Diese Lochkarten liefen durch Sortiermaschinen und konnten durch die Anordnung der Löcher zugeordnet werden. Das Verfahren wurde 1890 bei der Volkszählung in den USA angewandt. Als Pionier der elektronischen Datenverarbeitung (EDV) gilt Konrad Ernst Otto Zuse (1910 – 95). Der deutsche Ingenieur baute 1941 die erste programmgesteuerte Rechenanlage, genannt Z 1. Sie basierte auf dem binären Zahlensystem, wie alle heutigen Computer. Er entwickelte auch die erste Programmiersprache der Welt mit dem Namen Plankalkül.

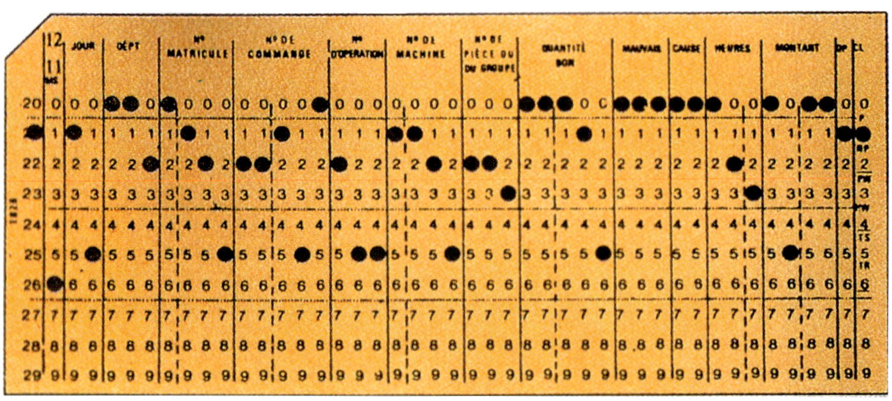

Lochkarte

Der Mikrochip – das Hirn des Computers

Ohne den Mikrochip wäre die Entwicklung des modernen Computers nicht möglich gewesen. Früher bestanden die Speicher der ersten Computer aus mehreren Tausend Elektronenröhren. Diese Röhren waren sehr groß und schwer. Daten wurden durch das Ein- und Ausschalten

Hardware-Ausstattung

der Röhren in einer bestimmten Reihenfolge gespeichert. Durch den Mikrochip konnten die Röhren ersetzt werden und die Computer wurden kleiner und leichter. Ein Mikrochip besteht aus Silizium und kann Informationen speichern oder elektronische Befehle verarbeiten. Dabei ist ein einzelner Chip nur wenige Zentimeter oder sogar nur Millimeter groß. Auf den Chip werden kleine Schaltelemente aufgebracht. Diese Schaltelemente sind beispielsweise Transistoren. Auf einen einzigen Chip passen mehrere Millionen Transistoren.

Die Bausteine des Computers

Ein Computer besteht aus so genannter Hardware und Software. Unter Hardware versteht man die Teile des Computers, die man anfassen kann, also den Computer selbst, Tastatur, Maus, Monitor, Drucker, Scanner und Modem. Die Software sind die Programme, die auf dem Computer gespeichert sind. Bei einem PC sind die Prozessoren und Speicherkarten, die einen Computer überhaupt erst funktionstüchtig machen, in einem Gehäuse untergebracht. Der wichtigste Prozessor heißt „Central Processing Unit", kurz CPU. Diese Zentraleinheit steuert den ganzen Computer. Da sie beim Betrieb Wärme erzeugt, ist auf der Rückseite des Gehäuses ein Lüfter zur Kühlung eingebaut. Die Leiterplatte, auf der CPU und die Steuerelektronik untergebracht sind, bezeichnet man als „Motherboard". Auf dem Motherboard befinden sich verschiedene Speicher. Der Arbeitsspeicher RAM („**R**andom **A**ccess **M**emory") enthält die Daten und Programme, die aktuell vom Computer verwendet werden. Im Festspeicher ROM („**R**ead **O**nly **M**emory") befinden sich die grundlegenden Systembefehle, die den Start des Rechners ermöglichen. Sie können vom Computer nur gelesen, aber nicht überschrieben oder verändert werden. Darüber hinaus gibt es im Gehäuse verschiedene Steckkarten. Sie erweitern die Funktionen des Computers. Um Grafiken oder Texte anzeigen zu können, wird eine entsprechende Grafikkarte benötigt, um Töne hören zu können eine Soundkarte. Wer mit dem PC auch Fernsehprogramme anschauen will, muss eine TV-Karte einbauen. Um mit einem ISDN-Telefonanschluss im Internet surfen zu können, braucht man eine ISDN-Karte.

Festplattendetail

Laptops: Arbeiten ohne Stromkabel

Die Programme und Daten, die der Benutzer eines Computers dauerhaft sichern und auf die er immer wieder zurückgreifen will, werden auf der Festplatte abgespeichert. Eine Festplatte besteht aus mehreren Magnetplatten und hat ein Speichervolumen von mehreren Gigabyte. Je nach Ausführung verfügt ein Computer über eine oder mehrere Festplatten. Im Gehäuse gibt es zudem noch einen Lautsprecher für die Wiedergabe von Tönen und Musik. Dort können auch verschiedene Laufwerke für Disketten, CD-ROMs und DVD-ROMs eingebaut werden. Ein CD-Laufwerk kann nur CDs abspielen, ein DVD-Laufwerk kann sowohl CDs als auch DVDs lesen. Mit einem so genannten Brenner kann man seine eigenen CDs oder DVDs herstellen. Die Peripherie-Geräte werden am Computer über spezielle Schnittstellen angeschlossen und sind so mit dem Computer verbunden.

Die Hardware

Die an eine Computer angeschlossenen Geräte nennt man „Periphrie-Geräte". Zur Grundausrüstung gehören Monitor, Tastatur und Maus. Über den Monitor werden Wörter, Zahlen, Bilder und Programme angezeigt. Mit der Tastatur erfolgt die Eingabe von Texten oder Befehlen. Die Maus ist dazu da, um Befehle aus einem Menü auszuwählen oder Symbole auf dem Monitor anzuklicken. Somit kann man ein neues Programm starten. Texte und Bilder werden vom Computer auf einen entsprechenden Befehl hin an den Drucker geleitet und dann gedruckt. Mit einem Modem wird die Verbindung zum **Internet** hergestellt. Sobald eine Verbindung besteht, kann der Computer Daten aus dem Internet empfangen oder senden. Der Scanner tastet Texte oder Bilder ab und überträgt diese als elektrische Impulse an den Computer. Dort werden die Impulse wieder zu einem Text oder Bild zusammengesetzt und das gescannte Objekt ist nun auf dem Computer zu sehen.

Die Software

Ohne Software könnte ein Benutzer nicht viel mit seinem Computer anfangen. Für jede erdenkliche Anwendungsmöglich-

Laptop

keit gibt es heute die entsprechende Software. Die wichtigste Software des Computers ist das Betriebssystem. Das Betriebssystem ist ein Programm, mit dem man den Computer startet und das immer im Hintergrund aktiv bleibt. Auch wenn man gerade mit einem anderen Programm arbeitet, läuft das Betriebssystem immer weiter mit. Funktioniert das Betriebssystem nicht oder hat es einen Fehler, kann der Computer nicht mehr gestartet werden.

Wenn ein Benutzer Daten in einen Computer eingibt und sie dann dort bearbeitet und gespeichert werden, bezeichnet man dies als „Elektronische Datenverarbeitung" (EDV). Um Daten am Computer zu verarbeiten, gibt es verschiedene Möglichkeiten. Mit einem Textverarbeitungsprogramm kann man Briefe schreiben, bearbeiten und verändern. Einzelne Textbausteine lassen sich schnell auswechseln oder umformulieren. Schriftarten, Schriftgrößen und Farben können ebenfalls schnell bearbeitet werden. Wenn man einen Brief erstellt hat, kann man ihn als Vorlage abspeichern und bei Bedarf wieder neu verwenden. Man muss dann nur einige kleine Einzelheiten ändern und nicht immer einen komplett neuen Brief erstellen. Ein Textverarbeitungsprogramm verfügt auch meist über ein eingebautes Wörterbuch und korrigiert Schreibfehler auf Wunsch des Benutzers.

Mit einem Grafikprogramm lassen sich Zeichnungen und Diagramme für Vorträge oder Präsentationen erstellen. Architekten, Werbeagenturen und Ingenieure arbeiten beispielsweise mit Grafikprogrammen und erstellen so ihre Pläne und Konzepte. Auch zur Bildbearbeitung gibt es eine entsprechende Software. Man kann eigene Bilder von einer Digitalkamera auf den Computer laden und sie dann beliebig verändern. Ganze Objekte können ausgetauscht oder überdeckt und Bildfehler ausgebessert werden. Es ist auch möglich, das Aussehen von Personen beliebig zu verändern oder aus mehreren Fotografien und Bildern eine eigene Collage zu basteln.

HAST DU SCHON GEWUSST,

was die Abkürzung PC bedeutet? Einen modernen Computer, der heute in den meisten Büros und Haushalten verwendet wird, bezeichnet man als PC. Dies ist die Abkürzung für „Personal Computer", also für einen Computer, der nur für eine Person arbeitet. Früher mussten die Fähigkeiten eines Computers auf viele Benutzer aufgeteilt werden. 1976 wurde in den USA der erste PC gebaut. Die Firma IBM brachte 1981 dann einen PC auf den Markt, der einen weltweiten Standard für die weitere Entwicklung des Computers setzte. Eine besondere Form des PC ist der Laptop. Dies ist ein tragbarer PC, den man bequem auf dem Schoß bedienen kann. Er funktioniert auch ohne Strom von außen, da er einen Akku hat.

Cyberspace und Virtuelle Realität

Cyberspace steht für eine von Computern erzeugte Scheinwelt. Der Begriff geht zurück auf den amerikanischen Science-Fiction-Autor William Gibson. Er verwendete ihn 1984 in seinem Roman „Neuromancer“. Im Roman erschaffen die Menschen den Cyberspace, indem sie sich an vernetzte **Computer** anschließen. Der Cyberspace ermöglicht das Eintauchen in eine künstliche Welt, in der die menschlichen Sinnesempfindungen vom Computer erzeugt werden. Der Begriff Cyberspace ist eng verknüpft mit dem der Virtuellen Realität, jedoch geht es hier mehr um praktische Anwendungen wie zum Beispiel in der Medizintechnik.

Virtuelle Realität

Virtuelle Realität (abgekürzt VR) ist eine vom Computer simulierte, also vorgetäuschte, interaktive und dreidimensionale Welt. Um dem Benutzer die Scheinwelt so real wie möglich zu präsentieren, werden ihm zum Beispiel Bilder, Schall, auf den Körper einwirkende Kräfte und andere Sinneswahrnehmungen präsentiert. Es entsteht eine Interaktion zwischen Mensch und Computer. Interaktion bedeutet, dass der Mensch etwas tut, während der Computer darauf reagiert und umgekehrt. Dadurch verschwinden die Grenzen zwischen Realität und virtueller Welt.

VR-Simulationen unterscheiden sich von anderen Computersimulationen dadurch, dass man eine spezielle Brille oder einen Datenhelm, einen Datenhandschuh oder einen kompletten Datenanzug benötigt, um sich in der VR bewegen zu können. Der Benutzer kann damit seine Hand oder seinen Körper direkt in der simulierten Wirklichkeit bewegen und beispielsweise Gegenstände heben, nach Dingen greifen und in der Umgebung herumlaufen. Die Virtuelle Realität eröffnet der menschlichen Kreativität unbegrenzte Möglichkeiten. Der Mensch kann künstliche Erlebniswelten konstruieren, die nicht an die Gesetze der Physik gebunden sind, die aber so real wie die Wirklichkeit erscheinen.

Datenhelm und Datenhandschuh

Der Datenhelm macht es erst möglich, in die Welt der Virtuellen Realität einzutauchen. Vor jedem Auge des Benutzers befindet sich ein Bildschirm aus Flüssigkristallen. Der Computer sendet nun Bilder, die sich von Schirm zu Schirm geringfügig unterscheiden. So entsteht der dreidimensionale Effekt. Wenn der Benutzer des Helms nun seinen Kopf bewegt, werden die Bilder auf den Schirmen entsprechend verändert. Die Bewegung des Kopfes wird in die Virtuelle Realität übertragen.

Beim Datenhandschuh werden die Bewegungen der Hand von Sensoren im Handschuh wahrgenommen und an den Computer übertragen. Wenn man den Handschuh zu einer Faust formt, wird auch in der Virtuellen Realität eine Faust gemacht. Die Datenhandschuhe sind mit Drucksensoren ausgestattet, die dem Computer melden, wie fest man zugreift. Greift man nach einem virtuellen Objekt und hält es fest, erzeugen Einrichtungen im Datenhandschuh das Gefühl, als

Speichermedien und Kabelstecker

Simulationen auf Knopfdruck

würde man tatsächlich etwas in den Händen halten. Ein Datenanzug funktioniert so ähnlich, nur werden hier die Bewegungen des gesamten Körpers an den Computer und wieder zurück geleitet.

Einsatzgebiete von VR-Simulationen

Die ersten Geräte, die eine Virtuelle Realität darstellten, waren Flugsimulatoren. In ihnen können Piloten bestimmte Flugmanöver trainieren. Der Flugsimulator besteht aus der Nachbildung eines Cockpits, das auf beweglichen Stützen angebracht ist. Die Stützen machen jede Steuerbewegung des Piloten mit und erzeugen so die Illusion des tatsächlichen Fliegens. Vor den Fenstern des Cockpits sind große Bildschirme angebracht, auf denen der Pilot beispielsweise die Landebahn eines Flughafens sieht. Nun kann er die Landung des Flugzeuges unter verschiedenen Wetterbedingungen (Schnee, Regen, Nebel) üben.

Auch bei Computerspielen wird eine Virtuelle Realität erschaffen. So kann man zum Beispiel an Autorennen teilnehmen, indem man über einen Datenhelm die entsprechenden Informationen über die Strecke bekommt. Die Lenkbewegungen des Spielers werden übertragen und der Wagen verhält sich so, wie der Spieler ihn steuert.

Die Möglichkeiten der Virtuellen Realität werden auch bei der Konstruktion von Maschinen eingesetzt. Zunächst testet man bestimmte Dinge an Computermodellen. Erst wenn diese Tests abgeschlossen sind, werden die Maschinen gebaut. Durch VR kann man in der Architektur beispielsweise bereits die fertigen Räume darstellen. In der Medizin kommen VR-Simulationen zum Einsatz, um Operationsmethoden an virtuellen Patienten zu testen und neue Techniken zu erlernen.

Cybersurfer

Dampfmaschine

Historischer Raddampfer

Die Dampfmaschine wandelt die chemische Energie eines Brennstoffes in mechanische Energie zum Antrieb von Arbeitsmaschinen um und verwendet dabei Wasserdampf. Bei der Dampfmaschine wird Wasser in einem Kessel verdampft und der Druck des Dampfes genutzt, um die beweglichen Teile einer Maschine anzutreiben.

So funktioniert eine Dampfmaschine

Ein mit Kohle befeuerter Wasserkessel, ein Zylinder, in dem sich ein Kolben hin- und herbewegt und ein Schwungrad sind die wichtigsten Teile einer Dampfmaschine. Im Kessel wird Dampf erzeugt, der mit hohem Druck in den Zylinder strömt und den Kolben in eine Richtung schiebt. Der Kolben ist mit einer so genannten Pleuelstange und diese wiederum mit der Kurbelstange verbunden. Diese besonderen Metallstangen werden benötigt, um eine gerade Bewegung in eine kreisförmige umzuwandeln. Die beiden Stangen bewegen schließlich das Schwungrad der Dampfmaschine. Das Schwungrad selbst treibt wiederum eine Stange an, die einen Schieber über die Öffnung deckt, durch die der Dampf in den Zylinder strömt. Gleichzeitig wird eine Öffnung aufgemacht, durch die der Dampf jetzt von der anderen Seite auf den Kolben drückt und ihn in die Gegenrichtung schiebt. Die Pleuelstange bewegt inzwischen das Schwungrad weiter. Du musst dir vorstellen, dass der ganze Vorgang rasend schnell vor sich geht.

Dampflokomotive im Museum

Die frühen Dampfmaschinen

Eine der ersten Dampfmaschinen wurde 1698 von dem englischen Ingenieur Thomas Savery entwickelt. Sie sollte das Wasser in Kohlebergwerken abpumpen, kam aber nie zum Einsatz. Der Dampf wurde vom Kessel in einen großen Zylinder geleitet. Der Zylinder wurde mit kaltem Wasser übergossen, sodass der Dampf wieder zu Wasser wurde (kondensierte). Im Zylinder entstand dabei ein Vakuum, in das Wasser aus dem Bergwerk mit Hilfe eines Rohres angesogen wurde. Das Wasser wurde wiederum durch die Zufuhr weiteren Dampfes durch ein anderes Rohr nach außen herausgepresst.

1712 baute der englische Eisenhändler Thomas Newcomen eine neue Dampfmaschine, die ebenfalls in Bergwerken eingesetzt werden sollte. Am Ende eines schweren Balkens befestigte er einen Kolben. Der Dampf, der vom Kessel über Rohre in einen Zylinder strömte, drückte den Kolben nach oben. Dann wurde kaltes Wasser in den Zylinder geleitet, sodass der Dampf kondensierte. Dabei sank der Druck im Zylinder und durch den höheren Außendruck fiel der Kolben. Der Nachteil dieser Dampfmaschine war, dass sie riesige Mengen Kohle verschlang. Auch musste der Zylinder bei jedem Arbeitsgang erhitzt und abgekühlt werden. Das machte viel Arbeit.

BAU DIR EIN DAMPFBOOT

Wichtig: Lass dir hier unbedingt von deinen Eltern helfen! Lege drei Teelichter in einen Metallbehälter. Befestige eine Metallröhre mit Plastilin auf dem Metallgefäß und gib einen Löffel Wasser hinein. In den Deckel der Röhre bohrst du ein Loch und verschließt das andere Ende mit Plastilin. Zünde nun die Lichter an. Das Boot wird auf dem Wasser langsam vom Dampf vorwärts getrieben!

Dampfmaschine

Die verbesserte Dampfmaschine

1769 entwickelte James Watt eine Dampfmaschine, an der er die Nachteile der Vorgängermodelle beseitigen und zugleich viele Verbesserungen einführen konnte. Sie hatte einen separaten Kondensator, daher blieb die Hitze im Hauptzylinder erhalten. Der Kolben war doppelwirksam, das heißt der Dampf wurde abwechselnd auf die beiden Kolbenenden gelenkt, sodass sich der Kolben auf- und abbewegte. Ein Regler regulierte den Zustrom von Dampf in den Zylinder und kontrollierte so die Geschwindigkeit. Die Auf- und Abbewegung des Zylinderkolbens wurde durch ein Getriebe in eine Drehbewegung umgewandelt. Watts Erfindung fand als Antrieb für Spinn- und Webmaschinen Einsatz.

Im 19. Jahrhundert hatten viele Dampfmaschinen riesige Ausmaße. Nur so waren sie stark genug, um Anlagen der Schwerindustrie, zum Beispiel in Stahl- und Walzwerken, anzutreiben. In Kraftwerken sind heute noch Dampfmaschinen im Einsatz, allerdings in Form von Dampfturbinen. Hier treibt der Dampfdruck ein schnelllaufendes Turbinenrad an. Je nach Dampfdruck unterscheidet man zwischen Niederdruck- (bis zehn bar), Mitteldruck- (bis 88 bar), Hochdruck- (bis 220 bar) und Höchstdruckdampfturbinen (über 220 bar). Dampfturbinen werden zum Antrieb elektrischer Generatoren und als Schiffsantrieb eingesetzt.

DIE ERSTE DAMPFLOKOMOTIVE

Der englische Ingenieur George Stephenson (1781-1848) baute die erste Dampflokomotive. Eine Lokomotive, die er 1821 konstruierte, erreichte immerhin eine Geschwindigkeit von 24 Kilometern in der Stunde.

DVD-Rekorder

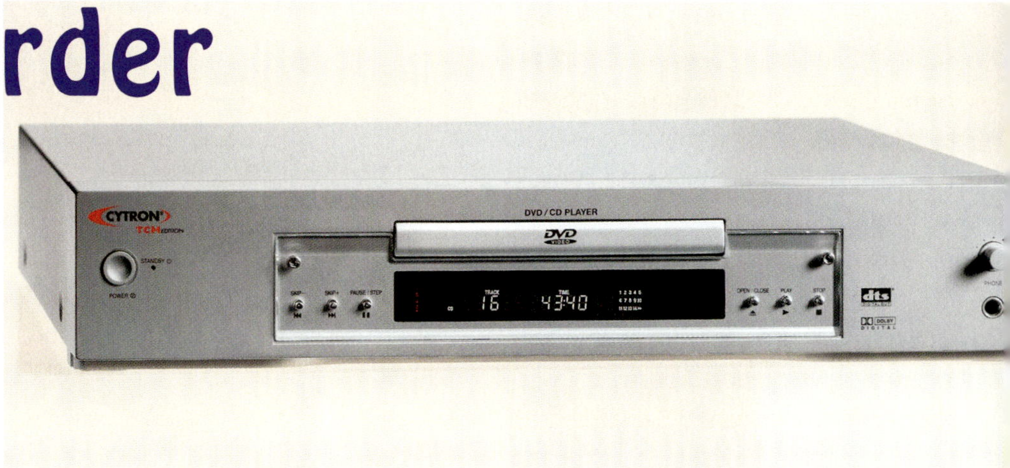

DVD-Rekorder

DVD ist die englische Abkürzung für „Digital Versatile Disc“, also eine „digitale, vielseitige Scheibe“. Die DVD ist wie die Compact Disc (CD) ein so genanntes optisches Speichermedium. Beide speichern Daten in digitaler Form. In Zukunft werden DVDs die CDs als Speicher für Musik, Videos, Spiele, Fotos und sonstige Daten immer weiter verdrängen. DVDs und DVD-Player sind wesentlich vielfältiger einsetzbar als CDs und CD-Player. Ein DVD-Player kann nicht nur DVDs abspielen, sondern auch Musik-CDs, Video-CDs oder MP3-Dateien.

In absehbarer Zeit wird der DVD-Player beziehungsweise der DVD-Rekorder auch den Videorekorder ersetzen. Seit 2001 werden in Deutschland bereits mehr Spielfilme auf DVD verkauft als auf Videokassetten. Die DVD bietet einen Film in bis zu acht verschiedenen Sprachen inklusive einer besonderen Tonausstattung an. Dazu gibt es oft umfangreiches Zusatzmaterial, wie etwa Interviews mit den Schauspielern und Bilder vom Dreh des Films. DVD-Rekorder, die neben der Wiedergabe von bereits bespielten DVDs auch Filme und Fernsehsendungen aufzeichnen können, sind noch nicht so stark verbreitet. Neue **Computer** sind standardmäßig mit einem DVD-Laufwerk ausgestattet. Sie ersetzen dort die CD-Laufwerke oder werden zusätzlich eingebaut.

Produktion von Bauteilen eines DVD-Rekorders

Von der CD zur DVD

Die DVD ist eine Weiterentwicklung der CD. Äußerlich gibt es keinen Unterschied zwischen DVD und CD. Beide sind rund, bestehen aus Kunststoff, haben einen Durchmesser von zwölf Zentimetern und eine Dicke von 1,2 Zentimetern. Auf den **Kunststoff** ist eine dünne Schicht aus Aluminium aufgebracht.

1969 kamen Wissenschaftler zum ersten Mal auf die Idee, die CD als Speichermedium für Musikaufnahmen zu nutzen. Bis dahin wurde Musik auf Kunststoff-Schallplatten aus Vinyl gepresst. Zehn Jahre später wurde dann der Prototyp des CD-Systems vorgestellt. Die Speicherkapazität einer CD wurde auf 78 Minuten festgelegt. Man kam auf diese Zahl, da Beethovens neunte Sinfonie, dirigiert von Herbert von Karajan, auf einer CD Platz haben sollte. Durch die 78-minütige Spielzeit wurde die CD dann 12 Zentimeter groß. Außerdem wurde festgelegt, mit welcher Frequenz ein **Laser** die Daten von der CD ablesen soll. Als dies geklärt war, wurde die CD 1982 in Europa und Japan eingeführt. In den USA erschien sie ein Jahr später und wurde sofort ein großer Erfolg. Ein weiterer Schritt war die Entwicklung von Video-CDs und Photo-CDs. Immer mehr Daten sollten auf einer CD Platz finden. So kam es zur Entwicklung der DVD.

Die erste DVD

Ende 1994 wurde eine „Multimedia CD" (MMCD) mit einer Speicherkapazität von 3,4 Gigabyte entwickelt. Eine CD konnte damals etwa nur 650 Megabyte

CD-ROM Laufwerk

HAST DU SCHON GEWUSST,

dass es verschiedene DVD-Formate gibt? Die DVD-ROM (**R**ead **O**nly **M**emory) stellt das älteste DVD-Format dar. DVD-ROMs können nur industriell bespielt werden, nicht am eigenen Computer. Jedoch kann jeder Player und jedes Laufwerk sie abspielen. Die DVD-R (**R**ecordable) entspricht der DVD-ROM. Sie hat allerdings den Vorteil, dass ein Brenner sie einmal beschreiben kann. Dann gibt es noch die DVD-RW (Rewritable). Sie kann sogar bis zu 1000 Mal wieder beschrieben werden!

Daten aufnehmen. 1995 wurde die „Super Disc" (SD) vorgestellt. Auf ihr konnten Daten bis zu 4,6 Gigabyte gespeichert werden. Schließlich einigte man sich auf die DVD-ROM als gemeinsames Format. 1996 erschien dann das erste DVD-ROM Laufwerk in Japan.

So funktioniert die DVD

Bei CD und DVD werden die Daten von einem Laser in die Aluminiumschicht, die über den Kunststoff aufgebracht ist, in einer spiralförmigen Spur eingebrannt. Der Laser erzeugt kleine Vertiefungen, die nur wenige Millionstel Meter groß sind. Diese Vertiefungen nennt man „pits". Zwischen den pits befinden sich Stellen, auf denen keine Daten gespeichert sind. Die Oberfläche ist hier unverändert. Diese Stellen sind die „lands". Wenn der Laser beim Abspielen einer Disc die pits und lands abtastet, wird er von ihnen unterschiedlich reflektiert. Diese Unterschiede werden in Bilder oder Töne umgewandelt.

Durch andere Techniken bei der Herstellung und den Einsatz von Lasern mit kürzeren Wellenlängen ist die Datendichte der DVD höher als die der CD. Außerdem können auf einer DVD die Daten in zwei Schichten aufgebracht und die DVD zweiseitig beschrieben werden. Auf einer DVD lassen sich bis zu 17 Gigabyte Daten speichern. Dies ist die Speichermenge von etwa 25 CDs. Inzwischen wird an DVDs gearbeitet, die noch mehr Daten aufnehmen können. Durch ein Abtastungsverfahren mit einem neuen Laser sollen die Daten noch enger auf die DVD gebrannt werden.

Frau beim Kauf eines DVD-Rekorders

Echolot

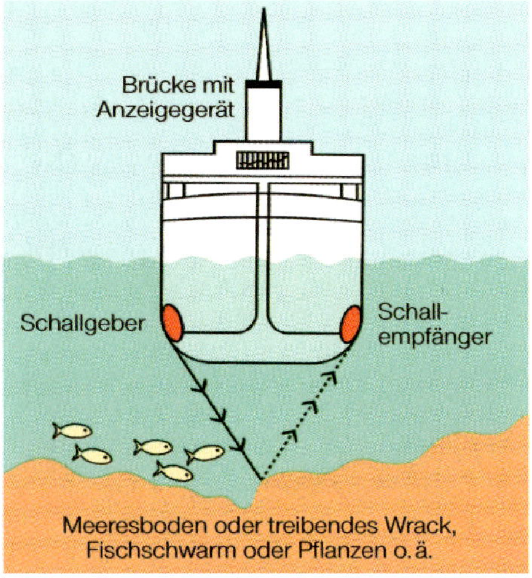

Funktionsschema eines Echolots

Schall

Schall ist die Energie, die von einem vibrierenden Gegenstand ausgeht. Diese **Energie**, auch wenn sie noch so gering ist, leistet eine Arbeit: sie bewegt, stößt oder zieht irgendetwas. Schallwellen sind Verdichtungen und Verdünnungen der Luft oder eines anderen Stoffes. Wir sprechen auch von Schwingungen. Eine Schallquelle, zum Beispiel eine Stimmgabel, erzeugt Schall. Sie bewirkt Druckänderungen in der umgebenden Luft. Die Luftmoleküle werden abwechselnd zusammengeschoben (verdichtet) und wieder auseinandergezogen (verdünnt). So folgen abwechselnd Zonen der Luftverdichtung und der Luftverdünnung kurz aufeinander. Diese Bereiche hohen bzw. geringen Drucks breiten sich als Schallwellen aus. Schallwellen pflanzen sich vom Entstehungspunkt nach allen Seiten fort.

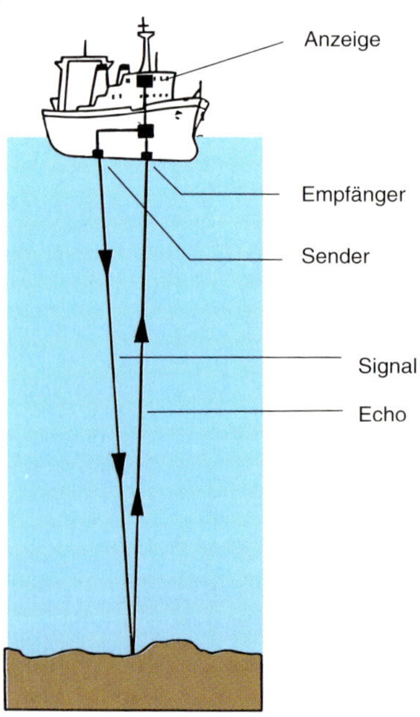

Echolot

Reflektierter Schall

Den Widerhall, also den von einem Hindernis zurückgeworfenen (reflektierten) Schall bezeichnen wir als Echo. Das Hindernis kann ein Berg, eine Hauswand oder eine andere Fläche sein. Das Echo ist schwächer als der Originalton, weil dieser auf seiner Hin- und Herreise Energie verloren hat. Das Echo braucht eine gewisse Zeit, bis wir es hören. Das liegt an der niedrigen Geschwindigkeit der Schallwellen, nämlich etwa 330 Meter pro Sekunde. Wenn ein Echo zwei Sekunden auf sich warten lässt, so haben die Schallwellen in dieser Zeit rund 660 Meter zurückgelegt. Das Hindernis, das die Schallwellen reflektiert ist also etwa 330 Meter entfernt.

HAST DU SCHON GEWUSST,

dass man mit der Hilfe des Schalls ein Wrack finden kann? Die Gegend, in der die Wracksucher das gesunkene **Schiff** vermuten, wird von einem Suchfahrzeug abgefahren. Dabei vermisst ein Sonargerät dauernd die Meerestiefe. So entsteht auf einem Bildschirm und einem Schreiber ein genaues Bild vom Verlauf des Meeresgrundes. Wenn das Suchschiff über das Wrack hinwegfährt, zeichnet sich dessen Silhouette gegenüber dem Meeresboden deutlich ab.

Das Echolot

Das Echolot oder Sonar der Schiffe nutzt dieses Prinzip, um die Tiefe von Schiffsfahrwegen anzugeben. Dabei wird der Schall vom Schiffsboden senkrecht auf den Meeresboden geschickt und von dort als Echo zum Schiff zurückgeworfen. Aus der Zeit, die der Schall hin und zurück braucht, kann man die Meerestiefe errechnen. In der Hochseefischerei wird die sogenannte Fischlupe verwendet: Der von dem Fischschwarm reflektierte Impuls zeigt auf einem Bildschirm Größe und Standort des Schwarms an. Auch Schiffswracks, die am Meeresgrund liegen, werden mit dem Echolot geortet. Um die gefährlichen, unter Wasser befindlichen Teile eines treibenden Eisbergs zu orten, kann man das Echolot leider nicht einsetzen, denn Eis unterscheidet sich nicht genügend von Wasser und wirft den Schall nicht zurück, sondern leitet ihn weiter.

Delfin

Wie verständigen sich Delfine?

Das Orientierungsvermögen der Delfine gleicht dem der Fledermäuse. Delfine verständigen sich mit einer vielfältigen Pfeifsprache. Sie erzeugen dabei Geräusche, also Schallwellen, die von Gegenständen und anderen Tieren reflektiert werden. Mit Hilfe des Echos kann er jedem Hindernis ausweichen und auf 50 Meter Entfernung seine Beutetiere unterscheiden.

Wie orientieren sich die Fledermäuse?

Fledermäuse sind nachtaktive Insektenfresser. Sie fangen abends oder nachts ihre Beute im Flug. Früher war es den Menschen ein Rätsel, wie die Fledermäuse ihre winzigen Beutetiere, die Mücken und Nachtmotten, in der Dunkelheit finden und fangen können. Wissenschaftler haben herausgefunden, dass die Fledermäuse bei der Beutejagd den Schall nutzen. Sie hören alle Dinge im Dunkeln, die wir in der Helligkeit sehen. Die Methode, die es ihnen ermöglicht, nennt man Echoorientierung. Tatsächlich richten sich die Fledermäuse bei ihrem Flug nach dem Echo. Bei der Nahrungssuche reagieren sie auf das schwache Echo, das ein winziges Insekt reflektiert. Die Fledermaus nimmt wahr, aus welcher Richtung das Echo kommt; seine Stärke sagt ihr, wie groß das Beutetier ist. Die Entfernung misst sie an der Zeit, die das Echo ihres Peiltons braucht, bis es ihr Ohr erreicht.

SCHALL-GESCHWINDIGKEITEN

Schallwellen breiten sich unterschiedlich schnell aus. Ihre Geschwindigkeit ist von der Dichte und der Temperatur des jeweiligen Schallleiters abhängig.

In der Luft
bei 0 °C 330 m/s
bei 20 °C 340 m/s

In Wasser
bei 0 °C 1460 m/s
bei 20 °C 1480 m/s

In Glas
bei 20 °C 5000 m/s

In Eisen
bei 20 °C bis 5800 m/s

Fledermaus

Eisenbahn

Als die erste Dampflok fuhr

Die Fahrt der ersten Dampflok auf Schienen wäre nicht möglich gewesen, hätte es zuvor nicht eine Vielzahl an Erfindungen gegeben. Enorm wichtig war die Erfindung des Rades. Bevor es die Eisenbahn gab, hatten sich die Menschen das Rad als Transporthilfe zu Nutze gemacht. Personen und Güter wurden mit Pferdefuhrwerken und Kutschen befördert. Ein Nachteil dieser Transportmittel war, dass sie lange brauchten, wenn sie schlecht beschaffene Strecken zurücklegten. Außerdem war der Mensch vom Pferd abhängig. Es brauchte Ruhepausen und seine Kraft war beschränkt. So konnten nur begrenzt schwere Lasten im mäßigen Tempo befördert werden.

Durch die Erfindung der **Dampfmaschine** war der Mensch plötzlich nicht mehr auf die Muskelkraft von Tieren angewiesen. Der Brite Richard Trevithick (1771-1833) entwickelte eine Hochdruck-Dampfmaschine und konstruierte auch die erste auf Schienen fahrende Dampflokomotive. Sie trat 1804 zur ersten Fahrt an und zog zehn Wagons. Unbeladen erreichte sie eine Spitzengeschwindigkeit von 25 Kilometer in der Stunde. Allerdings war diese Bahn nicht lange in Betrieb, da sie zu schwer war für die gusseisernen Schienen, die für Pferdewagen vorgesehen waren. Die erste brauchbare Lokomotive baute George Stephenson (1781–1848) im Jahr 1814. In Deutschland setzte man zu Beginn des 19. Jahrhunderts jedoch weiterhin auf die Pferdekraft. Erst 1835 fuhr die erste deutsche Eisenbahn in Bayern auf der Strecke zwischen Nürnberg und Fürth.

Dampflokomotive

ICE

Woraus besteht ein Zug?

Ein Zug besteht aus mehreren aneinander gekuppelten Wagen. Sie werden mit Hilfe der Lokomotive in Bewegung gesetzt. Die Lok kann die Wagen entweder ziehen oder schieben. Es gibt drei verschiedene Arten von Lokomotiven.

Dampflokomotiven: Die Dampflokomotive gab es zuerst. Der benötigte Dampf wird in einem Kessel erzeugt. Die Erwärmung des Kessels erfolgt durch die Verbrennung von Torf, Holz, Kohle oder Öl. Die anschließend in der Dampfmaschine erzeugte Kraft wird über so genannte Treibstangen auf die Achse übertragen. In Deutschland hat die Elektrolokomotive die Dampflok längst abgelöst. Doch in vielen anderen Teilen der Erde wie zum Beispiel Südostasien sind Dampflokomotiven noch täglich im Einsatz.

Elektrolokomotiven: Elektrische Lokomotiven werden mit Strom betrieben. Die Lokomotive bezieht den Strom während der Fahrt aus den Oberleitungen. Achtung: Die Oberleitungen der Bahn sind mit 15.000 Volt geladen und sehr gefährlich!

Brennkraft-Lokomotiven: Der Antrieb von Brennkraft-Lokomotiven erfolgt überwiegend durch Dieselmotoren. Die Kraftübertragung vom **Motor** auf die Räder geschieht mit Hilfe eines Generators, der vom Dieselmotor angetrieben wird. Der **Generator** erzeugt den Strom für die elektrischen Motoren. Dieselloks werden noch heute auf nichtelektrifizierten Strecken eingesetzt.

HAST DU SCHON GEWUSST,

wie der derzeit schnellste Zug der Deutschen Bahn heißt? Es ist der ICE 3. Auf der Hochgeschwindigkeitsstrecke zwischen Köln und dem Rhein-Main-Gebiet erreicht er eine Geschwindigkeit von 300 Kilometer in der Stunde. Dadurch dauert eine Fahrt zwischen den Hauptbahnhöfen von Köln und Frankfurt gerade 76 Minuten. Diese Zeit ist mit dem Auto auch bei freier Fahrt auf der Straße nicht zu schaffen.

Räderwerk

Das Schienennetz

Die Schienen werden in kurzen Abständen auf quer liegenden Schwellen befestigt. Diese Schwellen bestehen zum Großteil aus Holz. Die Schienen liegen in einem elastischen Gleisbett, das meist aus Schotter besteht. Zunehmend werden aber auch Schwellen aus Beton gebaut. Das Streckennetz der Deutschen Bahn erstreckt sich derzeit übrigens über knapp 36.000 Kilometer. Über 19.000 Kilometer davon sind elektrisch betrieben. Die Querschwellen, Schienen, Schotterbetten oder die festen Fahrbahnen gehören zum so genannten Eisenbahnoberbau. Kunstbauten wie Dämme, Brücken oder Tunnels zählen hingegen zum Unterbau.

Die Reise mit der Bahn

Im Laufe der Jahrzehnte wurde das Reisen mit der Bahn immer bequemer und schneller. Strecken, die früher nur in mehrtägigen Reisen zu bewältigen waren, schafft die Bahn heute in wenigen Stunden. Wir unterscheiden Züge nach ihrem Beförderungsgut in Personenzüge, Güterzüge und Autoreisezüge oder nach ihrer Reichweite in Nahverkehrszüge, Intercity-Züge und Eurocityzüge. Auch eine Einteilung nach der Reisedauer in Bummelzüge, Eilzüge und Schnellzüge ist möglich. Bei der Deutschen Bundesbahn sind täglich über 30.000 Züge unterwegs. Rund 1300 davon werden im Fernverkehr, die restlichen im Nahverkehr der Deutschen Bahn eingesetzt.

Elektrizität

Elektrizität begleitet uns in unserem täglichen Leben. Ohne sie gäbe es kein **Fernsehen** und keine Radios, kein **Telefon** und keine **Computer** und wir müssten unsere Straßen und Häuser mit Fackeln oder Gaslampen beleuchten. Die Elektrizität ist eine Grundeigenschaft der Materie, die durch das Wirken der elektrischen Ladungen von Elementarteilchen entsteht. Jeder Stoff auf der Erde besteht aus Atomen, und jedes Atom hat einen Kern, der von winzigen Teilchen, den Elektronen, umkreist wird. Der Kern ist positiv, die Elektronen sind negativ geladen. Positive und negative Ladungen ziehen sich an, und deshalb kreisen die Elektronen um den Kern. Elektronen sind viel leichter als die Atomkerne und können somit ohne großen Aufwand bewegt werden. Elektrische Ladungen entstehen zum Beispiel, wenn Elektronen von einem Ort zum anderen transportiert werden. Bewegte elektrische Ladungen bezeichnen wir als Strom. Ruhende elektrische Ladungen nennen wir statische Elektrizität.

Hochspannungsleitung

Gerüst des Stromspannungsmasten

Statische Elektrizität

Um 600 vor Christus machte der griechische Naturphilosoph Thales von Milet (um 650–560 vor Christus) eine merkwürdige Beobachtung: Wenn er ein Stück Bernstein (versteinertes Baumharz) mit einem Tuch rieb, zog der Bernstein kleine Gegenstände an. Rund 2000 Jahre später führte der Engländer William Gilbert (1544 - 1603) ähnliche Experimente durch. Was er beobachtete, nannte er Elektrizität. Dieses Wort bildete er nach der griechischen Bezeichnung für Bernstein, nämlich „elektron". Statische Elektrizität erhalten wir, indem wir Gegenstände aneinander reiben.

EXPERIMENT: KLEBENDE BALLONS

Mit diesem Trick erreichst du, dass Luftballons ohne Leim an der Wand kleben bleiben. Reibe einen aufgeblasenen Luftballon mehrmals an deinem Pullover und halte ihn dann gegen die Wand. Die starke elektrostatische Anziehung des Ballons bewirkt, dass er an der Wand oder an der Kleidung haften bleibt.
Es funktioniert so: Durch das Reiben am Pullover wandern Elektronen zum Luftballon. Er ist nun negativ aufgeladen und haftet einige Zeit an der Wand, wo durch den Verlust an Elektronen positive Ladungen entstehen.

EXPERIMENT: GELADENE GEGENSTÄNDE

Mach kleine Schnitzel aus Papier. Reibe einen Plastikkamm mehrmals an deinem Pullover. Halte dann den Kamm nahe an die Papierstückchen. Du wirst sehen, dass der Kamm die Papierschnipsel anzieht.
Es funktioniert so: Wenn du den Kamm am Pullover reibst, lädt er sich mit statischer Elektrizität auf. Statische Ladungen können positiv oder negativ sein. Auf jeden Fall ziehen sich Gegenstände mit entgegengesetzter Ladung immer an. Bei diesem Versuch ist der Kamm negativ geladen und zieht die positiv geladenen Papierschnitzel an.

Elektrizität am Himmel

Eine bestimmte Form statischer Elektrizität sind Blitze, die sich während eines Gewitters am Himmel zeigen. In einer Gewitterwolke reiben sich die Wassertröpfchen und die Eisteilchen aneinander, sodass sie sich mit statischer Elektrizität aufladen. Die positiv geladenen Teilchen steigen an das obere Ende der Wolke auf, die negativ geladenen Teilchen sinken in der Wolke nach unten. Diese werden nun stark vom Boden angezogen. Von Wolke zu Boden oder von Wolke zu Wolke finden dann gewaltige Entladungen statt, die wir als Blitze sehen. Dabei wird die Luft so heiß, dass ein explosionsartiger Knall entsteht: der Donner.

Bewegte Ladungen

Die Elektrizität, die wir im täglichen Leben nutzen, unterscheidet sich von der statischen Elektrizität dadurch, dass sie sich von Ort zu Ort bewegt. Sie fließt durch Drähte, ähnlich wie Wasser durch Leitungen strömt. Derart bewegte elektrische Ladungen bezeichnen wir als Strom. Die Elektrizität geht wie jede andere Form der Energie nicht verloren; sie wird allenfalls in andere Energieformen umgewandelt, zum Beispiel Wärme.

Blitz

Erzeugung von Elektrizität

Im Jahre 1831 entdeckte der englische Physiker und Chemiker Michael Faraday (1791-1867) als Erster elektrischen Strom. Er

EXPERIMENT: ZWEI LUFTBALLONS STOSSEN SICH AB

Binde zwei aufgeblasene Luftballons mit einem Faden zusammen. Befestige den Faden an einem dünnen Stab, den jemand waagerecht halten sollte, sodass die beiden Ballons nahe beieinander liegen. Reibe jeden Ballon ausgiebig an deinem Pullover. Wenn du die Ballons freilässt, stoßen sie sich gegenseitig ab. Es funktioniert so: Wenn du die Ballons reibst, werden sie gleichartig aufgeladen, und Gegenstände mit gleichartiger elektrischer Ladung stoßen sich ab!

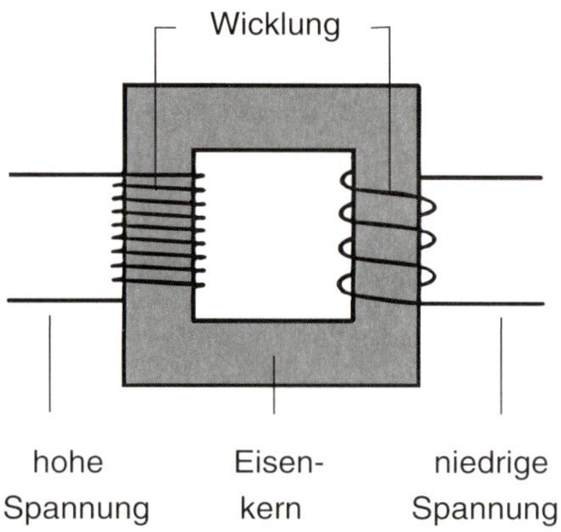

Funktionsschema Transformator

erkannte, dass in Magnetfeldern Ströme erzeugt werden: Er bewegte einen Magneten im Innern einer Drahtwicklung hin und her und fand heraus, dass dabei durch den Draht ein Strom fließt – erst in die eine und dann in die andere Richtung. Dabei entsteht Wechselstrom, weil sich die Richtung des erzeugten Stroms dauernd ändert. Diese Entdeckung führte zur Entwicklung des Dynamos. Mit Dynamos und Generatoren erzeugen wir heute fast unseren gesamten Strom.

Kraftwerke

Der größte Teil der Elektrizität, die wir zu Hause, in Geschäften und Fabriken verwenden, wird in Kraftwerken erzeugt. Dort werden Kohle oder Erdöl verbrannt und flüssiges Wasser in heißen Dampf verwandelt. Dieser Dampf sorgt dafür, dass ein großes Schaufelrad in einer Turbine sich schnell zu drehen beginnt. Mit der Turbine ist ein Generator verbunden, der die Drehbewegung in elektrische Energie umwandelt. Das Kraftwerk leitet den Strom in dicken Überlandkabeln in Haushalte und Fabriken. Elektrische Leitungen können auch im Boden vergraben sein. Außerhalb von Ortschaften wird der Strom von Überlandleitungen mit hohen Masten transportiert.

Bevor die Elektrizität zu uns transportiert wird, muss sie durch einen so genannten Transformator (Aufwärtstransformator) laufen. Er erhöht die Stromspannung, weil man nur bei Hochspannung Strom möglichst ohne Verluste transportieren kann. Am Ort des Verbrauchs sorgt ein weiterer Transformator (Abwärtstransformator) dafür, dass der Strom wieder eine niedrigere Spannung erhält. Erst dann können wir den Strom in der Industrie und im Haushalt verwenden. Aber Achtung: Mache niemals irgendwelche Versuche mit Steckdosen, Drähten oder Kabeln, die an das Stromnetz angeschlossen sind. Ein elektrischer Schlag kann dich schwer verletzen!

Strom aus der Batterie

Mit **Batterien** kann man auch ohne Steckdose Strom erzeugen. Praktisch, denn so kannst du beispielsweise auch im Freien Walkman hören. Batterien speichern elektrische Energie in chemischer Form. Die runden, eckigen oder knopfförmigen Batterien enthalten chemische Stoffe, die so aufeinander reagieren, dass sie Strom erzeugen. Die Grundlagen für die Entwicklung einer solchen tragbaren Energiequelle lieferte der italienische Wissenschaftler Luigi Galvani (1737-98). Sein Landsmann Alessandro Graf

Stromstecker

Überlandleitung

von Volta (1745-1827) entwickelte daraus die erste Batterie. Thomas Edison (1847-1931) verbesserte sie und beantragte 1912 ein Patent. Batterien, die man an einer Steckdose wieder aufladen kann, heißen Akkus.

Die elektrischen Maßeinheiten

Volt, Ampere, Ohm und Watt sind die elektrischen Maßeinheiten. Die den Elektronenfluss hervorrufende Kraft nennt man Spannung. Sie wird in Volt angegeben (nach dem Erfinder der Batterie Alessandro Volta). Die Bewegung der elektrischen Ladung heißt elektrischer Strom, seine Stärke gibt man mit Ampere (nach dem französischen Physiker und Mathematiker André Marie Ampère) an. Die Stromstärke hängt von der Größe des elektrischen Widerstands ab. Der elektrische Widerstand, den beispielsweise ein Leiter dem Strom entgegensetzt, wird in Ohm (nach dem deutschen Physiker Georg Simon Ohm) angegeben. Ist der Widerstand klein, fließt viel Strom, ist der Widerstand groß, fließt entsprechend wenig Strom. Die Wattzahl bezeichnet die elektrische Leistung des Stroms. Sie gibt an, wie viel Energie entsteht, wenn elektrischer Strom fließt. Glühbirnen gibt es zum Beispiel mit 40, 60 oder auch 100 Watt. Dabei leuchtet eine Birne mit 100 Watt heller als eine mit 40 Watt.

Umspannwerk

HAST DU SCHON GEWUSST,

dass es Fische gibt, die Elektrizität erzeugen? Sie nutzen die Elektrizität als Waffe, um Beute zu fangen und um sich vor Feinden zu schützen. Der Zitteraal kann beispielsweise einen sehr kräftigen Stromschlag erzeugen, der alles in seinem Umkreis trifft.

FUNKEN UND GEKNISTER

Während eines Gewitters siehst du gewaltige Entladungen und Funken in Form von Blitzen, die quer über den Himmel ziehen. Du kannst manchmal kleine Funken und Lichtblitze sehen, wenn du dich im Dunkeln umziehst. Es handelt sich dabei um elektrostatische Elektrizität, die entsteht, wenn du Kleidungsstücke aneinander reibst. Ziehe ein Nylonhemd unter einem Pullover an und stelle dich im Dunkeln vor einen Spiegel. Wenn du den Pullover ausziehst, kannst du deutlich die Funken erkennen, die von dem elektrisch aufgeladenen Pulli ausgehen.

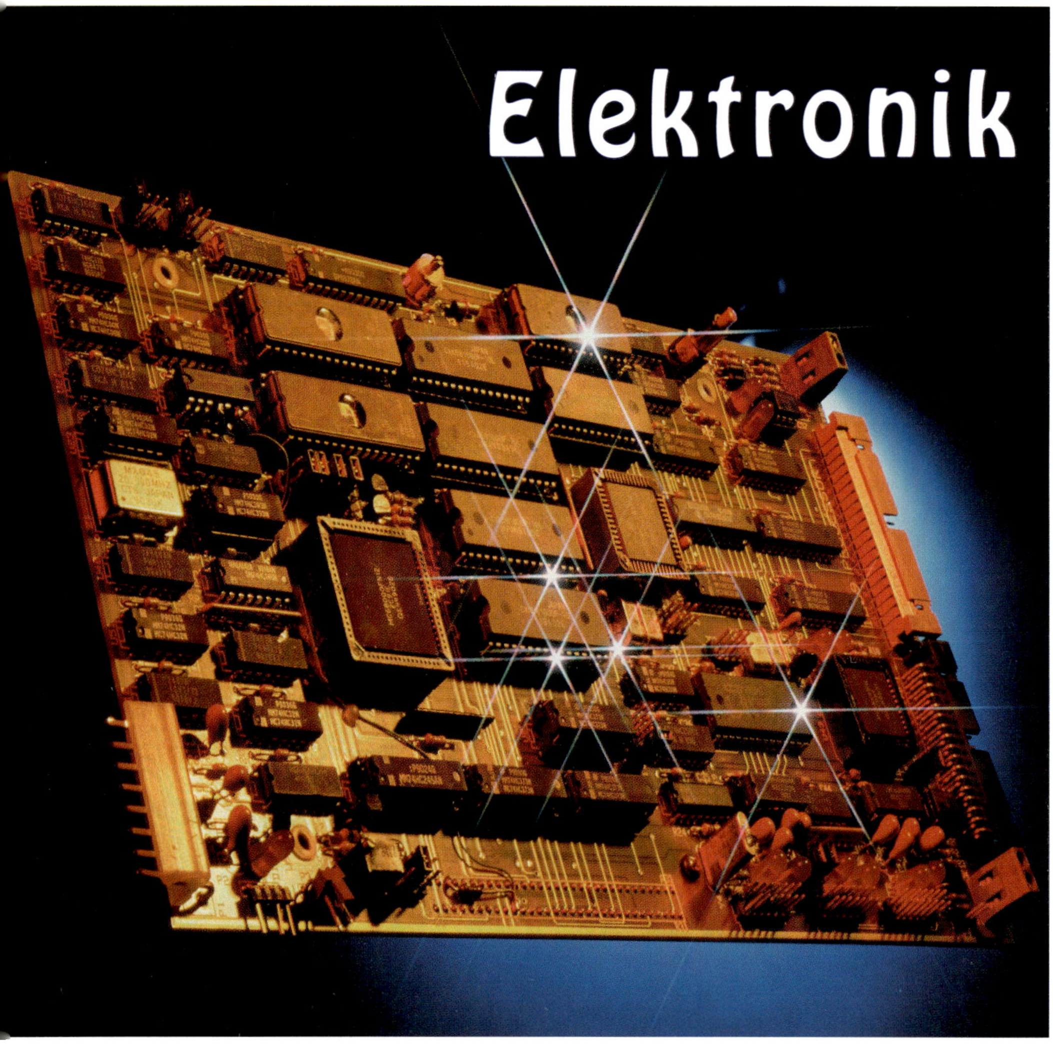

Computerplatine

Geschichte der Elektronik

Die Elektronik kam Ende des 19. Jahrhunderts auf. Eine ihrer praktischen Ergebnisse war die Entwicklung der Rundfunktechnik am Anfang des 20. Jahrhunderts. Die ersten elektronischen Bauteile waren die Elektronenröhren. Zu ihnen gehörten Dioden, in denen Strom nur in eine Richtung fließen kann. Die einzelnen Teile dieser Röhren, die sich stark erhitzten und zum Teil rot glühten, befanden sich in einem Glaskolben, in dem durch Luftentzug ein Vakuum erzeugt wurde. Mitte des 20. Jahrhunderts wurden die Röhren durch Halbleiter ersetzt.

Halbleiterchip

Die Elektronik ist die Technik der Elektrogeräte. Sie beschäftigt sich mit der Steuerung und Schaltung von Strömen. Elektrischer Strom ist die Bewegung der negativ geladenen Teilchen von Atomen, der so genannten Elektronen. Die Bewegung der Elektronen lässt sich durch elektronische Bauteile steuern. Fast alle Geräte, die wir täglich benutzen – vom **Radio**, **Telefon**, **Fernseher**, Taschenrechner bis hin zum **Computer** und **Auto** – arbeiten mit elektronischen Schaltelementen. Von besonderer Bedeutung ist die Elektronik beispielsweise in der Informations- und Kommunikationstechnik.

ELEKTRONISCHE BAUTEILE

Diode: Die Diode lässt den Stromzufluss nur in eine Richtung zu, nämlich von der Kathode zur Anode. So kann man Wechselstrom in Gleichstrom umwandeln.
Widerstand: Ein Widerstand hemmt den Strom innerhalb des Schaltkreises.
Kondensator: Ein Kondensator sammelt und speichert Strom, bis er voll ist, und gibt ihn ab, bis er leer ist. Kondensatoren bestehen aus zwei leitenden Oberflächen, die durch einen isolierenden Stoff voneinander getrennt sind.
Transistor: Ein Transistor verstärkt elektrische Ströme oder schaltet sie auf ein Steuersignal hin ein oder aus. Er hat drei Anschlüsse. Der Strom, der zwischen zwei Anschlüssen fließt, wird von einem sehr schwachen Strom gelenkt, der in den dritten Anschluss geführt wird. Transistoren bestehen aus mehreren so genannten Halbleiterschichten.

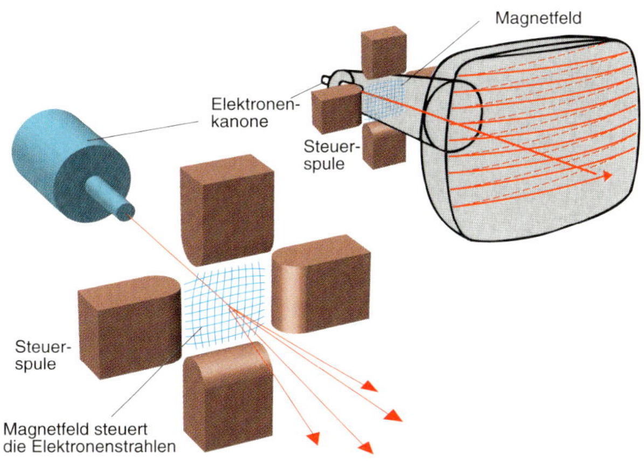

Kathodenstrahlröhre

Ein Halbleiter ist ein Material, das abwechselnd Strom leitend oder isolierend wirkt. Wichtige Halbleiter sind Silizium, Selen und Germanium. Halbleitergeräte sind einfacher, kleiner und zuverlässiger als Röhren.

Elektronische Schaltkreise

Ein elektronischer Schaltkreis besteht aus Bauteilen, die durch Strom leitende Drähte miteinander verbunden sind. Durch den Zusammenbau verschiedener elektronischer Bauteile kann man komplizierte Schaltkreise entwickeln, die alle erdenklichen Zwecke erfüllen. In einem elektronischen Schaltkreis wird der Strom durch die Bauteile selbst gesteuert. Das elektronische Steuersystem einer **Waschmaschine** überwacht beispielsweise den Elektromotor, die Pumpen, den Heizstab und alle Ventile und schaltet sie immer im richtigen Augenblick ein und aus. Eine Lichtüberwachungsanlage zum Beispiel hat einen Sensor, der den Strom einschaltet, wenn es dunkel wird oder sich jemand in unmittelbarer Nähe bewegt.

Integrierte Schaltkreise

Einzelne elektronische Bauteile werden normalerweise auf einer gedruckten Schaltung miteinander verbunden. Sie besteht aus einer Kunstharzplatte, der Platine. Darauf sind Leiterbahnen aufgebracht. Die Kontaktdrähte der Bauteile werden in eigens angebrachte Bohrlöcher gesteckt und festgelötet. Moderne Schaltkreise basieren auf integrierten Schaltkreisen, so genannten Mikrochips, bei denen mikroskopisch kleine Bauteile und ihre Verbindungen in eine dünne Schicht aus halbleitendem Material eingebaut werden. Diese Schicht besteht meist aus Silizium. Daher werden integrierte Schaltkreise auch Siliziumchips genannt. In manchen Chips, zum Beispiel in Zeitschalteruhrenchips oder Verstärkerchips, sind mehrere Dutzend solcher Bauteile enthalten. Bei Computerprozessoren oder Speicherchips kann man Hunderttausende oder sogar Millionen von elektronischen Bauteilen unterbringen.

Ein Schaltkreis ist zunächst nur eine dünne Schicht aus Halbleitermaterial. Die einzelnen Bauteile werden eingebaut, indem man mit komplizierten chemischen und fotografischen Verfahren weitere Halbleiterschichten hinzufügt oder entfernt. Der erste integrierte Schaltkreis wurde 1959 von Texas Instruments in den USA entwickelt. Seither ist die Zahl der Bauteile auf einem Chip ständig größer geworden.

Lichtwellenleiter

HAST DU SCHON GEWUSST,

was ein Mikroprozessor ist? Dabei handelt es sich um einen winzigen Prozessor, der meist auf einem einzigen integrierten Schaltkreis untergebracht ist. Mikroprozessoren werden heute in die unterschiedlichsten Geräte eingebaut, wie zum Beispiel in Waschmaschinen, Fernbedienungen, elektronische Kassen, Digitaluhren oder auch Anzeigentafeln im Auto.

Energiegewinnung

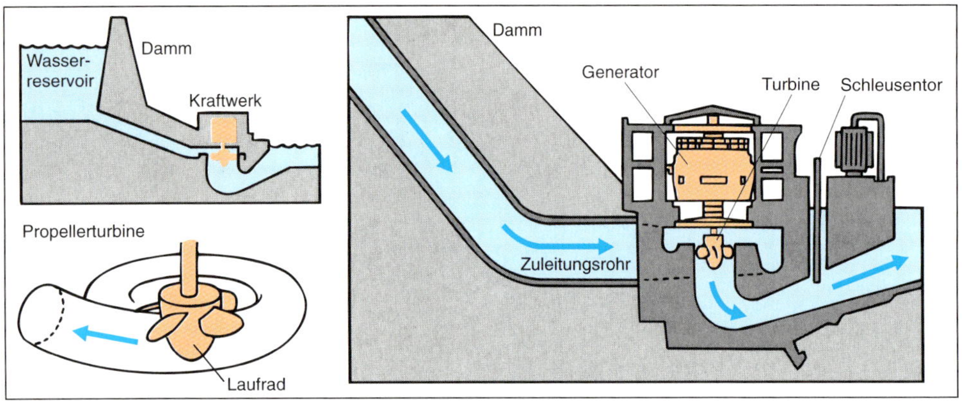

Turbine

Energie ist die Fähigkeit, Arbeit zu leisten. Man kann es auch anders ausdrücken: Energie ist gespeicherte Arbeit. In der Umgangssprache reden wir von Energieverbrauch und meinen beispielsweise, wie viel Treibstoff ein **Auto** auf 100 Kilometer verbraucht. Physikalisch gesehen kann Energie aber nicht verbraucht werden. Der Gesamtbetrag der Energie bleibt immer erhalten. Energie kann nur von einer Form in die andere umgewandelt werden. Die Sonne ist ein gewaltiger Energie- und Lebensspender. Sie sorgt für das Wachstum der Pflanzen, die Licht in chemische Energie umwandeln und im Laufe von Millionen von Jahren zu fossilen Energieträgern wie Steinkohle, Erdöl und Erdgas wurden. Die Sonne trägt auch zur Entstehung von Wind bei, der ebenfalls als Energiequelle genutzt werden kann.

Wasserkraftwerk

Sonnenkollektoren

Sonnenenergie ist ein erneuerbarer (regenerativer) Energieträger – sie steht uns unbegrenzt zur Verfügung. Fossile Energieträger hingegen sind nicht erneuerbar und sind irgendwann aufgebraucht.

Fossile Brennstoffe

Kohle, Erdöl und Erdgas bezeichnet man als fossile Energieträger, weil sie aus den Überresten von vor Jahrmillionen abgestorbener Lebewesen entstanden sind. Fossile Brennstoffe sind nützliche Energieträger, setzen beim Verbrennen jedoch Kohlendioxid frei, das zur Erwärmung der Erdatmosphäre beiträgt. Ein weiterer Nachteil ist, dass ihr Vorrat nicht unerschöpflich ist. Beim gegenwärtigen weltweiten Verbrauch dürften die fossilen Brennstoffe noch etwa 250 Jahre reichen.

Erneuerbare Energie

Energieträger, die sich ständig erneuern, bezeichnet man als erneuerbare oder alternative Energieträger. Dazu zählen beispielsweise Biomasse, Erdwärme, Sonnenstrahlung, Wasser und Wind. Das Biogas zum Beispiel ist ein überwiegend aus Methan bestehendes Gasgemisch, das

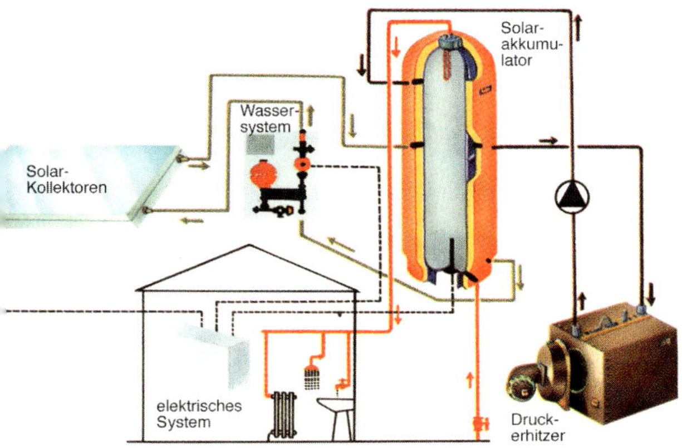

Nutzung von Solarenergie

aus verrottenden landwirtschaftlichen Abfällen wie Stallmist oder Stroh gewonnen wird. Es kann wie Erdgas genutzt werden.

Erdwärme ist die Eigenwärme der Erde. Die Temperatur der Erdkruste steigt mit zunehmender Tiefe. In vulkanischen Regionen erhitzt die Erdwärme Wasseradern. Das heiße Wasser kann zu Heizzwecken, der Wasserdampf zur Erzeugung von Strom genutzt werden. In Gegenden, wo es keine Wasseradern gibt, wird Wasser künstlich in Erdspalten gepresst, erhitzt und verdampft. Große geothermische Anlagen findet man in Italien, auf Island und in Neuseeland.

HAST DU SCHON GEWUSST,

dass es auch Gezeiten- oder Flutkraftwerke gibt? Diese Kraftwerke nutzen die Energie der regelmäßigen Meeresspiegelschwankungen zur Stromerzeugung. Auf Grund der Gezeiten steht das Wasser auf beiden Seiten des Staudamms meist verschieden hoch. Wegen dieses Gefälles kann man das Wasser durch Turbinen strömen lassen wie bei einem Wasserkraftwerk. Der Betrieb von Gezeitenkraftwerken ist allerdings nur in bestimmten Küstenbereichen möglich. Das erste große Kraftwerk dieser Art steht an der nordfranzösischen Küste bei Saint-Malo. Es liefert genug Energie, um eine Stadt mit 300.000 Einwohnern mit Elektrizität für die Haushalte zu versorgen.

Solarenergie

Aus dem unbegrenzten Vorrat an Sonnenlicht kann man Energie gewinnen, ohne Energieträger wie Erdöl und Kohle einzusetzen. Für die Nutzung der Sonnenenergie wurden Sonnenkollektoren und Solarzellen entwickelt. Die Sonnenkollektoren fangen die Sonnenwärme ein und nutzen sie zur Warmwasserbereitung. Im Mittelmeergebiet haben die meisten Häuser Sonnenkollektoren auf dem Dach. Solarzellen wandeln die Energie des Sonnenlichts direkt in elektrische Energie um. Sie werden vor allem zur Stromversorgung von **Satelliten** eingesetzt.

Wasserkraft

Wasserkraftwerke nutzen die Bewegungsenergie von Wasser. Meist fließt das Wasser aus einem hochgelegenen Reservoir und hat daher eine hohe Bewegungsenergie. Damit treibt das Wasser eine Turbine an, die ihrerseits einen Generator in Bewegung setzt, der schließlich Strom abgibt. Etwa ein Fünftel der weltweit verbrauchten Energie wird durch Wasserkraft erzeugt.

Windenergie

Durch unterschiedliche Einstrahlung der Sonne entstehen auf der Erde Gebiete mit hohem und niedrigem Luftdruck. Zwischen ihnen strömen Winde. Der Antrieb für Winde ist also die Sonne. In flachen, küstennahen Gebieten wird schon seit Jahrhunderten die Windenergie genutzt, zum Beispiel durch Windmühlen, die Mühlsteine antreiben. Heute nutzen Windräder den Wind zur Erzeugung von Strom. Das rotierende Flügelrad treibt einen Generator an, der umso mehr Strom liefert, je stärker der Wind bläst und je größer die Flügel sind. Windparks mit vielen Windrädern werden zur Zeit in der ganzen Welt zur alternativen Energiegewinnung erprobt.

Windräder

Fahrrad

Wie das Fahrrad auf die Straße kam

Vor der Entwicklung des Fahrrades bestimmten Pferdefuhrwerke und Fußgänger das Bild auf den Straßen. Die Idee, ein Gefährt nur mit menschlicher Muskelkraft anzutreiben, führte zu verschiedenen Erfindungen. Schließlich war es der Deutsche Karl Friedrich Freiherr von Drais (1785–1851) der 1817 das erste einspurige Zweirad erfolgreich entwickelte. Seine Erfindung ging als „Laufrad" oder „Draisine" in die Geschichte ein. Das Gefährt wurde vom Fahrer angetrieben, der zwischen den Rädern saß und sich mit den Füßen vom Boden abstieß. Pedale gab es keine. Laut Patentschrift erreichte die Draisine auf der Ebene die Geschwindigkeit eines galoppierenden Pferdes. Das war allerdings wohl ein wenig übertrieben.

Die Franzosen Pierre (1813–83) und Ernest (1842–83) Michaux, Vater und Sohn, entwickelten das Laufrad weiter. Sie bauten 1864 das so genannte „Veloziped" – ein Zweirad, das durch am Vorderrad angebrachte Tretkurbel angetrieben wurde. Durch diese Konstruktion entsprach die zurückgelegte Stecke pro Kurbelumdrehung dem Umfang des Vorderrades. Je größer das Vorderrad war, desto länger war die Strecke, die man pro Kurbelumdrehung zurücklegen konnte.

Draisine

Dadurch wurden fortan Hochräder gebaut. Es war allerdings nicht ganz so leicht, ein Hochrad zu besteigen und zu fahren. Der Sattel befand sich zirka 1,5 Meter über der Erde, der Durchmesser des Hinterrades war rund einen Meter geringer als der des Vorderrades. Wenn der Fahrer aber geschickt und kräftig war, konnte er mit dem Hochrad Geschwindigkeiten von über 40 Kilometern in der Stunde erreichen.

1884 kam es zu einer weiteren entscheidenden Entwicklung im Fahrradbau: dem Kettenantrieb. Dabei wurde die Pedalkraft durch den Kettenantrieb auf das Hinterrad übertragen. Dadurch, dass Antrieb und Lenkung nicht mehr aneinander gekoppelt waren, ließ sich das Rad leichter fahren.

Die zunehmende Bekanntheit von Stahl und die Patentierung des Luftreifens nahmen Einfluss auf die Weiterentwicklungen des Fahrrads. Auch in der heutigen Zeit werden Fahrräder noch verändert und optimiert, wie beispielsweise durch den Einsatz von Leichtmetallrahmen.

So funktioniert das Fahrrad

Auch bei den heutigen Fahrrädern wird der Antrieb durch reine Muskelkraft über eine Tretkurbel und über eine Kettenübersetzung auf das Hinterrad übertragen. Wer in die Pedale tritt, bewegt im so genannten Kettenblatt ein Zahnrad. Durch die Drehung des Zahnrades wird die darum befestigte Fahrradkette bewegt. Die Kette läuft zum Hinterrad und schlingt sich dort um ein weiteres Zahnrad. Das Zahnrad ist mit einer so genannten Nabe verbunden, in der auch die Speichen zusammenlaufen. Die Bewegung der Kette überträgt sich auf Zahnrad und Nabe, die miteinander fest im Rad fixiert sind. Somit dreht sich nicht nur das Zahnrad, sondern das ganze Hinterrad. Durch diesen Antrieb bewegen sich die Räder und das Fahrrad kann fahren.

Im Kettenblatt eines Fahrrades gibt es manchmal auch zwei oder drei Zahnräder. Ähnlich ist es am Hinterrad: Dort befinden sich meist mehrere Zahnräder in einer Art Radkranz. Alle diese Zahnräder sind verschieden groß. Man benötigt unterschiedliche Größen für die Gangschaltung. Je nachdem, ob der Fahrer einen Gang hoch oder runter schaltet, wird die Kette auf ein anderes Zahnrad geworfen. Eine andere Zahnradgröße kann dem Fahrer das Treten erschweren oder erleichtern. Je mehr Zahnräder dem Fahrrad vorne oder hinten zur Verfügung stehen, desto höher ist die Anzahl der Gänge.

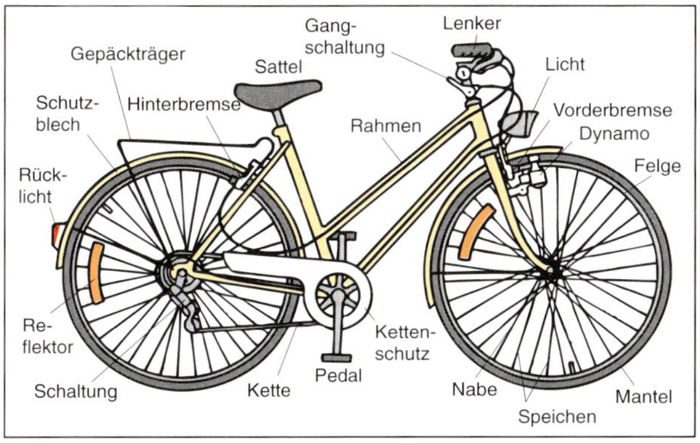

Bestandteile des Fahrrads

Der Hebel für die Gangschaltung ist am Lenker montiert. Dort befindet sich auch der Bremshebel. Durch das Anziehen des Hebels bewegt ein Drahtzug eine Zange mit Bremsbacken. Diese drücken auf die Radfelge und die Bewegung des Rades verlangsamt sich. Je kräftiger die Bremse gezogen wird, desto abrupter kommt das Rad zum Stillstand.

Verbunden sind Räder, Lenker und Sattel durch einen Rahmen. Dieser bestand bis vor einigen Jahren aus Stahlrohr, wurde aber im Fahrradbau mittlerweile durch leichtes Aluminium ersetzt.

Ein umweltfreundliches Verkehrsmittel

Von den Anschaffungs- und Reparaturkosten abgesehen ist das Fahrrad das preiswerteste und umweltfreundlichste Verkehrsmittel. Es benötigt zur Fortbewegung kein Benzin und stößt somit auch keine Schadstoffe aus. Außerdem sind Radfahrer in Städten oftmals viel schneller am Ziel als Autofahrer. Durch ein erhöhtes Verkehrsaufkommen zu den Stoßzeiten kommt es auf den Straßen nicht selten zu Staus. Doch die Radwege sind in der Regel frei und so kann der Radfahrer einfach an den Autos vorbeiziehen und ist so manchmal sogar schneller als sie.

Fahrradhelme schützen

EXTRATIPP: WICHTIG BEIM FAHRRADKAUF

Die Rahmengröße eines Fahrrades sollte auf Körper- und Schrittgröße des Fahrers abgestimmt sein. Der Sattel befindet sich in optimaler Höhe, wenn der Fahrer mit gestrecktem Bein die Ferse auf das unten stehende Pedal drücken kann. Das Lenkerrohr sollte zirka drei Zentimeter tiefer liegen als die Satteloberkante. Grundsätzlich gilt: Es ist besser, sich beim Fahrradkauf von einem Spezialisten beraten zu lassen. Unpassende Rahmengröße und falsche Sattelhöhe kann zu einer schlechten Sitzposition und somit zu Rückenschmerzen führen. Wenn ein Fahrrad dem Fahrer zu klein ist, kann man zwar den Sattel für eine bequemere Sitzposition herausziehen, jedoch verschiebt sich dadurch der Schwerpunkt nach hinten. Somit kann das Fahrrad vorne abheben und die Sturz- und Verletzungsgefahr steigt. Es ist also immer besser, die Fahrradgröße einer veränderten Körpergröße anzupassen und nicht eine falsche Fahrradgröße zu wählen.

Fernsehen

Transistor-Fernsehgerät

Unter Fernsehen verstehen wir die Übertragung bewegter Bilder von einem Ort zum anderen. Diese Übertragung findet über elektrische Impulse über Funk oder Kabel auf den Bildschirm eines Fernsehempfängers statt. Bis ein Bild auf dem Fernsehgerät erscheint, finden zahlreiche komplizierte Vorgänge statt. Man kann im Wesentlichen drei Schritte unterscheiden: 1. Das Bild wird von der Fernsehkamera in elektrische Signale umgewandelt. 2. Die Signale werden übertragen. 3. Das Fernsehgerät baut ein sichtbares Bild auf.

So funktioniert das Fernsehen

Zunächst nimmt eine Fernsehkamera ein Bild auf. Bei der Aufnahme werden die Bilder von der Kamera elektronisch in Hunderte von Zeilen zerlegt, die sich wiederum aus Hunderten kleiner Farbpunkte zusammensetzen. Die Fernsehkamera erzeugt ein elektronisches Signal, das die Farbinformation (Farbanteil, Helligkeit und Farbsättigung) der einzelnen Bildpunkte enthält. Dieser Vorgang wird 25- oder 30-mal in der Sekunde wiederholt und so entsteht ein ununterbrochenes Bildsignal. Solche Signale werden dann als Funkwellen über Antennen oder **Satelliten** oder über Kabel versendet.

Beim Antennenfernsehen wird das Signal an eine Sendeantenne geleitet, in ein Radiosignal umgewandelt und in alle Richtungen ausgestrahlt. Die Signale können nur empfangen werden, wenn kein Hindernis zwischen Sender und Empfänger liegt. Deshalb bringt man die Sendeantennen auf hohen Masten und die Empfangsantennen auf den Hausdächern an. Beim Kabelfernsehen wird das Signal in ein unterirdisches Kabelnetz eingespeist und kann von allen Empfangsgeräten mit einem Kabelanschluss empfangen werden. Beim Satellitenfernsehen gelangt das Signal mittels Mikrowellen zu einem Satelliten, der sich in der Erdumlaufbahn befindet. Das Signal wird mit eigenen Antennen empfangen und wieder abgestrahlt, sodass es von Fernsehapparaten auf der Erde empfangen werden kann. Für den Empfang sorgen kleine, auf den Satelliten ausgerichtete Satellitenschüsseln.

Bei der Fertigung

Moderner Fernseher

Der Fernsehempfänger

Der Empfänger benutzt das von der Kamera erzeugte elektrische Signal, um jedes Bild Zeile für Zeile aufzubauen. Dem elektrischen Signal entnimmt er die Farbinformation für die einzelnen Bildpunkte. Herkömmliche Fernsehgeräte arbeiten mit einer Kathodenstrahl- oder Bildröhre. Die Bildröhre ist eine Röhre mit langem Hals und einem Kolben, der zu einem flachen Leuchtschirm ausgebildet ist. An der Rückseite befinden sich drei Elektronenstrahlerzeuger; sie geben die Elektronenstrahlen für rotes, grünes und blaues Licht ab. Diese sind je nach Bildsignal unterschiedlich stark und werden von Elektromagneten zeilenweise über den Leuchtschirm geführt. Die Innenseite des Leuchtschirms ist mit einer besonderen Schicht versehen. An dem Punkt, wo die Strahlen auftreffen, leuchtet die Schicht auf. Direkt hinter der Bildfläche befindet sich die sogenannte Schatten- oder Gittermaske. Sie sorgt dafür, dass die Strahlen nur die Filter ihrer jeweiligen Farbe durchdringen. Die Filter lassen rote, grüne oder blaue Punkte aufleuchten, die zusammen das Bild ergeben. Durch Kombination der drei Farben kann man alle Farben erzeugen.

Die Tage der Kathodenstrahlröhre im Fernseher dürften gezählt sein. Sie wird immer mehr durch einen Bildschirm aus Flüssigkristallen verdrängt. Flüssigkristalle sind bestimmte Stoffe,

Digitales Fernsehen

die sich zum Teil wie Flüssigkeiten und zum Teil wie Festkörper verhalten. Seit etwa 20 Jahren gibt es die Flüssigkristallanzeige, die abgekürzt LCD („**L**iquid **C**rystal **D**isplay") genannt wird. Ein LCD-Fernseher hat keine Bildröhre und ist daher ganz flach. Er zeigt kristallklare, reflexionsfreie Bilder und hat eine extrem gute Auflösung. Da dieser Bildschirm

HAST DU SCHON GEWUSST,

wie digitales Fernsehen funktioniert? Beim digitalen Fernsehen werden die Informationen wie bei einem Computer übertragen. Das bedeutet, dass nur noch eine Vielzahl von elektronischen Impulsen – lauter Nullen und Einser – gesendet wird. Das Fernsehgerät kann diese Impulse wie ein Computer in Bild- und Tonsignale umwandeln. Bei dieser Form der Bildübertragung können viel mehr Signale gleichzeitig übertragen werden. Dadurch kann man neben dem Fernsehprogramm verschiedene neue Dienste empfangen wie zum Beispiel zusätzliche Informationen zur Sendung und Untertitel in unterschiedlichen Sprachen, die dann auf dem Bildschirm eingeblendet werden. Das digitale Fernsehen wird sich in Zukunft wohl immer mehr durchsetzen.

keine Strahlen abgibt, ist er auch nicht schädlich für die Gesundheit wie die herkömmlichen Fernsehgeräte.

Historischer Fernsehapparat

Film

Laterna Magica

Ein Spielfilm besteht aus Tausenden von Einzelbildern auf einem langen Filmstreifen. Jede Aufnahme ist anders als die vorhergehende, wenn auch nur ein ganz wenig. Also werden alle Bewegungen in Einzelphasen zerlegt. Jedes Bild wird einzeln belichtet. Dazu öffnet sich der Verschluss der Filmkamera für eine sehr kurze Zeit. Sobald er wieder schließt, wird der Film weiter transportiert. Das Ganze geschieht in sehr schneller Folge und wiederholt sich 24-mal in der Sekunde. Der fertige Film wird dann mit einer Geschwindigkeit von 24 Bildern pro Sekunde von einem Projektor abgespielt. Unser Auge kann die einzelnen Bilder als solche nicht erkennen und nimmt daher die Bewegungen ohne Unterbrechung wahr.

Die Filmkamera

Die Bilder eines Spielfilms werden von einer speziellen Kamera aufgenommen. Sie ist im Prinzip ein Fotoapparat, der einen elektrischen Antrieb zur Aufnahme von Bewegungsabläufen hat. Nach einer weltweit gültigen Norm macht die Filmkamera 24 Aufnahmen in jeder Sekunde. Für den Effekt der Zeitlupe (langsamer Bewegungsablauf) wird die Zahl der Aufnahmen pro Sekunde erhöht, für Zeitraffer-Aufnahmen (schneller Bewegungsablauf) erniedrigt. Zur Aufnahme von Tonfilmen wird das Tonsignal auf eine Magnetschicht am Filmrand oder auf ein gleichzeitig laufendes Tonband aufgezeichnet.

Historischer Filmstreifen

Der Filmprojektor

Der Filmprojektor dient zur Wiedergabe von Filmen. Ähnlich wie bei der Aufnahme mit der Filmkamera wird das zu zeigende Filmstück schrittweise projiziert. Nur fällt das Licht nicht von außen nach innen, sondern wird von einer Lichtquelle im Inneren durch den Film auf eine Leinwand geworfen, wo ein vergrößertes Bild entsteht. Da die Einzelbilder sich so schnell abwechseln, verschmelzen sie für unser Auge zu einer Bewegung.

Wie die Bilder laufen lernten

Den ersten Filmstreifen stellte der Engländer William Friese-Green 1889 aus Zelluloid her. Der berühmte amerikanische Erfinder Thomas Edison erfand 1891 ein Vorführgerät, das er Kinetoskop nannte. Der Filmstreifen lief als Endlosschleife über Rollen und man konnte ihn sich durch einen Schlitz an der Oberseite des Gehäuses ansehen.

Stummfilme in Schwarzweiß produzierten und zeigten 1895 die Gebrüder Louis und Auguste Lumière aus Frankreich. Sie erfanden den Kinematografen, das erste brauchbare Filmaufnahme- und -wiedergabegerät, mit dessen Hilfe der Film einem großen Publikum gezeigt werden konnte. Aus diesem Begriff entstand später das Wort Kino.

Tonfilme konnte man erst herstellen, als es gelang, den Ton absolut gleichzeitig mit dem Bild zu erzeugen. Diesen Vorgang nennen wir Synchronisation. Der erste Tonfilm der Welt wurde 1928 gedreht. Worte, Geräusche und Musik wurden nach dem Lichttonverfahren aufgezeichnet: Ein Mikrofon verwandelt die Stimme des Schauspielers in elektromagnetische Ströme und führt sie einem Lichtsteuergerät zu. Das

HAST DU SCHON GEWUSST,

was ein Daumenkino ist? 1870 wurden so genannte Abblätterbücher erfunden, die Bilder ohne jeden Apparat zum Leben erweckten. Das waren kleine Büchlein, deren Blätter einseitig mit aufeinander folgenden Bildern bemalt oder bedruckt waren. Wenn man die Seiten mit dem Daumen und Zeigefinger umbog und dann rasch abblättern ließ, schmolzen die Einzelbilder im Auge zu einer fortlaufenden Bewegung zusammen und die dargestellten Figuren schienen sich zu bewegen. Du kannst dir ein Daumenkino auch selbst basteln. Dazu brauchst du mehrere, etwa fünf Zentimeter auf fünf Zentimeter große Blatt Papier. Überlege dir die Zeichnungen für deinen „Film“. Male diese nun auf die verschiedenen Blätter und achte darauf, dass die Unterschiede in der Zeichnung von Bild zu Bild nur gering sind. Beim Abblättern siehst du dann eine Bewegung!

Kameramann

Licht zeichnet die Stimme auf einem lichtempfindlichen Streifen seitlich am Film, der Tonspur, als verschieden große dunkle Zacken auf. In dem Vorführgerät werden diese Zacken von einem Lichtstrahl abgetastet, in elektromagnetische Ströme gewandelt und dann in einem Lautsprecher wieder in die Stimme des Schauspielers umgesetzt. Heute wird meist das Magnettonverfahren angewendet. In beiden Verfahren werden Bild und Ton gleichzeitig, aber von getrennten Geräten aufgezeichnet. Bei Amateurgeräten werden Bild und Ton gemeinsam aufgenommen.

Filmkamera

1935 kam der erste Farbfilm in die Kinos. Bei modernen Farbfilmen verwendet man dieselbe Technik wie bei der Farbfotografie: Der Film ist mit drei farbempfindlichen Schichten (blau, grün, rot) überzogen, welche die Farben aufnehmen und bei der Vorführung dann wiedergeben.

Passagierflugzeug

Flugversuch von Otto Lilienthal

Flugzeug

Die ersten Flugzeuge

Einen eigentlichen Erfinder hat das Flugzeug nicht. Viele Menschen versuchten den Traum vom Fliegen zu verwirklichen. Einer von ihnen war der Deutsche Otto Lilienthal (1848-96). Er studierte den Flug von Störchen und konstruierte einen Gleiter. Damit gelang ihm 1891 der erste sichere und kontrollierte Gleitflug der Geschichte. Im Jahr 1903 erhob sich in den USA erstmals ein Motorflugzeug in die Lüfte. In jahrelanger Arbeit hatten die Brüder Wilbur Wright (1867-1912) und Orville Wright (1871-1948) diese Flugmaschine mit Tragwerk, Steuerung, Propeller und Motor entwickelt. Allerdings dauerte der erste Flug gerade mal zwölf Sekunden. Doch die Brüder gaben nicht auf. Schließlich blieb die Maschine 56 Sekunden in der Luft und legte eine Strecke von 260 Metern zurück.

Woraus besteht ein Flugzeug?

Man kann das Flugzeug in vier Baugruppen unterteilen: Rumpf, Tragflächen, Leit- und Fahrwerk.

Der Rumpf ist der mittlere lange Teil des Flugzeuges. Er besteht bei älteren Flugzeugen aus einem Metallgerüst und Holz, bei modernen Flugzeugen aus Aluminium und leichtem **Kunststoff**. Vorne im Rumpf ist das Cockpit, der Arbeitsplatz des Piloten, untergebracht. Weiterhin befinden sich im Rumpf die Passagierkabinen und die Gepäckräume.

Bei kleinen Flugzeugen ist vorne am Rumpf ein **Motor** mit Propeller. Der Propeller zieht das Flugzeug nach vorne. Vom Rumpf gehen links und rechts die Tragflächen ab. Viele Flugzeuge haben in ihren Tragflächen Treibstofftanks eingebaut. Bei Jets sind unten an den Tragflächen jeweils ein bis zwei Triebwerke angebracht. Diese Turbinen ziehen Luft an, die verdichtet und erwärmt wird. Hinten strömt die Luft schneller aus und es entsteht ein Schub, der das Flugzeug nach vorne bewegt.

Das Höhen- und Seitenleitwerk mit den Rudern ist am Heck des

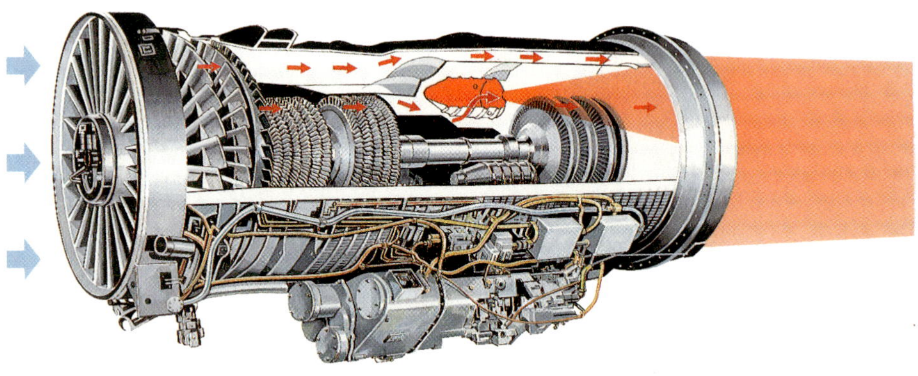

Jetmotor

Im Cockpit

HAST DU SCHON GEWUSST,

dass die Firma Airbus das größte Passagierflugzeug der Welt baut? Der Airbus A 380 ist 73 Meter lang, 24 Meter hoch und hat Platz für 550 Passagiere. Seine Spannweite beträgt knapp 80 Meter. Voll beladen wiegt das Flugzeug um die 560 Tonnen und damit soviel wie zirka 560 Kleinwagen.

Düsenjet

Flugzeuges zu finden. Mit Hilfe der Leitwerke wird das Flugzeug gelenkt. Das Höhenleitwerk ist für vertikale Bewegung (hoch und runter), das Seitenleitwerk für horizontale Bewegungen (links und rechts) zuständig. Ein Flugzeug hat zudem noch hinten außen an den Flügeln je ein Querruder. Mit dem Querruder und Seitenruder zusammen kann das Flugzeug Kurven fliegen.

Das Fahrwerk unter dem Flugzeug ist meist einziehbar, da es im Prinzip nur für Start und Landung benötigt wird. Maschinen, die ein festes Fahrwerk haben wie zum Beispiel kleine Sportflugzeuge verbrauchen im Verhältnis mehr Treibstoff, da der Luftwiderstand größer ist. Je nach Flugzeugtyp hat ein Fahrwerk entweder ein Rad vorne und zwei Räder in der Mitte (Bugfahrwerk), oder zwei Räder vorne und ein Rad ganz hinten (Heckfahrwerk). Das Fahrwerk hat auch eine Bremse, damit die Geschwindigkeit beim Landen verringert wird. Zudem werden bei der Landung so genannte Landeklappen an den Tragflächen ausgefahren. Die Klappen bieten der Luft Widerstand und sind somit eine Art Luftbremse.

Wie fliegt das Flugzeug?

Es ist nicht ganz leicht zu verstehen, wie tonnenschwere Maschinen scheinbar mühelos in die Luft steigen können. Grundvoraussetzungen für das Abheben ist der so genannte aerodynamische Auftrieb. Er wirkt der Schwerkraft entgegen und entsteht, wenn Luft über und unter einer Tragfläche durchströmt. Je nach Stellung und Form der Tragfläche verändert sich der auftreffende Luftstrom. Auf den Tragflächen gibt es eine stärkere Wölbung nach oben und eine schwächere Wölbung nach unten.

HAST DU SCHON GEWUSST,

dass der Auftrieb auch beim Skispringen enorm wichtig ist? Er wird dadurch erzeugt, dass die Luft bei optimaler Haltung des Springers an dessen Unterseite einen kürzeren Weg zurück legt als auf der Oberseite.

Beim Starten rollt das Flugzeug mit zunehmender Geschwindigkeit über die Startbahn. Dabei verdrängen die Tragflächen Luft. Ein Teil der Luft strömt über den Tragflächen, ein Teil unter ihnen durch. Da die Wölbung oben und unten unterschiedlich ist, entsteht ein Druck. Dieser Druck über der Tragfläche erzeugt den Auftrieb und zieht das Flugzeug nach oben. Zusätzlich wirkt bei startenden Flugzeugen der so genannte Abstoßeffekt. Er entsteht dadurch, dass die Luft hinter den Tragflächen nach unten gelenkt wird. So stößt sich das Flugzeug von der Erde regelrecht ab. Der Auftrieb und das Abstoßen zusammen stellen eine größere Kraft als die Schwerkraft dar und heben das Flugzeug somit in die Luft.

Fotografie

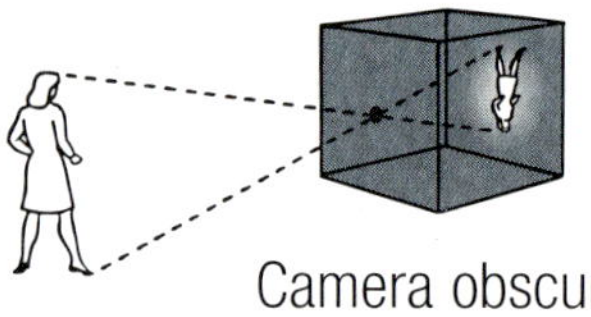

Camera obscura

Lochkamera

Fotoapparat

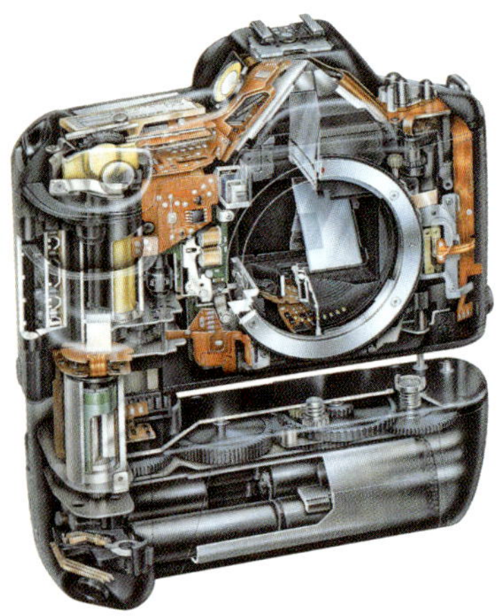

Innenansicht

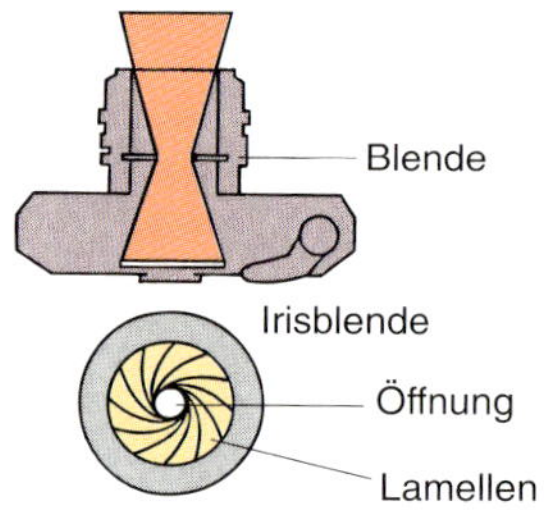

Blende

Bei der Fotografie werden optische Abbildungen durch chemische Veränderungen lichtempfindlicher Schichten von Filmen in dauerhafte Bilder umgesetzt. Der Vorgang der Fotografie gliedert sich in Aufnahme, Entwickeln, Fixieren und Kopieren. Zum Fotografieren braucht man einen Film und einen Fotoapparat, auch Kamera genannt.

Wie arbeitet eine Kamera?

Die Hauptbestandteile einer Kamera sind ein lichtdichtes Gehäuse, das Objektiv und der Verschluss. Das Objektiv besteht aus einer oder mehreren Linsen, die das Licht sammeln und ein seitenverkehrtes, kopfstehendes Bild des Motivs auf den Film projizieren. Bei geöffnetem Verschluss dringt Licht vom Objektiv zum Film durch. Der Verschluss regelt die Dauer des Lichteinfalls, also der Belichtungszeit. Er ist normalerweise geschlossen. Wenn man auf den Auslöser drückt, gibt er den Lichteinfall auf Dauer der eingestellten Zeit frei. Diese Belichtung muss genau stimmen, sonst entsteht kein scharfes Bild. Sie wird durch die Blende gesteuert, welche die Stärke des Lichteinfalls regelt. Ist es draußen hell, ist nur eine kurze Belichtungszeit von 1/250 bis 1/1000 Sekunde nötig. Bei wenig Licht muss man länger belichten, zum Beispiel 1/15 Sekunde. Je kleiner die Blende, desto länger muss man belichten; desto größer ist aber auch die Schärfentiefe. Das ist die Zone, innerhalb derer die Gegenstände scharf abgebildet werden. Die Blendenbezeichnungen können irreführend sein: je größer die Zahl, desto kleiner die Blendenöffnung. Die Entfernung zum Motiv wird auf einer Skala am Objektiv eingestellt. Dabei wird das Linsensystem vor- oder zurückgeschraubt. Bei einfachen Kameras ist die

Digitalkamera

BAU DIR EINE LOCHKAMERA

Du malst eine Schachtel und ihren Deckel innen schwarz an. An der Seite schneidest du ein Viereck aus und klebst Transparentpapier darüber. Es dient als „Film“. Auf der anderen Seite bohrst du ein kleines Loch, das zum „Objektiv“ wird. Du richtest es auf einen gut beleuchteten Gegenstand. Auf deinem Film erscheint schließlich ein auf dem Kopf stehendes Bild des Gegenstandes.

Entfernungseinstellung auf eine mittlere Entfernung fest eingestellt.

Die Entwicklung der Fotografie

Vorläufer des Fotoapparats war die Camera obscura, eine Lochbildkamera. Sie konnte Bilder auf ihrer transparenten Rückseite zeigen, sie aber nicht aufzeichnen. Als Erfinder der Fotografie gilt der Franzose Joseph Niepce (1765 – 1833), von dem die älteste existierende Fotografie stammt. Er benutzte eine Metallplatte mit lichtempfindlicher Beschichtung aus Chemikalien, die sich bei Lichteinfall langsam veränderten. Später wurde das Verfahren verbessert und der Engländer William Talbot (1800 – 77) erfand das Negativ-Positiv-Verfahren, bei dem das Bild als Negativ aufgezeichnet und als Positiv auf Papier wieder gegeben wird.

Wie entsteht ein Foto?

Fotografische Filme bestehen aus Kunststoffstreifen, die mit lichtempfindlichen Schichten, so genannten Emulsionen, überzogen sind. Die Löcher an der Ober- und Unterkante des Films dienen dem Weitertransport mit Hilfe eines Zahnrades in der Kamera. Wenn von dem Motiv reflektiertes Licht auf den Film in der Kamera fällt, verändern sich die Chemikalien an Stellen, auf die Licht fällt. Je heller das Licht, desto stärker ist die Veränderung. An dunklen Stellen bleiben die Chemikalien unverändert. Die Veränderungen werden beim Entwickeln des Films sichtbar und so erhält man das Bild. Die Filme, die wir heute zur Farbfotografie verwenden, haben mindestens drei hauchdünne Farbschichten übereinander: Die oberste Schicht ist nur blauempfindlich; wenn blaues Licht einfällt, wird sie beim Entwickeln gelb. Grünes Licht erzeugt in der mittleren Schicht Rot und rotes Licht in der untersten Schicht Grün. Der Negativfilm erscheint also nach dem Entwickeln in den Komplementärfarben, Weiß wird Schwarz und umgekehrt. Bei Abzügen auf speziellem Fotopapier erscheint alles wieder in den ursprünglichen Farben. Beim Umkehrfilm, der für Dias verwendet wird, entstehen die Farbtöne des Originalmotivs direkt auf dem Film. Diese Fotos lassen sich durch den Projektor betrachten, man kann aber auch Papierfotos davon entwickeln lassen.

Kompaktkameras

Digitale Fotografie

Die Digitalkamera zeichnet das Motiv nicht auf Film auf, sondern speichert es in digitalisierter Form. Vom Objektiv fällt das Licht auf einen Mikrochip. Dieser zerlegt das Bild in Pixel, winzige Punkte, misst die Helligkeit und Farbe jedes Pixels und digitalisiert diese Werte und speichert sie auf einen Speicherchip. In den **Computer** eingelesen, kann man die Fotos später auf dem Bildschirm bearbeiten oder als E-Mail an Freunde und Bekannte verschicken.

Generator

Generatoren in einer Werkshalle

Als Generator bezeichnet man jede Vorrichtung, die als Quelle elektrischer **Energie** wirkt. Ein Generator ist auch der Dynamo, der den Strom für die Beleuchtung deines **Fahrrades** liefert. Im großen Maßstab werden Generatoren in Kraftwerken eingesetzt. Sie liefern den Strom, den wir täglich in Haushalten und in der Industrie verbrauchen.

Wie Generatoren arbeiten

Generatoren wandeln Bewegungsenergie in elektrische Energie um. Sie erzeugen den Strom durch Induktion: Drahtspulen werden so angebracht, dass man sie in einem Magnetfeld drehen kann. Dabei entsteht in der Spule eine elektrische Spannung. Diese wechselt mit jeder halben Umdrehung ihre Polarität. Deshalb schließt man bei einem Gleichstromgenerator die Spule an einen Stromwender an, der die Spannung umpolt. Der Stromwender ist mit der Spule auf der Achse untergebracht. Die erzeugte Spannung leitet man von dem Stromwender mit Schleifkontakten ab. Beim Wechselstromgenerator erfolgt die Stromerzeugung im Prinzip genauso – nur wird hier in der rotierenden Spule ein Magnetfeld erzeugt, das durch seine Bewegung in darumliegenden Spulen eine Spannung erzeugt. Durch die Drehung wechselt die Polarität der erzeugten Spannung stetig, man erhält eine Wechselspannung. Die Versorgung der sich drehenden Spule mit Gleichstrom erfolgt über Schleifkontakte.

Dynamo von Werner von Siemens

Fahrrad-Dynamo

An vielen Fahrrädern befindet sich entweder am Vorder- oder Hinterrad ein Dynamo. Er ist für die Erzeugung der Energie zuständig, die zum Betrieb von Vorder- und Rücklicht benötigt wird. Ein Dynamo ist ein Wechselstromgenerator, bei dem ein Rädchen am oberen Ende des Dynamos gegen den Fahrradreifen gepresst wird. Beim Fahren dreht sich das Rädchen und zugleich ein damit verbundener Dauermagnet. Um diesen Magneten herum befindet sich eine Spule, in der durch den sich drehenden Magnet eine Wechselspannung erzeugt wird. Bei einfachen Dynamos gibt es das Problem, genügend Leistung für helles Licht bei niedriger Fahrgeschwindigkeit zu erzeugen und andererseits nicht zu viel Spannung bei schneller Fahrt zu produzieren.

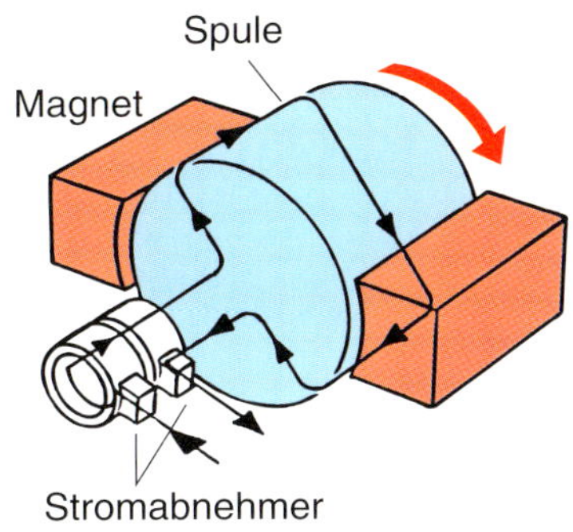

Funktionsschema eines Generators

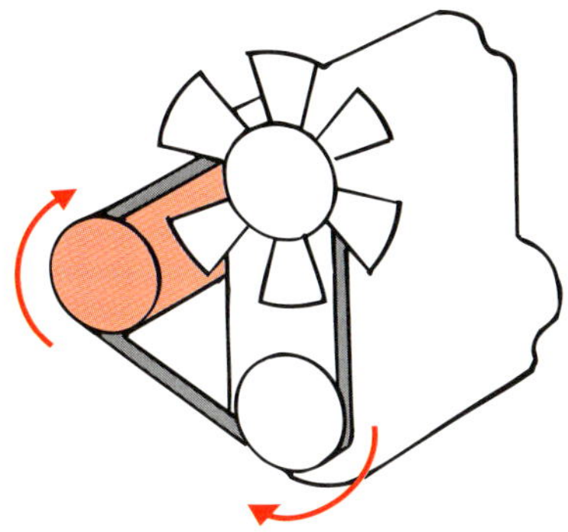

Große Generatoren

Die großen Generatoren in Heiz- und Kraftwerken werden von Dampf-, Wasser- oder Gasturbinen angetrieben. Als Antrieb für kleinere Generatoren dienen Dieselmotoren, zum Beispiel bei Stromaggregaten. Ein Stromaggregat kennst du vielleicht vom Campingurlaub. Damit können elektrische Geräte mit Strom versorgt werden, auch wenn keine Steckdose zur Verfügung steht. Den Generator eines Kraftfahrzeugs nennt man Lichtmaschine. Dabei handelt es sich um einen Drehstromgenerator, der schon bei Motorleerlauf Ladung auf die **Batterie** des Autos liefert.

Turbinen

Turbinen verwandeln die Bewegung von Flüssigkeiten oder Gasen in eine Drehbewegung. Sie werden zu den Strömungsmaschinen gezählt und in Heiz-, Kraft und Wasserkraftwerken eingesetzt. Der bewegliche Teil der Turbine, das Laufrad, hat unterschiedlich geformte Schaufeln, Blätter oder Propeller, auf welche das Wasser oder Gas auftrifft. Diese geben dort ihre Energie an die Turbine und versetzen das Laufrad in eine schnelle Drehung. Die Turbine treibt so einen riesigen Generator an, der dann elektrischen Strom erzeugt. Mit Turbinen werden auch **Schiffe** angetrieben. Vorläufer der Turbine waren das Wasserrad und das Windrad.

Generator

HAST DU SCHON GEWUSST,

dass der britische Chemiker und Physiker Michael Faraday (1791–1867) zahlreiche elektrische Erscheinungen entdeckte? So stellte er fest, dass ein stromdurchflossener Leiter in einem Magnetfeld in Bewegung versetzt wird und entdeckte so das Prinzip des Elektromotors. Später fand er heraus, dass die Bewegung einer Drahtwicklung in einem Magnetfeld einen Strom in den Leiterschleifen erzeugt. Diese Entdeckung führte zur Entwicklung von leistungsfähigen Generatoren.

Gentechnik

Körperzellen sind Informationsträger

Könnte man einen Menschen in seine kleinsten Teile zerlegen, dann würde man sehen, dass der Mensch aus unendlich vielen einzelnen, sehr kleinen Zellen besteht. Jede dieser Zellen wiederum enthält viele noch kleinere Bausteine. In diesen Bausteinen sind alle Informationen gespeichert, die uns von unseren Eltern vererbt wurden, zum Beispiel die Haarfarbe oder die Körpergröße. Diese Informationen nennt man auch das Erbmaterial oder die Gene.

Die DNS ist die Erbsubstanz

Jedes mehrzellige Lebewesen, ob Pflanze, Mensch oder Tier besitzt in jeder Zelle seines Körpers, im Zellkern, die DNS (**D**esoxyribo**n**ukleinsäure), oder englisch DNA (**d**esoxyribo**n**uclein **a**cid). Die vollständige, fadenförmige DNS einer einzigen menschlichen Zelle hat eine Gesamtlänge von fast zwei Metern. In ihr steckt die Information, wie man unzählige verschiedene Proteine herstellt, die wiederum unseren Körper aufbauen und den Stoffwechsel ermöglichen.

Die DNS wird häufig auch als Erbsubstanz bezeichnet. Die Zeugung eines Menschen erfolgt durch die Verschmelzung der Eizelle einer Frau mit der Samenzelle eines Mannes. Dabei wird auch ein kompletter Satz mütterlicher DNS mit einem kompletten Satz väterlicher DNS zusammengebracht.

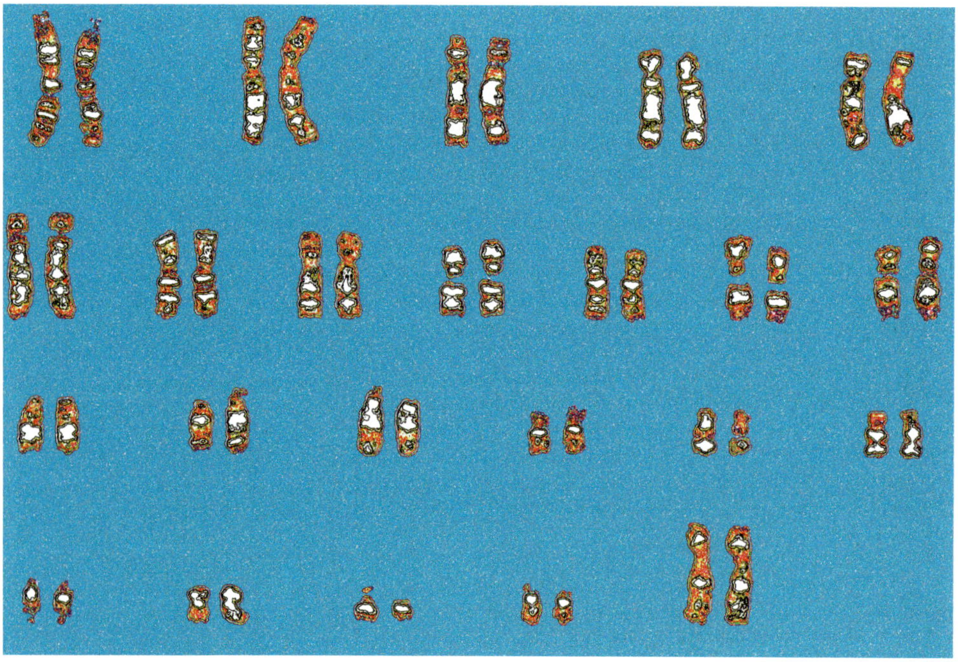

Chromosomen des Menschen

Was ist ein Chromosom?

Ein DNS-Molekül hat eine Struktur, die stark an eine lange, in sich verdrehte Strickleiter erinnert. Darin sind die Chromosomen sozusagen aufgewickelt und gebündelt. In einer menschlichen Körperzelle befinden sich normalerweise 46 dieser Chromosomen. 23 Chromosome stammen von der Mutter und 23 vom Vater. Das Geschlecht des Kindes wird von zwei speziellen Chromosomen bestimmt: Frauen haben zwei X-Chromosomen, Männer ein X- und ein Y-Chromosom.

Die Gene und das Genom

Die äußeren Stränge des DNS Moleküls bestehen immer abwechselnd aus einem Zucker- und einem Phosphormolekül. Die Sprossen bestehen aus so genannten Basenpaaren. Die besondere Reihenfolge dieser Basenpaare bestimmt den Informationsgehalt dieses Abschnitts. Er wird als genetische Information bezeichnet. Genom nennt man die Gesamtheit des genetischen

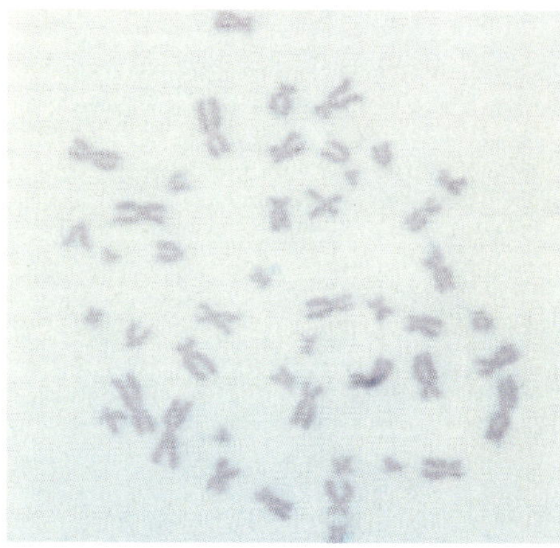

Chromosomen eines Säugetiers

HAST DU SCHON GEWUSST,

was der genetische Fingerabdruck ist? Die DNS ist bei jedem Menschen anders zusammengesetzt und genauso einmalig wie ein Fingerabdruck. Deshalb kann man mit Hilfe der DNS auch Verbrecher überführen. Dazu genügen schon geringe Mengen von DNS, die in Körperzellen von Haar, Blut, Speichel und Sperma vorhanden sind. Bei etwa der Hälfte aller untersuchten Verbrechen werden Spuren mit Erbinformationen gefunden. In 90 Prozent dieser Fälle bringen DNS-Untersuchungen der Polizei konkrete Hinweise auf die Täter.

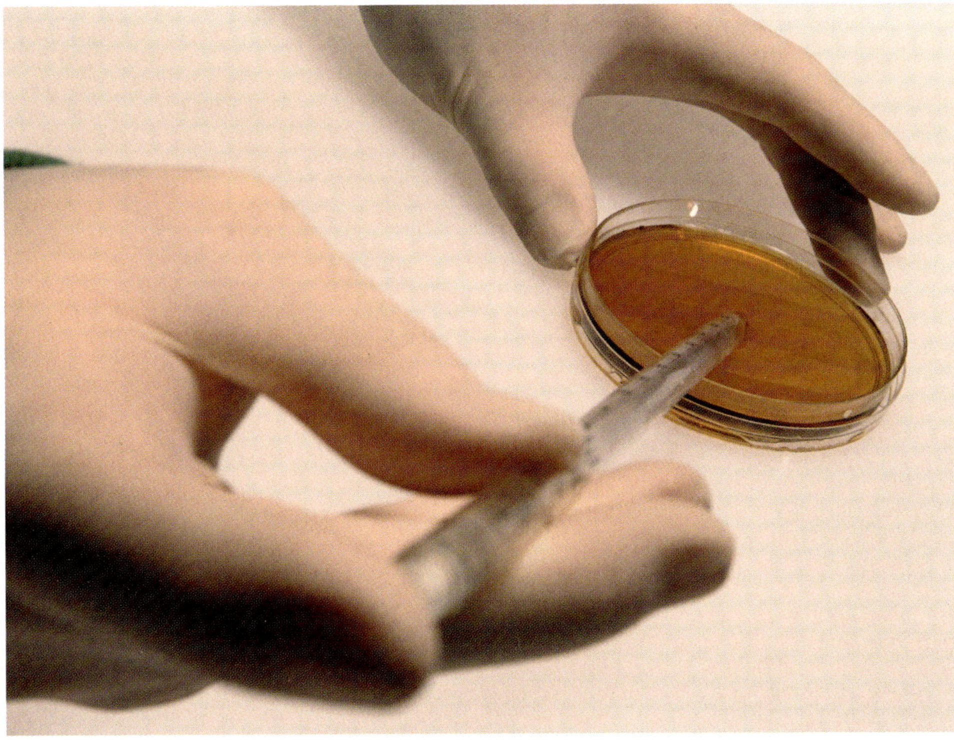

Gentechniker bei der Arbeit

Materials, also die komplette DNS einer Zelle.

Die Geschichte der Vererbungslehre

Gregor Mendel (1822-84) war ein Mönch, der mit seinen Pflanzenexperimenten die Grundlagen der Vererbungslehre entdeckte. Er experimentierte mit Erbsenpflanzen und beobachtete, ob Merkmale wie Farbe und Form nach einem Schema weitervererbt werden. Dabei entdeckte er, dass manche Merkmale, die in der nächsten Generation verschwunden sind, in der übernächsten wieder auftauchen. Damit hatte er die Grundlagen der Vererbung entdeckt, die noch heute als Mendelsche Gesetze die Basis der modernen Genetik bilden. Als „Mendel des 20. Jahrhunderts" gilt der amerikanische Biologe Thomas Morgan (1866-1945). Seine Studenten nannten ihn den „Herrn der Fliegen". Er experimentierte mit den so genannten Tau- oder Fruchtfliegen und fand heraus, dass die Gene nacheinander auf den Chromosomen liegen.

Die Schaffung der künstlichen DNS

Am 16. Dezember 1967 gelang zum ersten Mal die künstliche Herstellung der genetischen Grundsubstanz DNS. Mit Hilfe ei-

Gentechnisch veränderter Mais

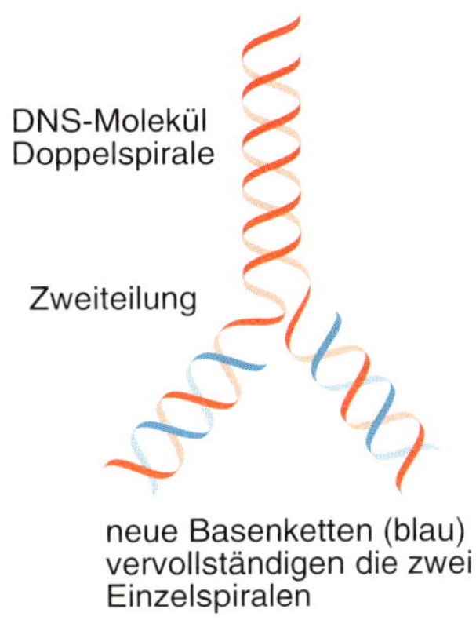

Teilung der Doppelspirale

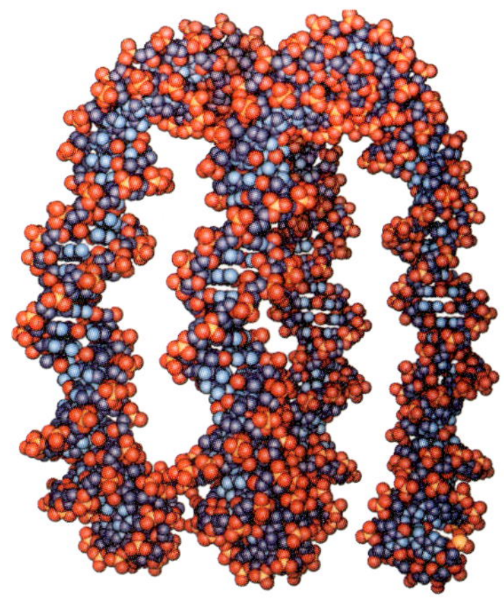

Modell eines DNS-Abschnitts

James Watson (links) und Francis Crick vor ihrem Modell des DNS-Moleküls

ner Röntgenaufnahme des DNS-Moleküls entwarfen Francis Crick (1916-2004) und James Watson (geboren 1928) das Modell des DNS-Moleküls, das sie 1953 vorstellten. 1962 erhielten die Wissenschaftler für die Entschlüsselung der DNS den Nobelpreis für Medizin. Der amerikanische Biochemiker Arthur Kornberg (1918 geboren) hatte Ende der 50er Jahre DNS künstlich hergestellt und dafür 1959 den Nobelpreis erhalten. Obwohl die Struktur dieser DNS der natürlichen DNS-Struktur glich, war erstere nicht biologisch aktiv. 1967 gelang es dann Kornberg und seinem Team an der Stanford University, biologisch aktive DNS aus relativ einfachen Bausteinen herzustellen. Im Reagenzglas bauten die Wissenschaftler aus den einzelnen chemischen Buchstaben ein funktionstüchtiges Virus zusammen. Heute ist dieser Vorgang für einen Genforscher so einfach wie das kleine Einmaleins, damals war es eine Sensation.

Die Gentechnik

In einem Forschungslabor kann man die Informationen in den Zellen voneinander trennen und sie untersuchen oder wieder ganz neu zusammensetzen. Meistens wird zunächst die DNS eines Spenderorganismus entnommen und in kleine Teile zerlegt. Dann muss ein geeignetes Transportmittel für die Übertragung, wie beispielsweise ein Virus, gefunden werden. Als nächstes sorgt man dafür, dass die Spender-DNS vom Transportmittel aufgenommen wird. Dann überträgt man die Spender-DNS auf dem Transportmittel in die Zellen eines geeigneten Empfängerorganismus und vermehrt die Zellen dort mit der gewünschten neuen genetischen Information. Wenn all dies geglückt ist, stellen die neuen Zellen ein vom Menschen gewünschtes Genprodukt, wie etwa ein Eiweiß her. Auf diese Weise genetisch veränderte Organismen nennt man transgene Organismen oder gentechnisch veränderte Organismen.

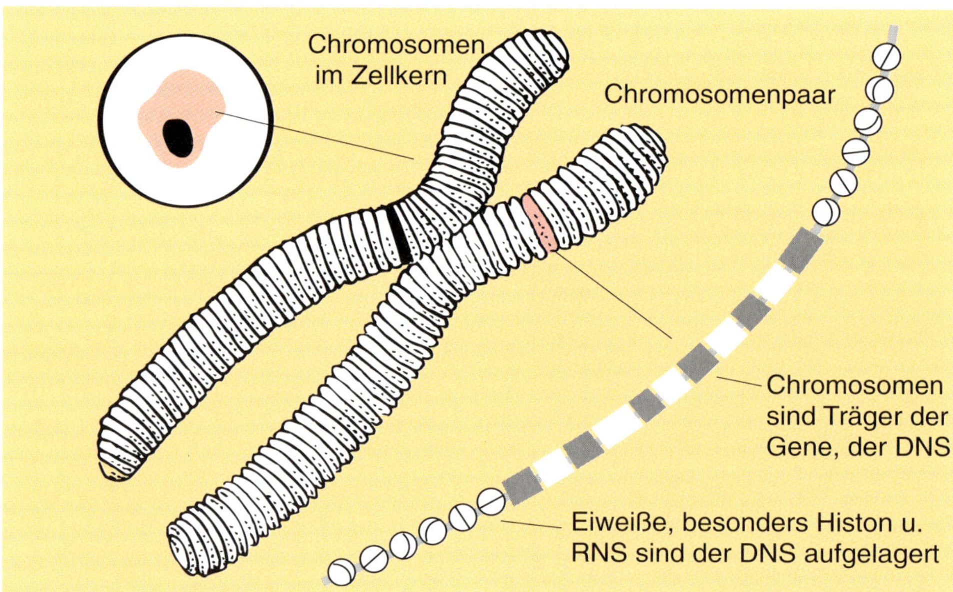

Detail eines Chromosoms

Die Vorteile der Gentechnik

Viele Produkte, die für den Menschen interessant sind (wie Insulin, Vitamine), werden von der Industrie mit Hilfe genmanipulierter, also gentechnisch veränderter, Bakterien hergestellt. Für den medizinischen Bereich werden heute schon viele Medikamente gentechnisch produziert. In der Landwirtschaft gibt es gentechnisch verbesserte Nutzpflanzen. Sie wurden beispielsweise unempfindlich gegen Schädlinge gemacht. Außerdem könnten Pflanzen gezüchtet werden, die an den jeweiligen Boden und das jeweilige Klima angepasst sind. Dies würde eine bessere Ausnutzung der Anbauflächen bedeuten und zu höheren Erträgen führen. Auf diese Weise kann die Gentechnik einen Beitrag zum Naturschutz leisten, da dann eine Vergrößerung von landwirtschaftlichen Nutzflächen nicht notwendig ist.

HAST DU SCHON GEWUSST,

dass ein Schaf das erste geklonte Tier war? Dolly wurde am 5. Juli 1996 geboren. Bei der "Herstellung" von Dolly wurden 277 Eizellen mit Zellkernen aus den Euterzellen eines Spendertiers geimpft, daraus entstanden 29 Embryos, von denen einer überlebte. Am 14. Februar 2003 musste Dolly in Folge einer schweren Lungenkrankheit eingeschläfert werden. Dolly zeigte zu diesem Zeitpunkt starke Alterserscheinungen. Daher wird diskutiert, ob es sich bei den frühen Alterserscheinungen um Folgen des Klonen handelt, denn die eingepflanzten Zellkerne stammten aus einem erwachsenen Tier und waren daher schon älter.

Risiken der Gentechnik

Die Gegner der Gentechnik befürchten verschiedene Nachteile. Da es noch keine Langzeituntersuchungen gibt, kann noch niemand vorhersagen, welche Auswirkungen gentechnisch veränderte Pflanzen beim Menschen und in der Umwelt hervorrufen können. Manche Wissenschaftler vermuten, dass genmanipulierte Pflanzen Allergien auslösen könnten. Bisher ist auch ungeklärt, was passiert, wenn sich solche Pflanzen über den Ackerrand hinaus verbreiten. Die Folgen einer Vermischung von gentechnisch veränderten Pflanzen mit dem Erbgut wildlebender Artgenossen sind noch nicht bekannt. In Deutschland müssen deshalb gentechnisch veränderte Lebensmittel gekennzeichnet sein.

Was ist Klonen?

Ein umstrittener Bereich der Gentechnik ist das Klonen. Dabei wird ein Zellkern aus einem Organismus entnommen und in die Eizelle eines weiblichen Tieres eingesetzt. Die Eizelle, die jetzt die Erbinformationen des Spenders trägt, wird einer Leihmutter eingesetzt. Sie trägt den Klon aus und bringt ihn zur Welt. Diese Methode ist bis heute bei vielen Säugetieren gelungen (Maus, Schaf, Ziege, Rind, Katze), aber die Ausbeute ist jedes Mal sehr gering. Nur sehr wenige der so erzeugten Eizellen werden gesund geboren. Beim Klonen werden verschiedene Ziele verfolgt. Zum Beispiel könnte man mit diesem Verfahren selten gewordene Tierarten vor dem Aussterben bewahren. Aber man könnte auch nur einzelne Organe züchten, um sie bei kranken Menschen zu ersetzen. Das Klonen eines Menschen ist bislang noch nicht durchgeführt worden. Weltweit gibt es sehr unterschiedliche Meinungen, ob man dies überhaupt tun darf.

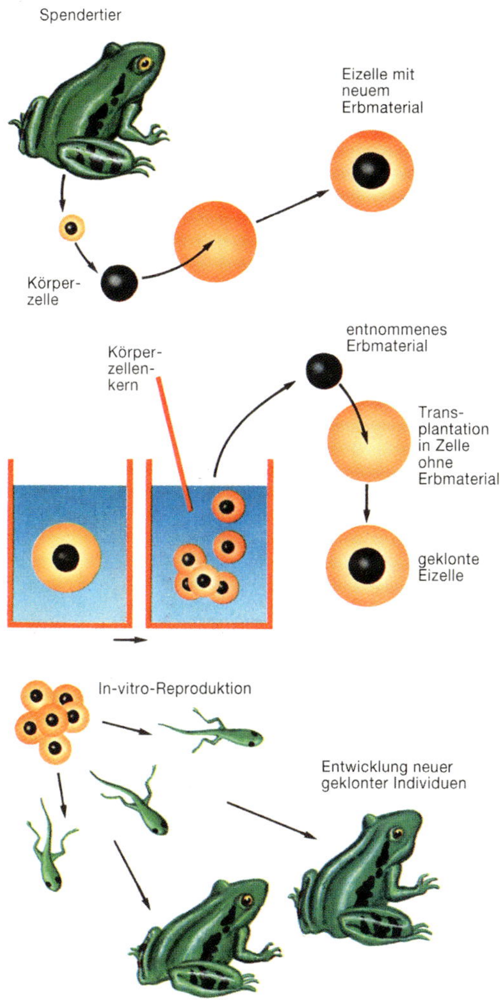

Klonierung

Geschirrspülmaschine

Auf der Suche nach der richtigen Spülmethode

Wer keine Spülmaschine zu Hause hat, weiß wie lange es dauert Geschirr einzuweichen, zu säubern und zu trocknen. Da Geschirrspülen immer schon eine ungeliebte Arbeit war, versuchten Entwickler schon früh eine Maschine herzustellen, die das Geschirr von selbst säubert. Einer der Vorreiter in der Entwicklung der Spülmaschine ist die Firma „Miele". Sie baute 1929 den ersten elektronischen Geschirrspüler Europas. Das Gerät bestand damals aus einem runden Metallbottich. Die schmutzigen Teller und Tassen wurden auf zwei Körbe verteilt und in den Bottich gestellt. Das heiße Wasser musste von Hand eingefüllt werden. Eine Art Propeller, betrieben von einem Elektromotor, versprühte nun das Wasser über dem Geschirr. So wurde der Schmutz durch den Aufprall des Wassers auf das Geschirr abgelöst und abgewaschen.

Die Geschirrspülmaschine übernimmt das lästige Abspülen

Richtig durchsetzen konnte sich der Geschirrspüler erst ab zirka 1960. Damals kamen die ersten vollautomatischen Geschirrspüler auf den Markt. Dabei wurden die Spülprogramme Reinigen, Klarspülen und Trocknen automatisch gesteuert. Das Wasser wurde jetzt direkt in der Maschine durch eine Heizung erwärmt. In den darauf folgenden Jahren verbesserte man Wärmeisolierung und Geräuschentwicklung. Die Geschirrspüler der neuesten Generation haben alle eine vollelektronische Steuerung. Ein Gerät besteht aus über 300 Einzelteilen, die zu einer funktionierenden Maschine zusammengebaut werden.

Vor dem Spülen

Das Geschirr muss mit System auf die Geschirrkörbe verteilt werden. Meistens hat eine Spülmaschine zwei Körbe, die über eine Schiene wie eine Schublade nach vorne gezogen werden können. Der obere Korb ist für Gläser, Tassen und feineres Geschirr vorgesehen. Stark verschmutztes Geschirr und Töpfe gehören in der Regel nach unten. Außerdem hat der Geschirrspüler extra Vorrichtungen für das Besteck. Entweder finden Messer, Gabeln und Löffel in einem kleinen Korb Platz oder das Gerät hat eine weitere sehr schmale Schublade für Besteck.

Geschirrkorb

Wenn das Geschirr eingeräumt ist, gibt man das Geschirrspülmittel und den Klarspüler in die dafür vorgesehene Kammer. Danach ist es wichtig, dass die Maschine gut verschlossen wird. Je schmutziger und robuster das Geschirr ist, desto heißer kann es gespült werden. Das gibt den Ausschlag für die Wahl des Spülprogramms. Ist das Programm ausgewählt, kann die Maschine gestartet werden.

So spült die Maschine

Eine Spülmaschine hat Ähnlichkeit mit einer **Waschmaschine**. Beide Geräte haben einen Wasserzulauf, einen Wasserablauf und ein Heizsystem, welches das Wasser erwärmt. Je nach Programmwahl erhitzt sich das Wasser im ersten Spülgang auf bis zu 65° Celsius. Das Wasser gelangt also über den Zulauf in die Maschine und wird erhitzt. Im Gegensatz zur Waschmaschine befinden sich in der Geschirrspülmaschine zwei Spülarme. Sie sehen aus wie ein Propeller und lassen sich ebenso drehen. Ein Spülarm ist meist auf dem Boden der Maschine zu finden, ein weiterer befindet sich unterhalb des oberen Spülkorbes. Jeder Spülarm hat Düsen. Das Wasser wird mit dem Reinigungsmittel in den Spülarm gepumpt. Dort spritzt es durch die Düsen und verteilt sich über das Geschirr. Am Boden der Maschine sammelt sich das Wasser und fließt durch ein Sieb. Die Essensreste bleiben im Sieb stecken und das gereinigte Wasser wird wieder zur Pumpe geleitet. Dieser Vorgang wiederholt sich so lange, bis der Spülgang beendet ist.

Meist ist die Temperatur im zweiten Spülgang etwas höher. Dabei soll das restliche Spülwasser vom Geschirr entfernt und die Bildung von Kalk oder Wasserflecken verhindert werden. Viele Geschirrspüler haben auch einen Trockengang, bei dem ein Gebläse das Geschirr durch Warmluftzufuhr trocknet. So übernimmt die Geschirrspülmaschine sogar auch noch das Abtrocknen.

Einräumen des Geschirrs

EXTRATIPP: DER RICHTIGE UMGANG MIT DER SPÜLMASCHINE

Das Sieb einer Spülmaschine sollte nach jedem Spülvorgang gesäubert werden. Wenn sich die Essensreste zersetzen, können sie durch das Sieb rutschen und in den Spülarm gelangen. Dort verstopfen sie die Düsen. Außerdem verhindert ein volles Sieb den zügigen Wasserabfluss. In der Geschirrspülmaschine bilden sich mit der Zeit Kalk- und Spülmittelablagerungen. Auch diese Ablagerungen können die Düsen verstopfen. Deshalb sollte hin und wieder ein Spülmaschinenreiniger verwendet werden. Dieser entfernt nicht nur die Ablagerungen, sondern pflegt auch die Gummidichtungen und hält sie länger geschmeidig.

Glasherstellung

Glas ist ein Werkstoff, der vor allem aus Quarzsand, Kalk und Soda besteht. Es ist einer der ältesten künstlichen Werkstoffe und wurde erstmals vor rund 5000 Jahren hergestellt. Glas hat viele nützliche Eigenschaften: Es leitet weder Wärme noch **Elektrizität** und ist somit ein guter Isolator. Es rostet nicht, hat eine harte Oberfläche und ist widerstandsfähig gegen Chemikalien. Außerdem kann man Altglas wiederverwerten. Durch besondere Zusätze und Herstellungsverfahren werden seine Eigenschaften je nach gewünschtem Zweck verändert. Obwohl Glas wie ein Kristall aussieht und sehr hart ist, kann man es nicht als Festkörper bezeichnen. Glas hat eher den Aufbau einer Flüssigkeit. Der Chemiker spricht hier von einer unterkühlten Schmelze.

Flamme eines Gasbrenners

Glas in einer Vorwärmetrommel

Rohstoffe

Glas wird hauptsächlich aus den Rohstoffen Quarzsand, Kalk und Soda (Flussmittel) hergestellt. Flussmittel setzen den hohen Schmelzpunkt von Sand, der bei 1700 °C liegt, herab. Die fein gemahlenen Rohstoffe werden in den Schmelzofen gegeben, wo sie ungefähr auf 1400 °C erhitzt werden. Dabei entsteht das Glas für Flaschen und Fenster. Bessere Glassorten, zum Beispiel farbiges Glas, erhält man durch spezielle Zutaten.

Hohle Formen

Die Glasschmelze wird meist weiterverarbeitet. Hohle Formen wie Flaschen stellen Maschinen mittels eingeblasener Luft her. Eine Blasform nimmt die Glasmasse auf, dann presst Druckluft sie gegen die Innenwand der Form. Das fertige Produkt wird später aus der Form genommen.

Floatglas

Absolut glatte und ebene Glasplatten wie zum Beispiel Fensterscheiben, sind nicht einfach herzustellen. Früher stellte man sie von Hand her. Mit der Glasmacherpfeife wurde das flüssige Glas schnell gedreht und zu einer dünnen Schicht abgeplattet, die anschließend zurecht geschnitten wurde. Zur Herstellung von Flachglas gibt es heute das moderne Floatverfahren: Die flüssige Glasschmelze wird auf ein Bad aus flüssigem Zinn geleitet. Das geschmolzene Zinn darf nicht mit Sauerstoff in Verbindung kommen, sonst würde es oxidieren. Dadurch käme es zu Unebenheiten auf der Glasoberfläche. Über Walzen wird das Glasband vorwärts bewegt und anschließend sorgfältig und langsam abgekühlt, um Risse und Sprünge zu vermeiden.

Glasbläserei

Die traditionelle Glasbläserei mit dem Mund wird nur noch bei der Herstellung besonderer, oft künstlerischer Gegenstände eingesetzt. Mundgeblasenes Glas stellt man mit der Glasmacherpfeife her, einem Eisenrohr. Der

In einer Glasbläserei

Glasbläser taucht die Pfeife in die Glasschmelze und nimmt einen Klumpen davon auf. Er bläht die weiche Masse mit seiner Atemluft zu einer Kugel auf und rollt sie auf einer ebenen Fläche hin und her, um die gewünschte Form vorzufertigen. Durch wiederholtes Erwärmen bleibt das Glas weich und kann mit Werkzeugen in die gewünschte Form gebracht werden.

HAST DU SCHON GEWUSST,

dass Glas bereits den alten Ägyptern im 4. Jahrtausend vor Christus bekannt war? In Mitteleuropa wurde Glas seit der mittleren Bronzezeit in Form von Perlen hergestellt, später auch zu Gefäßen verarbeitet. Die Römer verwendeten Glas erstmals als Fensterfüllung.

Glastypen

Die Behandlung der flüssigen Glasschmelze entscheidet über die Eigenschaften des Endprodukts.

Farbiges Glas: Glas kann man durch verschiedene Zusätze färben. Kupferoxid färbt es rot, Kobaltoxid blau. Durch Phosphate und Aluminiumoxid wird das Glas milchig.

Optisches Glas: Linsen für optische Geräte bestehen aus sehr reinem Glas. Die gewünschten optischen Eigenschaften erhält man beispielsweise durch Beifügen von Blei oder Titan.

Bleikristall: Das Blei- oder Kristallglas enthält Bleioxid. Es lässt sich dadurch leichter schneiden. Sein Lichtbrechungsvermögen ähnelt dem des Diamanten.

Hitzebeständiges Glas: Gibt man Boroxid zur Schmelze, erhält man hitzebeständiges Borsilikatglas. Man nennt es auch Jenaer Glas.

Sicherheitsglas: Bei der Herstellung wird das Glas schnell abgekühlt und dadurch vorgespannt. Wenn es bricht, bildet es keine scharfen Splitter, sondern zerkrümelt. Sicherheitsglas benutzt man vor allem für Vitrinen und Windschutzscheiben von **Autos**.

Glasfasern: Glas wird auch zu feinsten Fasern ausgezogen. Aus diesen stellt man Matten zur Isolierung, verstärkte Kunststoffe wie zum Beispiel Fiberglas und Glasfaserkabel her.

Glasrecycling

Altglas lässt sich leicht aufarbeiten und fast unbegrenzt wiederverwerten. Beim Recycling sollte das Glas in die drei Farben Weiß, Braun und Grün getrennt werden, da die Farben beim Einschmelzen erhalten bleiben. In Deutschland werden etwa 2,8 Tonnen Altglas pro Jahr wiederverwendet.

Glasbläser formt einen Lampenkörper

Glühbirne

Glühbirne

Die Erfindung der ersten Glühbirnen

Bevor die Glühbirne entwickelt wurde, waren die Menschen auf das Tageslicht angewiesen. Zwar gab es Fackeln, Kerzen oder Petroleumlampen, doch diese Lichtquellen waren nicht hell genug, damit die Leute auch gut in der Dunkelheit arbeiten konnten. Die Erfindung der Glühbirne gehört deshalb zu einer der wichtigsten Errungenschaften der Menschheit.

Die erste praktisch brauchbare Glühlampe wurde 1854 in New York von einem deutschen Uhrmacher namens Heinrich Göbel (1818-93) erfunden. Dieser wanderte nach Amerika aus und eröffnete in New York einen Uhrmacher- und Optikerladen. Um Aufmerksamkeit zu erregen, wollte er sein Geschäft beleuchten und montierte auf dem Dach eine Lichtbogen-Lampe. Diese erschreckte aber die Leute und nachdem mehrmals die Feuerwehr gerufen wurde, durfte Heinrich Göbel seine Lichtbögen nicht mehr betreiben. Doch der Uhrmacher war weiterhin vom elektrischen Licht fasziniert und machte neue Experimente. Mit Hilfe einer **Batterie** brachte er in einer luftleeren Flasche einen Glühfaden zum Leuchten – dieser Faden bestand damals noch aus verkohlten Bambusfasern! Somit war die erste gebrauchsfähige Glühlampe erfunden. Der amerikanische Erfinder Thomas Alva Edison (1847-1931) verbesserte diese Glühlampe und sorgte dafür, dass sie in Fabriken gefertigt und zur Beleuchtung eingesetzt werden konnte.

Wie funktioniert die Glühlampe?

Die Glühlampe – wegen ihrer Form auch Glühbirne genannt – erzeugt durch ihren Leuchtdraht Licht. Die Glühbirne besteht aus einem Sockel, der für die Befestigung und den elektrischen Kontakt in der Fassung sorgt, und aus einem mit Schutzgas gefüllten Glaskolben. Darin befindet sich der Glühfaden mit seiner Halterung. Im Gegensatz zu den von Heinrich Göbel benutzten Bambusfasern besteht der Glühfaden heute aus Wolfram. Dieser kann sehr stark erhitzt werden ohne zu schmelzen. Der spiralförmig aufgewickelte Wolframdraht wird in den Glaskolben gesteckt. Dieser Kolben ist nötig, damit der heiße Draht nicht an der Luft verbrennt. Das Schutzgas, ein Edelgas, soll zusätzlich verhindern, dass der Glühfaden mit Sauerstoff in Verbindung kommt. Der Glaskolben muss auch am Eingang verschlossen werden. Deshalb wird um den Kolbeneingang ein Schraubengewinde gelegt. Schraubt man eine Glühbirne nun in die Lampenfassung, gelangt elektrischer Strom über das Schraubengewinde in den Glühfaden. Dieser wird so heiß, dass er zu glühen beginnt. Damit „brennt" die Birne und erleuchtet ihre Umgebung.

Glühwendel

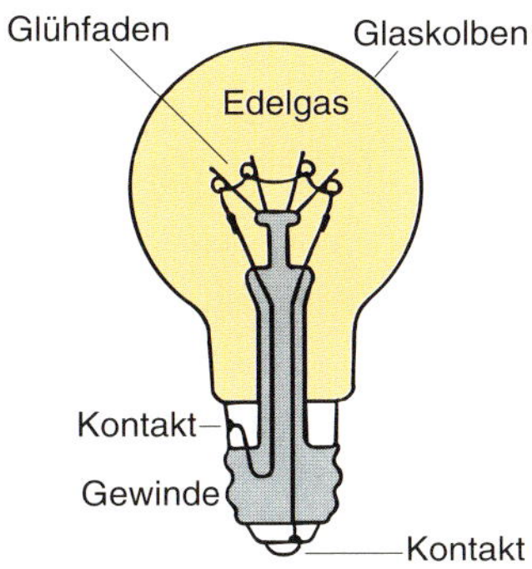

Bestandteile der Glühbirne

Wenn die Lichter ausgehen

Die Haltbarkeit einer Glühbirne ist begrenzt. Durch das ständige Erhitzen brennt der Glühfaden irgendwann durch und das Licht geht aus. Wenn man die kaputte Birne aus der Lampenfassung schraubt und schüttelt, kann man hören, wie der gerissene Faden innen gegen den Glaskolben schlägt. Aber Achtung: Der Glühdraht einer Birne erhitzt sich auf über 2000 °C. Deshalb sollte man eine Glühbirne nur auswechseln, nachdem sie abgekühlt ist. Denn an dem heißen Glas kann man sich leicht die Finger verbrennen!

Die Glühbirne ist sehr empfindlich. Wird der Glühwendel nicht richtig waagerecht eingebaut kommt es zwischen den beiden Enden zu einem Temperaturunterschied. Das kann dazu führen, dass die Birne schneller kaputt geht. Auch wer mit seinen Fingern den Glaskolben anfasst, verkürzt die Lebensdauer der Birne, denn die Fingerabdrücke verändern die Temperaturverteilung auf dem Glaskörper.

Leuchtdioden

Derzeit werden Leuchtdioden entwickelt, bei denen trotz geringer Größe die Lichtausbeute besonders hoch ist. In Zukunft sollen sie die herkömmlichen Glühbirnen ersetzen. Leuchtdioden (auch LED, Abkürzung für englisch **L**ight **E**mitting **D**iode) können Strom direkt in Licht umwandeln, ohne dass ein großer Wärmeverlust entsteht. Außerdem können sie schon mit einer geringen Stromstärke sehr hell leuchten. Es gibt sie in verschiedenen Farben, Größen und Bauformen. Leuchtdioden werden deshalb auch verstärkt als Signallampen verwendet. Anders als Glühlampen sind die Dioden bei Erschütterungen nicht so empfindlich. Wird eine Leuchtdiode mit niedrigen Strömen betrieben, kann sie bis zu 100.000 Stunden strahlen! Eingesetzt werden Leuchtdioden zum Beispiel bei Verkehrsampeln oder für die Beleuchtung eines Handy-Displays.

Flutscheinwerfer im Münchner Olympiastadion

Heizung

Kachelofen

Bei kaltem Wetter müssen die Gebäude, in denen Menschen leben oder arbeiten, beheizt werden. Kleine Elektro- oder Gasöfen können zwar ein Zimmer heizen, aber nur eine Zentralheizung versorgt von zentraler Stelle aus alle Räume des Hauses mit Wärme.

Zentralheizung

In der Zentralheizung wird die Wärme durch Verbrennen von Gas, Erdöl oder Kohle gewonnen. Für Wohn- und Geschäftsräume wird hauptsächlich die Warmwasserheizung verwendet. Im Heizkessel wird Wasser erwärmt, das durch die Rohrleitungen zu den Heizkörpern in den einzelnen Räumen fließt. Die Heizkörper sind meist gerippt und haben eine möglichst große Oberfläche für den Wärmeaustausch zwischen dem Heißwasser und der kühlen Luft. Dasselbe Wasser heizt über einen Wärmeaustauscher das Warmwasser für Bad und Küche auf. Das abgekühlte Wasser in den Heizungsrohren kehrt anschließend in den Kessel zurück und wird wieder aufgewärmt. Eine Sonderform der Warmwasserheizung stellen Fußboden- und Deckenheizungen dar. Hier werden die Warmwasserrohre im Boden oder in der Decke verlegt.

Dampfheizung

Bei der Dampfheizung wird Frischdampf aus einem Dampfkessel den Heizkörpern zugeführt, wo er kondensiert und zum Kessel zurückgeführt wird. Kondensation ist der Übergang vom dampfförmigen in flüssigen Zustand. Je nach aufgewendetem Druck unterscheidet man zwischen so genannten Niederdruckdampfheizungen und Hochdruckdampfheizungen.

Thermostat

Luftheizung

Bei diesem System wird die durch das Gebäude strömende Luft erwärmt. Die Luftheizung kann man in kleineren Einfamilienhäusern zur Beheizung mehrerer Zimmer verwenden. Frischluft wird an einem Wärmespender, zum Beispiel dem Kachelofen, erwärmt und durch natürliche Zirkulation (Bewegung in einem Kreislauf) als Warmluft in die einzelnen Räume geleitet. In großem Maße wird die Luftheizung zur Erwärmung von Versammlungsräumen, Turnhallen und Fabrikräumen benutzt. Dazu wird Frischluft über einen Lufterhitzer angesaugt, erwärmt und durch einen Ventilator in den

WIE FUNKTIONIERT EIN THERMOSTAT

Ein Thermostat ist ein Regler mit dem man automatisch die Temperatur einstellen kann. Der temperaturempfindliche Teil des Thermostats besteht meist aus einem Metallstreifen, der sich aus zwei fest miteinander verbundenen Metallen zusammensetzt. Bei Temperaturänderungen dehnen sich die beiden Metalle in unterschiedlichem Maße aus oder sie ziehen sich zusammen. Die eine Seite dehnt sich also stärker aus als die andere, sodass sich der Metallstreifen krümmt. Diese Bewegung wird genutzt, um einen elektrischen Strom zu schließen oder zu unterbrechen. Ein Thermostat befindet sich oben am Heizkörper.

Raum geblasen. Die Lufterhitzung kann durch Brennstoffe oder elektrischen Strom erfolgen.

Solarheizung

Bei diesem Heizungssystem zirkuliert Wasser durch großflächige Sonnenkollektoren und wird dabei durch Wärmeeinstrahlung auf etwa 40 °C erwärmt. Das geht auch bei leicht bedecktem Himmel. Die Wärme wird an einen Wärmespeicher abgegeben. Von hier aus wird die Wärme großflächigen Wärmestrahlern zugeführt. Durch eine Solarheizung lässt sich der Wärmebedarf von Wohnräumen in Familienhäusern ohne Fremdenergie decken, mit Ausnahme sehr kalter Wetterperioden.

Heizungsanlage für das ganze Jahr

Viele Menschen leben in Regionen mit kalten Wintern und heißen Sommern. In diesem Fall ist eine Klimaanlage erforderlich, welche die Räume sowohl heizen als auch kühlen kann. Sie besteht aus einem Gebläse, das die Luft durch Rohrleitungen zu allen Räumen des Hauses leitet. Außerdem saugt das Gebläse von draußen frische Luft an, die sich dann mit der im Gebäude zirkulierenden Luft vermischt. Ein Befeuchter reguliert die Luftfeuchtigkeit. Im Winter erwärmt ein Heizkessel in Verbindung mit einem Heizelement die von den Räumen kommende Luft. Das Heizelement kann über Strom, Dampf oder heißes Wasser betrieben werden. Die erwärmte Luft wird dann in die Räume zurückgeleitet. Die Raumtemperatur regelt ein so genannter Thermostat. Im Sommer fließt die Luft durch einen Kühler, der im Grunde genommen wie ein **Kühlschrank** funktioniert. In ihm wird die Wärme der Raumluft von einem Kühlmittel in einem Verdampfer eingesaugt. Das Kühlmittel wird dann in einen Verflüssiger, den sogenannen Kondensator, gepumpt und nach außen abgegeben.

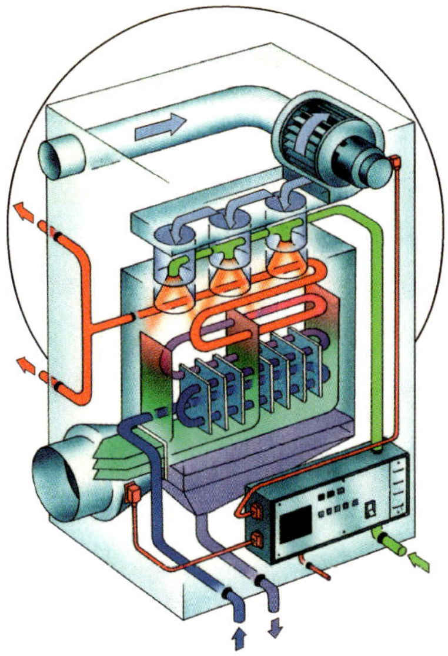

Heizsystem

HAST DU SCHON GEWUSST,

wer die Zentralheizung erfunden hat? Weil ein römischer Fischhändler vor über 2000 Jahren. seinen Kunden auch im Winter Zuchtfische liefern wollte, musste er seine Fischbecken beheizen. Deshalb baute er unter die Becken Kanäle, durch die von einer Feuerstelle erhitzte Luft strömte. Nach kurzer Zeit nutzten viele Römer diese Erfindung, um Baderäume und begannen, ihre Häuser mit Fußbodenheizungen zentral zu erwärmen.

Ein gemütlicher Platz zum Lesen

Rotor-Entwurf von Leonardo da Vinci

Hubschrauber

So fliegt der Hubschrauber

Ein Hubschrauber wird durch einen oder mehrere waagerechte Rotoren angetrieben. Die Rotoren wirken wie sich drehende Tragflächen. Durch seine schnelle Drehbewegung erzeugt der Rotor den Auftrieb, der dafür sorgt, dass der Hubschrauber überhaupt fliegen kann. Hubschrauber werden auch als Helikopter bezeichnet. Das Wort Helikopter ist von den griechischen Wörtern „heliko" (Spirale) und „pteron" (Flügel) abgeleitet.

Hubschrauber können nicht so schnell fliegen wie ein **Flugzeug**. Sie erreichen Geschwindigkeiten bis etwa 300 Kilometer pro Stunde. Einige militärische Kampfhubschrauber schaffen bis zu 340 Kilometer pro Stunde. Auch die maximale Flughöhe ist begrenzt und liegt bei ungefähr 5000 Meter. Helikopter verbrauchen mehr Treibstoff als Flugzeuge und haben dadurch eine kürzere Reichweite. Dafür weisen Hubschrauber einige andere Vorteile auf. Da sie sich senkrecht nach oben und unten bewegen können, ist es ihnen möglich, praktisch überall zu starten und zu landen. Hubschrauber sind in der Lage vorwärts, seitwärts und rückwärts zu fliegen, und sie können sogar bewegungslos in der Luft auf einer Stelle schweben, damit zum Beispiel Personen abgeseilt werden können.

Militärhubschrauber

HAST DU SCHON GEWUSST,

wer als erstes auf die Idee vom Fliegen mit Rotoren kam? Die ersten Zeichnungen eines Hubschraubers fertigte Leonardo da Vinci (1452-1519) bereits gegen Ende des 15. Jahrhunderts an. Da es in der damaligen Zeit nicht die entsprechenden Materialien für den Bau und keinen geeigneten Antrieb gab, blieb es aber bei Entwürfen. Erst im 20. Jahrhundert gelang die technische Umsetzung. Den ersten praktisch einsetzbaren Hubschrauber konstruierte und entwickelte 1939 der Amerikaner Igor Sikorsky (1889-1972).

Die Technik des Hubschraubers

Die meisten Hubschrauber haben einen großen Rotor über dem Rumpf und einen kleineren am Heckausleger. Dieser Heckrotor hält den Rumpf des Hubschraubers in seiner Position. Er erzeugt eine seitliche Kraft, die verhindert, dass sich der Hubschrauber entgegengesetzt zur

Rettungshelikopter

Drehrichtung des Hauptrotors um die eigene Achse dreht. Große Transporthubschrauber haben oft zwei Hauptrotoren, aber dafür keinen Heckrotor. Da sich der zweite Rotor entgegengesetzt dem ersten Rotor dreht, werden die Drehmomente auf diese Weise ausgeglichen.

Damit ein Hubschrauber vom Boden abheben kann, muss eine Kraft nach oben wirken, die größer ist als sein Gewicht. Diese Kraft nennt man Auftrieb. Den Auftrieb erzeugen die sich drehenden Rotorblätter. Sie beschleunigen die Luft durch ihre Drehbewegung von oben nach unten. Der Pilot kann den Anstellwinkel der Rotorblätter über die so genannte Taumelscheibe verändern. Beim Steigflug, Sinkflug und Schwebeflug verändert der Pilot den Anstellwinkel aller Rotorblätter gleichzeitig. Dies nennt man kollektive Blattverstellung. Wenn der Anstellwinkel aller Blätter vergrößert wird, geht der Hubschrauber in einen Steigflug. Bei einem kleineren Winkel geht er in einen Sinkflug, da nun die Schwerkraft stärker ist als der Auftrieb. Wenn Auftrieb und Schwerkraft gleich groß sind, schwebt der Hubschrauber auf der Stelle. Um vorwärts, rückwärts und seitwärts zu fliegen, kann der Pilot auch den Anstellwinkel jedes einzelnen Rotorblatts verändern. Dies ist die zyklische Blattverstellung. Wenn etwa der Anstellwinkel der Blätter im hinteren Bereich verändert wird, fliegt der Hubschrauber vorwärts. Wird der Winkel bei den Blättern verändert, die sich gerade vorne befinden, fliegt er dementsprechend rückwärts.

Einsatzmöglichkeiten

Dank ihrer besonderen Flugeigenschaften sind Hubschrauber vielseitig einsetzbar. Rettungshubschrauber transportieren jedes Jahr viele verunglückte Bergsteiger oder Skifahrer und bringen sie in Sicherheit. Im Schwebeflug verharrt der Hubschrauber an einer Stelle, und die Verletzten werden mit einer Seilwinde von der Besatzung an Bord gebracht. Auch bei Verkehrsunfällen können Hubschrauber innerhalb von wenigen Minuten am Unfallort sein. Sie landen einfach auf der Landstraße, auf der Autobahn oder auf dem freien Feld in der Nähe des Unfallortes. Große Transporthubschrauber bringen Arbeiter auf **Bohrinseln** im Meer oder setzen Soldaten in ihrem Einsatzgebiet ab. In der Land- und Forstwirtschaft fliegen Hubschrauber über die Felder und besprühen sie aus kurzer Entfernung mit Düngemitteln oder Pflanzenschutzmitteln. Außerdem werden Hubschrauber zur Bekämpfung von Waldbränden aus der Luft eingesetzt.

Hubschrauber

Internet

Die Entstehung des Internets

Das Internet ist das größte Computernetz der Welt. Genauer gesagt besteht es aus vielen selbstständigen Computernetzen, die rund um die Erde miteinander verbunden sind. Momentan sind es rund 150 Millionen direkt angeschlossene Rechner in über 30.000 großen Computernetzen. Etwa 600 Millionen Menschen haben derzeit die Möglichkeit, das Internet zu nutzen. Täglich kommen neue Benutzer hinzu. Obwohl heute jedem das Internet offen steht, wurde es eigentlich für militärische Zwecke erfunden. Die Grundidee für das Internet entstand in den 60er Jahren. In dieser Zeit des so genannten „Kalten Krieges" war die Angst vor einem bewaffneten Konflikt zwischen den USA und der damaligen UdSSR besonders groß. In den USA überlegte man sich, wie die verschiedenen Regierungsstellen im Falle des Krieges trotzdem sicher miteinander in Verbindung bleiben konnten. So kam man auf die Idee, ein Netzwerk von Computern zu schaffen. Es sollte nicht einen großen Zentralcomputer geben, der bei einem Angriff zerstört werden könnte, sondern viele kleine **Computer**, die auf verschiedenen Wegen miteinander verbunden sind.

Internetanschluss per DSL

So funktioniert die Datenübertragung

Ein weiterer wichtiger Punkt bei der Entwicklung des Internets war der Versand von Daten, also die Art, wie Daten zwischen den einzelnen Computern ausgetauscht werden sollten. Anstatt alles auf einmal zu schicken, sollten die Daten in kleine Pakete aufgeteilt und versendet werden. Nach diesem Prinzip funktioniert die Datenübertragung (Transfer) heute immer noch. Wenn man von seinem Computer aus Daten verschickt, kann je-

Weltumspannendes Datennetz

Vielfältige Kommunikationsmöglichkeiten

Homepage im World Wide Web

des Datenpaket einen anderen Weg zum Empfänger einschlagen. Nicht jedes Paket muss zwangsläufig über ein und denselben Computer weitergeleitet werden. Wenn also eine Leitung gestört, verstopft oder gesperrt ist, wird einfach eine freie Leitung benutzt. Am Ziel angekommen, werden die Pakete vom Computer des Empfängers wieder zusammengesetzt. Fehlende oder fehlerhafte Datenpakete werden dann einfach vom Computer des Absenders noch einmal angefordert.

Surfen im Internet

Wer am Internet teilhaben will, braucht einen Computer, ein Modem und einen Telefonanschluss. Der Computer muss über ein bestimmtes Programm verfügen, damit Adressen angewählt und Inhalte einer Seite dargestellt werden können. Dieses Programm ist der „Browser". Der bekannteste Browser ist der „Internet Explorer". Andere Browser heißen „Mozilla", „Opera" oder „Firefox". Über die Telefonleitung werden die Daten zwischen den Computern übertragen. Das Modem stellt die Verbindung zwischen dem eigenen Computer und einem Großrechner (Server) her, damit der Datenaustausch zu Stande kommt. Der Server stellt wiederum die Verbindung zu dem Computer her, auf dem die gewünschten Informationen gespeichert sind.

Der bekannteste Dienst des Internets ist das „World Wide Web", oder kurz „WWW". Jede Seite im WWW hat dabei eine eigene Adresse (Domain). So lassen sich einmal besuchte Seiten

HAST DU SCHON GEWUSST,

was eine Suchmaschine ist? Das Internet bietet eine unüberschaubare Fülle an Informationen aller Art. Wer aber auf der Suche nach ganz bestimmten Informationen ist, sollte eine Suchmaschine einsetzen um auch wirklich das zu finden, was er sucht. Suchmaschinen machen sich für den User auf die Suche nach Seiten, auf denen die angefragten Informationen zu finden sind. Diese Suche dauert oft nur Sekunden. Die Ergebnisse der Suche werden in Trefferlisten angezeigt. Der User kann dann die jeweilige Adresse einer gefundenen Seite anklicken und gelangt so zu der gewünschten Information. Bekannte Suchmaschinen im World Wide Web sind zum Beispiel „Google", „Lycos" und „Yahoo".

jederzeit wiederfinden. Wenn man im WWW nach Informationen sucht, spricht man davon, dass man im Internet „surft", sich also von einer Seite zur nächsten bewegt.

Die Nutzungsmöglichkeiten des Internets

Man kann sich im WWW in „Chatrooms" mit anderen Benutzern (Usern) mittels seiner Tastatur unterhalten, Musik und Spiele auf den eigenen Rechner übertragen (downloaden), Zeitungen lesen, Sportergebnisse nachschlagen, Museen besuchen oder in Datenbanken recherchieren. Unabhängig von Öffnungszeiten kann man auch nach Belieben einkaufen (Onlineshopping), Bankgeschäfte tätigen (Onlinebanking) oder Urlaubsreisen buchen. Inzwischen ist sogar das Telefonieren und **Radio** hören per Internet möglich. Über spezielle Kameras (Webcams) werden bewegte Bilder ins Internet geliefert. Mittlerweile sind Webcams relativ weit verbreitet. Die ersten Bilder, die per Webcam ins Internet übertragen wurden, stammten von einer Kaffeemaschine. Die Maschine stand im Labor der Universität von Cambridge. Die Mitarbeiter des Labors konnten so kontrollieren, ob noch genug frischer Kaffee gekocht war. Sie mussten ihre Schreibtische nicht verlassen, sondern schauten sich einfach die Bilder im Internet an.

Bestandteil der E-Mail-Adresse: „at"

Wer im Internet selber Bilder und Texte bereitstellen will, kann seine eigene „Homepage" einrichten. Eine Homepage ist eine Art virtuelles Zuhause. Dort kannst du zum Beispiel ein Foto von dir einstellen, deine Hobbys beschreiben oder andere Informationen über dich eingeben. Um eine Homepage zu erstellen, muss man eine bestimmte Programmiersprache verwenden. Die standardisierte Layoutsprache für die Erstellung von Seiten im WWW heißt HTML („Hypertext Markup Language").

Post ohne Briefmarke und Briefkasten

Besonders bequem und beliebt sind bei Internetusern elektronische Briefe (E-Mails). Jeden Tag werden mehrere hundert Millionen E-Mails auf der ganzen Welt geschrieben und verschickt. Mit wenigen Mausklicks kann man Bilder, Fotos, Videos, Programme oder Text-Dokumente als Anhang in eine E-Mail einfügen und an einen oder mehrere Empfänger gleichzeitig verschicken. Innerhalb weniger Augenblicke ist eine E-Mail beim Empfänger. Außerdem wird eine E-Mail auf jeden Fall zugestellt, egal ob der Empfänger gerade am Computer sitzt oder nicht. Wenn er in sein elektronisches Postfach schaut, findet er dort die E-Mail.

Modem, ISDN und DSL

Wenn man seinen Computer mit einem Server verbinden will, gibt es verschiedene Möglichkeiten, wie schnell der Datentransfer von Computer zu Computer abläuft. Mit einem einfachen Modem ist die Übertragungsgeschwindigkeit am geringsten.

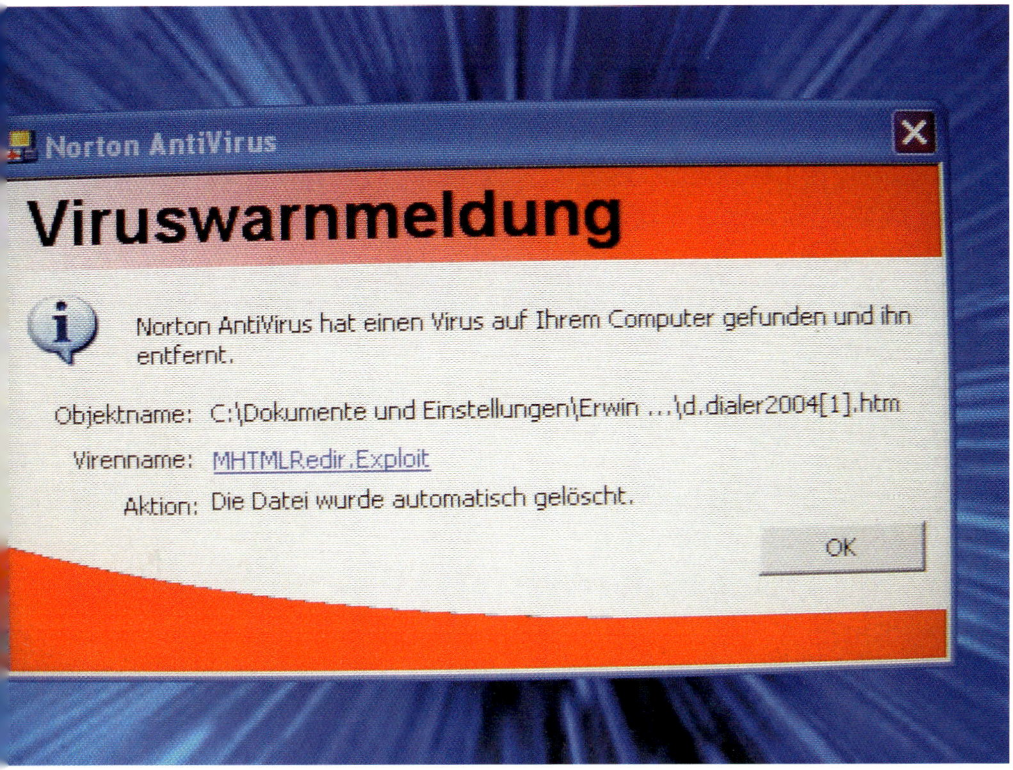

Viruswarnmeldung

Das heißt, der Aufbau einer Seite des WWW, der Versand einer E-Mail oder der Download eines Programms dauert länger. Außerdem ist die Telefonleitung durch die Verbindung ins Internet für Anrufe blockiert. Man kann nicht gleichzeitig telefonieren und sich im Internet aufhalten. Wer über einen ISDN-Telefonanschluss und eine ISDN-Karte in seinem Computer verfügt, kann hingegen gleichzeitig telefonieren und im Internet surfen. Die Abkürzung ISDN steht für "**I**ntegrated **S**ervices **D**igital **N**etwork". Diese englische Bezeichnung bedeutet übersetzt „Dienste-integrierendes digitales Netz". Eine noch schnellere Datenübertragung als bei ISDN kann man mit einer so genannten DSL-Leitung bekommen. Die Abkürzung DSL bedeutet „Digital Subscriber Line".

Vorteile und Gefahren des Internets

Die Meinungsfreiheit und die Vielfalt an Informationen sind zwei der großen Vorteile des Internets. In bestimmten Ländern ist aber der Zugang zum Internet staatlich begrenzt oder sogar verboten, so zum Beispiel in China. Das Internet gehört niemandem, jeder kann sich daran beteiligen. Es gibt zwar bestimmte Regeln, wie sich die User untereinander benehmen sollen (Netiquette), aber eine direkte Zensur erfolgt nicht. Allerdings wird das Internet immer mehr überwacht, da auch viele verbotene Dinge im Internet angeboten werden. Trotz aller Freiheiten muss man sich an bestehende Gesetze, wie etwa den Jugendschutz, halten. Da sich mit und durch das Internet auch viel Geld verdienen lässt, landen jeden Tag Millionen von ungewollten Werbe-E-Mails in den elektronischen Briefkästen der User. Man spricht hier auch von so genannten „Spam-Mails".

HAST DU SCHON GEWUSST,

was ein Computervirus ist? Computerviren sind spezielle Programme, die von so genannten „Hackern" geschrieben werden. Wenn sich ein Virus auf einem Computer eingenistet hat, kann der Hacker die Daten, die auf dem Rechner gespeichert sind, ausspionieren. Meist geschieht dies unbemerkt. Der Virus kann alle Daten zerstören, indem er sie einfach von der Festplatte löscht. Die Virenprogramme werden meist als Anhang per E-Mail verschickt. Der Virus wird auf dem Computer aktiv, wenn man den Anhang durch Anklicken mit der Maus öffnet. Darum solltest du niemals E-Mails öffnen, deren Absender du nicht kennst. Um den Rechner vor Viren zu schützen ist auch der Einsatz eines Anti-Viren-Programms oder die Verwendung einer „Firewall" sinnvoll. Die Anti-Viren-Programme spüren E-Mails mit verdächtigem Inhalt auf und warnen den User vor der drohenden Gefahr durch den Virus. Eine Firewall ist außerdem in der Lage, direkte Angriffe auf den Computer durch einen Hacker abzuwehren. Firewalls werden vor allem in Unternehmen eingesetzt, um Computernetzwerke von unbefugten Eindringlingen und Schäden wie Datenzerstörung zu schützen.

Kernkraftwerk

Im letzten Jahrhundert fand man heraus, dass man den Atomkern eines Atoms aufspalten kann. Dabei entsteht **Energie**. Diese Energie nennt man Kernkraft. Ein Kernkraftwerk ist eine Anlage zur Gewinnung von Energie, die als Strom in unser Stromnetz fließt. Der Kernreaktor ist das Herz jedes Kernkraftwerks. Hier wird radioaktives Material, zum Beispiel Uran, gespalten, wobei Hitze entsteht, mit der man Wasser verdampft. Der Dampf wiederum treibt Turbinen und **Generatoren** an, die den Strom erzeugen.

Kettenreaktion

Der Vorgang, bei dem Energie entsteht, heißt Kettenreaktion. Sie kommt in Gang, wenn radioaktives Material mit Neutronen beschossen wird. Neutronen sind kleinste Teilchen, die in jedem Atomkern vorkommen.

In Wasser eingebetteter Kernreaktor

Trifft ein Neutron mit der richtigen Geschwindigkeit auf einen Uran-Atomkern, wird dieser gespalten. Beim Zerfallen des Kerns fliegen drei weitere Neutronen los. Diese treffen wieder auf Atomkerne und spalten sie. Auf diese Weise wird blitzschnell eine Kettenreaktion ausgelöst. Bei jedem Zerfall eines Atomkerns werden ungeheure Wärmemengen sowie Strahlungsenergie frei.

Der Kernreaktor

Der Reaktordruckbehälter ist das Zentrum eines Kernkraftwerks. Er hat einen dicken Mantel aus Stahl und Beton, damit bei einer Kernschmelze, wie sie 1986 in Tschernobyl geschah, keine Radioaktivität aus dem Kernreaktor entweichen kann. Darin sind Brennelemente und die Steuerungs- und Regelungsvorrichtungen untergebracht. Die große Gefahr bei einem Kernreaktor ist, dass in sehr kurzer Zeit riesige Energiemengen entstehen, die nicht schnell genug in Strom umgewandelt werden können. In diesem Fall würde der Reaktor explodieren und gefährliche radioaktive Strahlen freigesetzt werden. Diese Strahlen können alle Lebewesen verbrennen und töten. Um zu verhindern, dass im Kernreaktor zu viel Hitze entsteht, müssen die freigesetzten Neutronen kontrolliert werden. Damit die Kettenreaktion im Reaktor gleichmäßig ablaufen kann, sind vor allem zwei Einrichtungen von größter Wichtigkeit: ein Kühlsystem und ein Moderator. Das Kühlsystem führt die entstehende Wärme ab und macht sie nutzbar. In einem Wärmeaustauscher gibt es die Wärme an einen zweiten Kreislauf ab, der nun Wasser erhitzt. Der Dampf treibt dann über die Turbinen die Generatoren an. Die dabei erzeugte elektrische Energie wird in das Stromnetz eingespeist. Als Kühlmittel werden Kohlendioxid, Helium, Natrium, leichtes und schweres Wasser verwendet. Der Wasserstoff des schweren Wassers hat nicht wie gewöhnlich ein Proton im Kern, sondern ein Neutron und ein Proton und heißt Deuterium. Schweres Wasser setzt sich also aus einem Sauerstoffatom und zwei Deuteriumatomen zusammen. Der Moderator hat die Aufgabe, die Geschwindigkeit von Neutronen, die bei der Kernspaltung frei werden, zu mäßigen. Die bekanntesten Moderatoren sind leichtes und schweres Wasser und Graphit. Diese Materialien lassen sich in Form von Stäben nach Bedarf zwischen die spaltbaren Uranstäbe schieben. Mit ihrer Hilfe kann man also die Ket-

Kernkraftwerk

tenreaktion abschwächen oder verstärken und im Störungsfall den Kernreaktor abschalten.

Reaktortypen

Heute spielen Reaktoren mit Natururan als Brennstoff und schwerem Wasser oder Graphit als Neutronenbremsmittel kaum noch eine Rolle. Fast ideal ist ein Reaktor, bei dem Kühlmittel und Moderator aus demselben Stoff sind, zum Beispiel Leichtwasser. Bei einem Ausfall des Kühlkreislaufs fällt nämlich auch der Moderator aus und die Kernspaltung kommt zum Stillstand. Zu solchen Leichtwasserreaktoren gehören die heute weit verbreiteten Druckwasser- und Siedewasserreaktoren. Weitere Reaktortypen sind der Hochtemperaturreaktor und der Brutreaktor (Brüter), die man unter dem Begriff Fortgeschrittene Reaktortypen zusammenfasst. Der wesentlichste Unterschied eines Hochtemperaturreaktors gegenüber Leichtwasserreaktoren ist die Verwendung von Helium als Kühlmittel und von Graphit als Neutronenmoderator. Als Brennstoff kann ein Hochtemperaturreaktor drei Spaltstoffe verwenden: Uran 235, Plutonium 239, Uran 233. Brutreaktoren sind in der Lage, bis zu 60 % des eingesetzten Urans zu nutzen. Im Unterschied dazu können herkömmliche Reaktoren nur etwa ein Prozent davon nutzen. Die Entwicklung von Brutreaktoren wird heute weltweit vorangetrieben; eine führende Rolle haben hier Frankreich und Russland.

HAST DU SCHON GEWUSST,

wer die Kernspaltung entdeckte? Der deutsche Chemiker Otto Hahn (1879–1968) forschte viel auf dem Gebiet der Kernchemie. Ihm gelang 1938 zusammen mit seinem Kollegen Fritz Strassmann (1902–80) die Spaltung eines Urankerns. Dafür erhielt Otto Hahn 1945 den Nobelpreis für Chemie.

Behälter für radioaktives Material

Kühlturm eines Kernkraftwerks

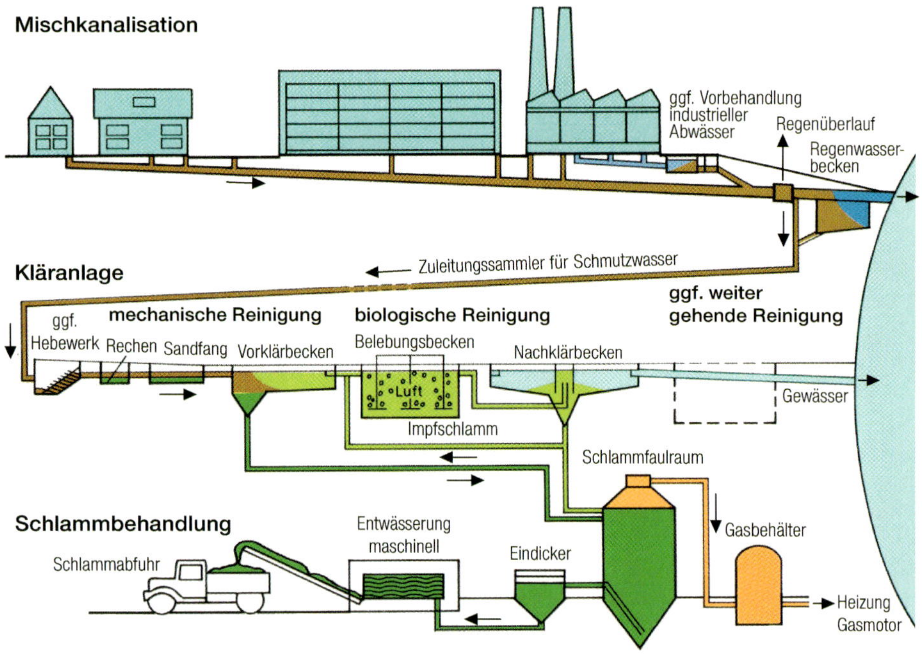

Funktionsschema einer Kläranlage

Kläranlage

Wasser ist für alle Menschen, Tiere und Pflanzen lebensnotwendig. Aber sauberes Trinkwasser wird rar, denn wir vergiften und zerstören es durch die Umweltverschmutzung. In Mitteleuropa ist das Wasser aus Quellen und aus der Grundwasserschicht heute oft noch so rein, dass es nicht aufbereitet werden muss. Ein großer Teil der Oberflächengewässer ist jedoch inzwischen von Krankheitserregern und Schmutz verunreinigt und hat einen unangenehmen Geschmack. Deswegen muss in den meisten Gebieten das Trinkwasser gereinigt und aufbereitet werden, damit wir es gefahrlos verwenden können. Aber auch das Abwasser muss man reinigen um es wieder verwenden zu können und so die Natur zu schützen und die Umweltbelastung zu verringern.

Trinkwasser-aufbereitung

Die Aufbereitung erfolgt in mehreren Stufen. Zunächst wird das Wasser in Schichten aus Sand und Aktivkohle gefiltert. Dabei werden feste Schmutzteilchen zurückgehalten. Danach gibt man Mittel hinzu, die unerwünschte Stoffe wie Bakterien ausflocken. Zur Desinfektion wird das Wasser mit Ozon, ultraviolettem Licht oder Chlor behandelt. Durch Sauerstoffzugabe verschwinden unangenehme Gerüche. Gelegentlich enthält Wasser auch störende Ionen verschiedener Metalle, zum Beispiel von Eisen, Kalzium oder Magnesium. Sie sind für hartes Wasser verantwortlich und werden in großen Ionenaustauschern entfernt. Unser Trinkwasser gelangt in Röhren zu den Verbrauchern. Den dazu nötigen Druck erhält man durch Pumpen oder durch Wassertürme. In Trockengebieten wie in Arabien gewinnt man Trinkwasser aus Meerwasser. Die Entsalzung ist aber ein energieaufwändiger Vorgang.

Abwasserreinigung in der Kläranlage

Als Abwasser bezeichnet man das aus unseren Wohnungen, Gewerbe und Industrie anfallende verunreinigte Wasser. Die Reinigung des Abwassers geschieht in Kläranlagen. Dort wird es gefiltert und durchläuft mehrere Reinigungsstufen. Erst dann darf man das Wasser in ein natürliches Gewässer einleiten.

Jede Abwasserreinigung umfasst mindestens zwei Stufen. Zunächst erfolgt die mechanische Reinigung. Dabei werden alle ungelösten Teilchen aus dem Wasser entfernt. Rechen halten grobe Bestandteile zurück. Als Scheiben oder Bänder umlau-

Klärbecken

Kläranlage

fende Siebe mit Maschenweiten bis fünf Millimeter dienen zur Entfernung mittelfeiner Stoffe. Die feineren Teilchen werden mit Filtern zurückgehalten. Die zweite Stufe ist die biologische Reinigung: Bei der biologischen Klärung werden organisch gelöste Bestandteile durch Bakterien und andere Kleinlebewesen wie zum Beispiel Algen und Kleinwürmer abgebaut. Sie fressen diese kleinsten Abfallteilchen und verdauen sie. Diese Art der Reinigung erfolgt in offenen Klärbecken oder geschlossenen Faultürmen. Das vorgereinigte Abwasser kann in Klärbecken mit Frischschlamm geimpft und mit Luftsauerstoff angereichert werden, wodurch sich die Kleinlebewesen massenhaft vermehren und die organischen Stoffe verzehren. In den Klärbecken setzen sich die Rückstände aus der Abwasserreinigung, der so genannte Klärschlamm, ab. Das saubere Wasser wird abgeschöpft. Die abgetrennten Flocken aus Kleinlebewesen werden in Faultürmen ausgefault. Auch hier verarbeiten Bakterien, die keine Sauerstoff benötigen, die organischen Reste im Faulturm.

Faultürme und Klärbecken

Das hierbei entstehende Methan kann als Heizgas, zum Beispiel für die öffentliche Gasversorgung, genutzt werden. An die biologische Reinigung kann sich eine dritte chemische Reinigungsstufe anschließen. Dabei entfernt man durch chemische Prozesse Phosphate und Nitrate. Das gereinigte Abwasser wird zur Entkeimung mit Chlor, UV-Licht oder Ozon behandelt und kann nun in natürliche Gewässer eingeleitet werden. Dem Klärschlamm wird schließlich das gesamte Wasser entzogen, wobei Trockenschlamm entsteht, der dann auf Sondermülldeponien entsorgt wird.

Kühlschrank

Werbung für Kühlschränke

Vom Eiskeller zum Kühlschrank

Lebensmittel zu konservieren, das heißt frisch zu halten, war lange Zeit ein Problem für die Menschheit. Schon recht früh wurde der Nutzen von Eis für eine bessere Lagerung verderblicher Ware erkannt. Eis war auch als Speise beliebt. So ist überliefert, dass der römische Kaiser Nero (37-68 nach Christus) extra Läufer eingesetzt hat, die das Eis von den Albaner Bergen nach Rom schaffen sollten. So konnte der Kaiser kühle Desserts aus Eis und Früchten genießen.

Da nicht jeder das Eis aus den Bergen holen lassen konnte, musste man es im Winter sammeln und in Kellern lagern. Dort wurde auch die Nahrung aufbewahrt. Doch im Sommer reichten die dicken Gemäuer der Keller nicht aus, um die Wärme draußen zu halten. Die damals teilweise knappen Nahrungsmittel verdarben schnell. Deshalb war die Entwicklung der Kältetechnik ein großer Segen.

Es war Galileo Galilei (1564-1642), der herausfand, dass sich die Dichteverhältnisse von Flüssigkeiten bei Hitze oder Kälte ändern. Diese Erkenntnis war ein erster wichtiger Schritt. Im 19. Jahrhundert versuchten einige Forscher funktionierende Kältemaschinen zu entwickeln. Der Deutsche Carl von Linde (1842-1934) schaffte es 1876 eine Kühlmaschine anzufertigen, die mit Ammoniak arbeitete. Die Maschine funktionierte nach dem Prinzip der Abkühlung von Gas, das vorher mechanische Arbeit geleistet hatte.

Die ersten elektrischen Kühlschränke für Privathäuser wurden um 1920 hergestellt. Diese konnten sich anfangs nur reiche Familien leisten. Heute ist ein Kühlschrank in fast jeder Küche zu finden.

Wie funktioniert der Kühlschrank?

Dem Inneren des Kühlschrankes wird Wärme entzogen und nach

Gefrierfach

EXTRATIPP: STROMSPAREN

Der Kühlschrank zählt übrigens zu jenen Haushaltsgeräten, die den meisten Strom benötigen. Er ist ständig in Betrieb und sorgt so für hohe Kosten. Allerdings gibt es ein paar Tricks, mit denen man Energie sparen kann. Hilfreich ist es, wenn man den Kühlschrank auf eine niedrige Kühlstufe stellt (Innentemperatur von zirka 6 Grad Celsius). Auch das Eisfach sollte regelmäßig abgetaut werden. Zu dicke Eisschichten verhindern effektives Kühlen und steigern den Stromverbrauch. Doch am wichtigsten ist es, den Kühlschrank nach dem Öffnen immer fest zu verschließen!

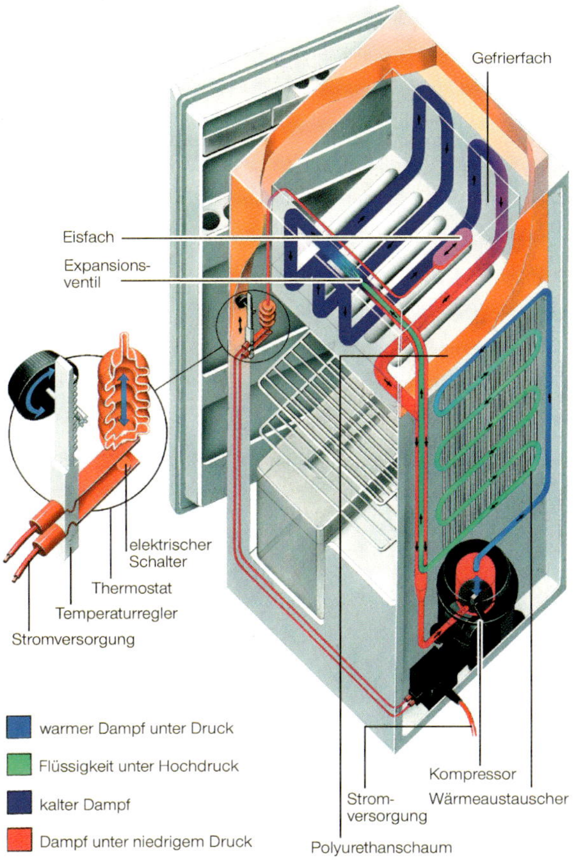

Funktionsschema eines Kühlschranks

außen abgegeben. Dafür benötigt man Kühlmittel wie zum Beispiel Ammoniak oder Kohlenwasserstoffe. Kühlmittel haben die Eigenschaft, dass sie sich bei Zimmertemperatur ständig zwischen einem flüssigen und einem gasförmigen Zustand bewegen.

Das flüssige Kühlmittel gelangt in einen Verdampfer im Innern des Gerätes. Im Verdampfer wird das Kühlmittel gasförmig. Für den Prozess der Verdampfung wird die Wärme aus dem Inneren des Kühlschrankes benötigt. Dadurch, dass der Kühlschrank ein gut isolierter Raum ist, dem Wärme entzogen wird, sinkt die Temperatur im Inneren. Das gasförmige Kühlmittel gelangt durch eine Leitung zu einem Kompressor, der es verdichtet. Anschließend fließt das Kühlmittel in ein Leitungssystem, bestehend aus schwarzen Kühlschlangen, die sich an der Hinterseite des Kühlschrankes befinden, wo es sich wieder verflüssigt. Dabei wird die aufgenommene Wärme nach außen abgegeben. Nun fließt das flüssige Kühlmittel wieder in den Verdampfer und der Kreislauf beginnt von vorne!

Ist es überall im Kühlschrank gleich kalt?

In der Regel gibt es in einem Kühlschrank unterschiedliche Temperaturbereiche, die zwischen drei und acht Grad Celsius liegen. Im Fach über den Gemüsefächern ist es am kältesten. Dort unten sollten nach Möglichkeit Lebensmittel wie zum Beispiel Steaks oder Würste gelagert werden, die leicht verderben können. In den oberen Fächern ist es am wärmsten. Auch auf der Rückseite der Tür ist es nicht sehr kalt. Deshalb sind dort die Eierfächer untergebracht, da Eier nicht so schnell schlecht werden. Übrigens sollten Tomaten gar nicht im Kühlschrank gelagert werden – sie können das Verwelken anderer Gemüse beschleunigen.

Die offene Kühlschranktür

Ein Kühlschrank darf nie zu lange offen stehen, denn sonst gelangt zu viel warme Luft ins Innere. Das Gerät arbeitet auf Hochtouren, um diese Luft abzukühlen und der Stromverbrauch steigt enorm. Vor dem Hintergrund des Umweltschutzgedankens sollten wir jedoch versuchen, Energie zu sparen, wo immer es möglich ist. Die Idee, im heißen Sommer die Raumtemperatur mit Hilfe eines offenen Kühlschrankes zu senken, funktioniert nicht. Wie oben beschrieben, produziert ein Kühlschrank ja auch Wärme und je stärker der Kühlvorgang ist, desto größer ist auch der Wärmeausstoß.

Kühlschrank mit Getränkespender

Kunststoff

Kunststoffe sind organische Werkstoffe. Sie werden durch Umwandlung von Naturstoffen oder durch chemische Synthese erzeugt und bestehen aus riesigen Molekülen (Makromolekülen), den Polymeren. Wir unterscheiden vor allem zwei Arten von Kunststoffen – die duroplastischen und die thermoplastischen Kunststoffe. Die Rohform der meisten Kunststoffe ist ein Granulat (Kügelchen). Die Kügelchen des Polystyrols beispielsweise sind weiß, Polyethylengranulat ist klar und durchsichtig. Wird das Granulat geschmolzen, kann es mit Farbstoffen vermischt und in beliebige Formen gepresst werden. Viele Gebrauchsgegenstände in unserem Alltag sind aus Kunststoff, angefangen von den Einkaufstüten über Essgeschirr bis zu künstlichen Blumen. In der Umgangssprache sagen wir statt Kunststoff oft auch „Plastik".

Granulatkügelchen

Duroplaste

Duroplastische Kunststoffe werden erhitzt und bilden beim Erhärten Verbindungen zwischen den einzelnen Riesenmolekülen aus. Diese Verbindungen kann man mit einem festen Netz vergleichen (Vernetzung). Duroplaste müssen gleich in ihrer endgültigen Form hergestellt werden, da die Moleküle nach Abkühlung durch Vernetzung hart und starr bleiben. Sie lassen sich durch Erwärmen nicht schmelzen. Duroplastische Werkstoffe sind zum Beispiel Silikone und Kunstharze.

Thermoplaste

Die Thermoplasten schmelzen und werden zähflüssig, wenn man sie erwärmt, weil ihre Riesenmoleküle untereinander nicht vernetzt sind. Thermoplastische Werkstoffe kann man also in eine Form gießen oder pressen. Nach dem Abkühlen ist eine weitere Erwärmung und Weiterverarbeitung möglich. Typische Thermoplasten sind Polyethylen (PE), Polyvinylchlorid (PVC) und auch das Plexiglas (Acrylglas).

Trennung von Plastikmüll

Polymere

Polymere sind lange Riesenmoleküle, die durch den Zusammenschluss vieler kleiner Moleküle, so genannter Monomere, gebildet werden. Oft sind diese Ketten netzartig miteinander verbunden. Die Natur bietet viele Beispiele für Polymere. Wolle, Haare und die Zellulose der Pflanzen bestehen aus diesen Riesenmolekülen. Polymere werden aber auch synthetisch, das heißt künstlich, hergestellt. Alle Kunststoffe und viele Textilfasern bestehen aus künstlich hergestellten Polymeren. Heute wird eine kaum überschaubare Vielzahl von Polymeren verwendet, denn für jeden Zweck kann man spezielle Polymere entwickeln.

Herstellung von Polymeren

Ein Verfahren zur Herstellung von Polymeren ist die Addition. Bei PVC (Polyvinylchlorid), von dem jeder schon mal gehört hat, werden die einzelnen Vinylchlorid-Monomere durch die so genannte Additionspolymerisation aneinander gereiht. Die Molekülketten werden also durch Anhängen neuer Monomere verlängert. Die Monomere addieren sich zu einer langen Polymerkette. Auf diese Weise können Riesenmoleküle aus Tausenden von Vinylchlorid-Monomeren hergestellt werden. Ein anderes Verfahren zur Herstellung von Polymeren ist die Polykondensation. Dabei fällt bei der Verbindung von zwei Monomeren ein Spaltprodukt an. Nylon, ein Kunststoff für die Herstellung von Textilfasern, zum Beispiel für Strümpfe, entsteht auf diese Weise.

Die Geschichte

Die Kunststoffchemie ist über hundert Jahre alt. Zunächst wurden Naturstoffe chemisch umgewandelt, später völlig synthetisch hergestellt, meistens aus den Grundstoffen Erdöl, Erdgas, Kohle, Luft, Wasser, Kalk und Steinsalz. Der älteste abgewandelte Naturstoff ist Zelluloid und wurde 1869 zum ersten Mal hergestellt. Es wird aus dem Pflanzenfaserstoff Zellulose gewonnen. Das Zelluloid wurde früher zur Herstellung von Kämmen, Filmen, Knöpfen, Puppen und sonstigen Spielwaren verwendet. Da es aber leicht brennt, wird es heute durch nicht brennbare Kunststoffe ersetzt. 1907 entwickelte der belgische Chemiker Leo Baekeland (1863-1944) einen Kunstharzpressstoff aus Steinkohleteer-Produkten. Während eines Experiments bemerkte er eine zähflüssige Masse, die durch Erhitzen zu einem harten Stoff wurde, und nannte ihn Bakelit. Dieser Stoff war in jede beliebige Form pressbar und wurde unter anderem für Kameragehäuse, Telefonapparate und Stecker verwendet. Heute gibt es Hunderte von Kunststoffen, von denen manche Eigenschaften besitzen, die natürliche Werkstoffe nicht aufweisen. Kunststoffe haben inzwischen eine große Bedeutung und werden nahezu in allen Industriezweigen verwendet.

EXPERIMENT: MACH DEINEN EIGENEN KUNSTSTOFF!

Lass dir von deinem Vater oder deiner Mutter etwas Vollmilch in einem Topf erhitzen. Wenn die Milch köchelt, rührst du einige Teelöffel Essig ein. Rühre so lange weiter, bis alles gummiartig wird. Du kannst auch Lebensmittelfarbe hinzugeben. Den natürlichen Gummi lässt du abkühlen und wäscht ihn dann unter fließendem Wasser. Damit hast du deinen eigenen etwas klebrigen „Kunststoff" hergestellt. Jetzt kannst du zum Beispiel Papier zusammenkleben!

Spielzeug aus Kunststoff

Laser

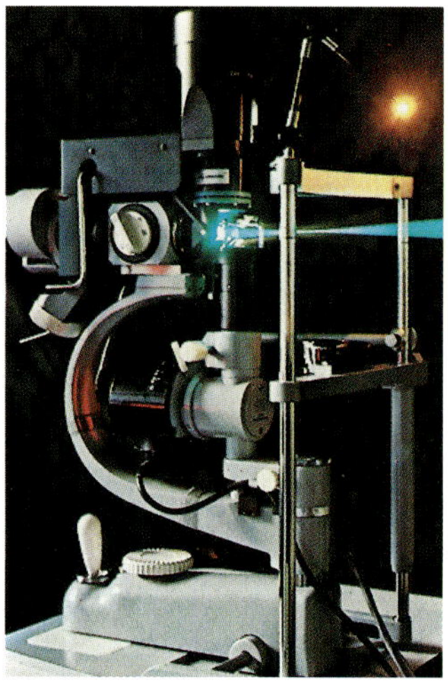
Laser

Metallverarbeitung mit Lasertechnik

Der Laser ist eine Lichtquelle, die einen stark gebündelten, energiereichen Lichtstrahl aussendet. Dieser Laserstrahl ist monochromatisch, das heißt er besteht aus einer einzigen Farbe. Alle darin enthaltenen Lichtwellen haben also dieselbe Wellenlänge. Der Ausdruck Laser ist das englische Kurzwort für „**L**ight **A**mplification by **S**timulated **E**mission of **R**adiation“, auf Deutsch „Lichtverstärkung durch angeregte Aussendung von Strahlen“. Wenn ein Atom eine gewisse Lichtmenge, ein Photon, aufnimmt, so wird dieses Atom angeregt. Im Normalfall strahlt das Atom das Photon von sich aus sofort wieder ab. Beim Laser wird diese Lichtabgabe aber nun erzwungen: Man lässt Strahlung gleicher Wellenlänge auf die Atome einwirken. Dies hat zur Folge, dass die angeregten Atome genau gleichzeitig Licht abgeben. Also befinden sich alle Wellen, die den Laser verlassen, in der gleichen Phase, das heißt ihre Wellenberge und -täler stimmen exakt miteinander überein.

HAST DU SCHON GEWUSST,

warum Laserlicht eigentlich recht ungewöhnlich ist?

1. Es ist sehr rein, da es fast gänzlich aus einer einzigen Farbe oder Wellenlänge besteht.
2. Das Laserlicht ist kohärent, das heißt, alle seine Wellen bewegen sich genau im Gleichschritt miteinander. Dadurch verstärken sie sich gegenseitig und bauen Energie auf. Die Wellen gewöhnlichen Lichts stimmen nicht überein. Sie beeinträchtigen sich gegenseitig und verlieren Energie.
3. Das Laserlicht ist sehr richtungsgenau, weil es in einem fast vollkommen parallelen Strahl erzeugt wird.

Im Laser befindet sich ein festes oder gasförmiges Material. Die Atome dieses Materials werden durch Zufuhr von **Energie** in Form von Licht oder **Elektrizität** angeregt, das heißt sie setzen Lichtstrahlung frei, die wiederum andere Atome anregt, Licht derselben Wellenlänge abzugeben. So entsteht ein energiereicher Lichtstrahl. Wellenlänge und Farbe des Laserstrahls sind von dem Material abhängig. Manche Laser erzeugen nicht sichtbares Licht, sondern Ultraviolett- oder Infrarotstrahlung.

Der Laser, eine der großen Errungenschaften des 20. Jahrhunderts, wurde 1960 von dem amerikanischen Physiker Theodore Maiman entwickelt. Er baute seinen ersten Laser unter Verwendung eines Stabes aus synthetischem Rubin. Der Laser konnte Lichtimpulse erzeugen, die zehn Millionen Mal stärker waren als das Sonnenlicht.

Wozu braucht man Laser?

Die Einsatzmöglichkeiten für Laser haben sich in den letzten Jahren ständig erweitert. Die bekanntesten Anwendungen aus dem täglichen Leben sind das Abspielen von CDs und das Lesen von Strichcodes, zum Beispiel im Supermarkt. Diese Laser sind nicht besonders energiereich, aber hineinsehen solltest du trotzdem nicht. Energiearme Laser werden auch zur Informationsübertragung, bei Laserdruckern, bei der Vermessung und bei Lichtshows eingesetzt. Hochleistungslaser können auf einen Punkt fokussiert werden und große Hitze erzeugen. In der Materialbearbeitung lassen sie sich wegen der extrem starken Bündelung der Strahlen zum Bohren und Schweißen harter und schwer schmelzbarer Werkstoffe wie Stahl oder Beton verwenden. Mit zu den wichtigsten Einsatzgebieten gehört die Laserchirurgie in der Medizin. Die Laserstrahlen werden schon seit längerem für operative Schnitte und bei Augenoperationen angewandt. Die Kopplung eines Laser mit beweglichen Lichtwellenleitern ermöglicht heute auch die Beseitigung von Tätowierungen sowie die Heilung von Gefäßtumoren und Magengeschwüren.

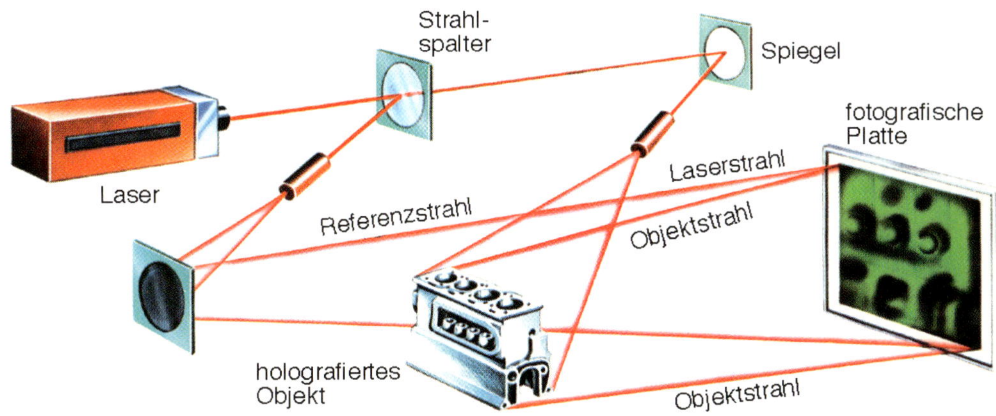

Holografie

Holografie

Eine weitere Anwendungsmöglichkeit für Laser findet sich in der Holografie. Hier handelt es sich um eine besondere Art von Fotografie, welche die Nachbildung dreidimensionaler (3-D) Bilder erlaubt. Bei der Betrachtung eines Hologramms sehen wir deutlich, dass es nicht nur Länge und Breite, sondern auch Tiefe besitzt. Um ein Hologramm aufzunehmen, wird der Laserstrahl in zwei getrennte Strahlen aufgespaltet. Ein Strahl wird auf den Gegenstand gerichtet, der fotografiert werden soll. Der Gegenstand wirft Strahlen zurück auf eine fotografische Platte oder einen Film. Der andere Strahl fällt direkt auf die fotografische Platte. Zwischen den Wellen kommt es nun zu Überlagerungen, die auf der fotografischen Platte aufgezeichnet werden. Das Bild, das dabei entsteht, kann man aber nicht als **Fotografie** erkennen. Es ist ein Hologramm. Erst wenn es wieder mit Laserlicht beleuchtet wird, entsteht ein dreidimensionales Bild des aufgenommenen Gegenstandes.

Hologramme finden immer größere Verbreitung, besonders in der Werbung. Sie werden aber auch in der Industrie zunehmend öfter verwendet, zum Beispiel für Messungen und Kontrollen.

Laserforschung

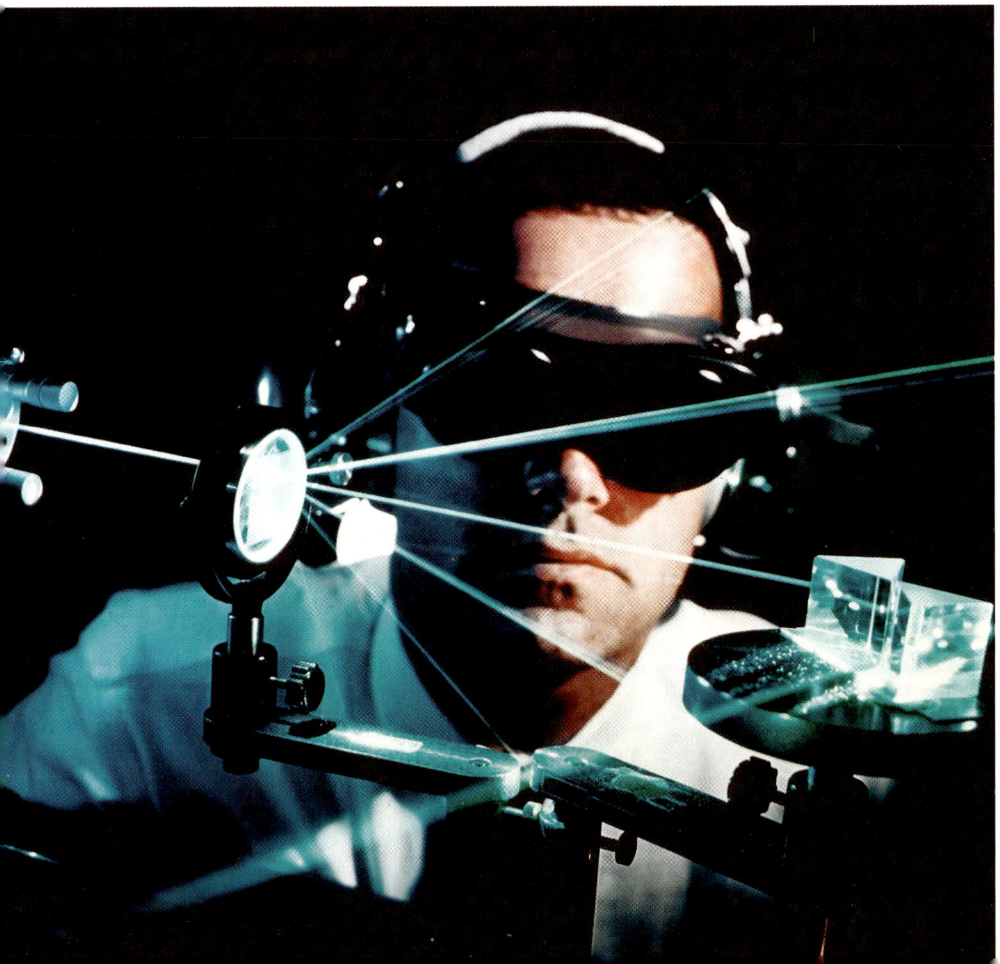

Magnetismus

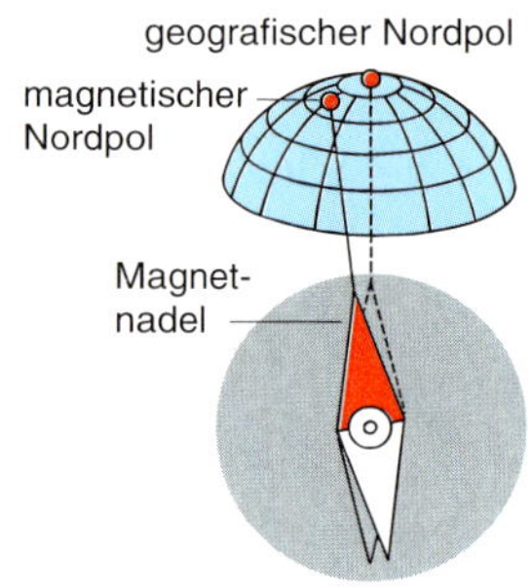

Kompass

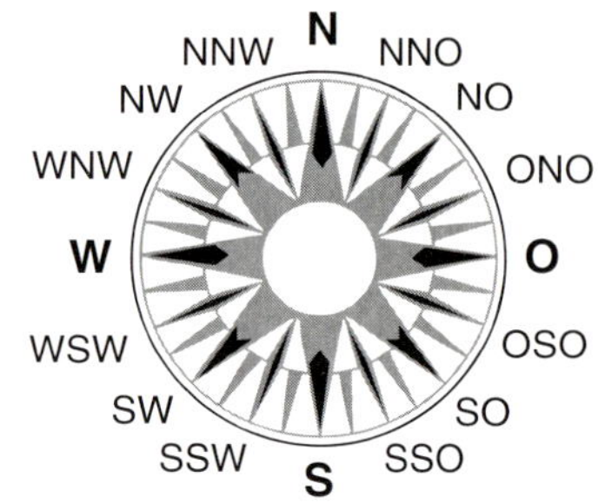

Kompassrose

Als Magnetismus bezeichnet man die Kraft, die von einem Magneten ausgeht. Sie wirkt besonders stark auf Eisenteilchen und auf viele andere Metalle. Überall dort, wo diese Kraft wirkt, spricht man von einem Magnetfeld.

Überall auf der Erde existiert ein magnetisches Feld, da die Erde selbst ein riesiger Magnet ist. Die Pole des Erdmagnetismus liegen in der Nähe des geographischen Nord- und Südpols. Um die Pole herum ist das Magnetfeld am stärksten. Von Pol zu Pol verlaufen magnetische Feldlinien. Wie die Feldlinien verlaufen, lässt sich durch einen Versuch mit einem Stabmagneten verdeutlichen. Wie bei jedem Magnet gibt es beim Stabmagneten an einem Ende den „Nordpol" und am anderen Ende den „Südpol". Legt man den Stabmagneten auf einen Tisch und schüttet Eisenspäne aus, so ziehen die Pole die Späne an. Zwischen den Polen ordnen sich die Späne so an, wie die magnetischen Feldlinien verlaufen. Wenn du zwei Magnete aneinander hältst, ziehen sich die ungleichnamigen Pole (Nord und Süd) an. Die beiden gleichnamigen Pole (Nord und Nord oder Süd und Süd) stoßen sich ab.

Kompass

Magnetismus dient der Orientierung

Viele Tiere orientieren sich am magnetischen Erdfeld. Ein angeborener Magnetsinn ist für Zugvögel der Wegweiser auf ihren langen Wanderungen. Auch Buckelwale orientieren sich so. Jedes Jahr wandern sie aus ihren Futtergebieten im Norden Alaskas zu ihren Brut- und Paarungsgebieten in wärmere Gebiete. Sie durchqueren über 4000 Kilometer offenes Meer.

Auch für den Menschen sind die magnetischen Felder bei der Orientierung wichtig. Wir machen uns dabei den Kompass zu Nutze, der sich nach den Kraftlinien des Erdmagnetismus ausrichtet. Die Nadel des Kompass besteht aus magnetischem Material und wird parallel zum Magnetfeld der Erde in Nord-Süd-Richtung ausgerichtet. So zeigt die Nadel immer nach Norden. Mit dem Kompass orientieren sich die Seefahrer auf dem Meer und bestimmen den Kurs ihrer Schiffe.

Die Magnetschwebebahn

Magnetschwebebahnen sind moderne Züge, die keine Räder mehr brauchen. Sie gleiten in einer besonderen Schiene, wo sie von starken Magneten in der Schwebe gehalten werden. Ein Magnet und ein Eisenteil ziehen sich gegenseitig an. Diese Kraft nützt die Magnetschwebebahn aus.

An den Wagen werden Magnetschienen angebracht. Die unteren Flanken des Wagens greifen um eine t-förmige Führungsschiene, auf der die Bahn fährt. Die Schienen versuchen mit der Führungsschiene in Kontakt zu kommen und heben dabei die Bahn hoch. Solange das Magnetfeld nicht stärker ist als das Gewicht der Bahn, kommen die beiden Schienen nie miteinander in Berührung. Bei Elektro-

Magnetschwebebahn

magneten kann man die Stärke des Magnetfeldes steuern. Das ist wichtig, weil die Bahn ja unterschiedlich besetzt sein kann. Viele Fahrgäste drücken mit ihrem Gewicht die Wagen stark nach unten. Ist die Bahn leer, muss das Magnetfeld nur das Eigengewicht tragen. Durch ein weiteres Magnetsystem bewegt sich die Bahn vorwärts. Bei einem so genannten Linearmotor wird entlang der Führungsschiene der Schwebebahn ein ständig wechselndes Magnetfeld aufgebaut. Die Magnetschiene am Boden überträgt das elektrische Feld und damit den Magnetismus auf eine feste Reaktionsschiene. Weil das Magnetfeld ständig wechselt, liegen sich immer wieder gleiche Pole gegenüber und stoßen sich ab. Da aber der davor liegende Pol genau entgegengesetzt wirkt, zieht er die Wagen vorwärts. Die Bahn hangelt sich sozusagen von Magnetpol zu Magnetpol. Magnetschwebebahnen können extrem hohe Geschwindigkeiten erreichen, weil keine Reibung durch rollende Räder entsteht. Aber Räder braucht die Magnetschwebebahn dennoch – beim Anfahren und Abbremsen rollt sie auf der Schiene.

Die Zukunft der Magnetschwebebahn

Bei der Fahrt entsteht sehr wenig Lärm. Darum werden die Bahnen auch als besonders umweltfreundlich angesehen. Allerdings sind sie nicht zum Transport von schweren Gütern geeignet. Das für 2004 geplante Projekt auf der Strecke Hamburg-Berlin wurde bis heute nicht verwirklicht, da sich die Baukosten für die Schienenstrecke als zu teuer erwiesen.

Transrapid Shanghai

HAST DU SCHON GEWUSST,

dass der größte Magnetschwebezug der Welt zum ersten Mal 1984 auf einer 30 Kilometer langen Versuchsstrecke im norddeutschen Emsland fuhr? Der 54 Meter lange und 122 Tonnen schwere Zug vom Typ Transrapid 06 hatte Platz für 198 Gäste. Seine Höchstgeschwindigkeit betrug 412 Kilometer pro Stunde. Den Geschwindigkeitsweltrekord halten die Japaner. Ein Versuchsfahrzeug raste schon mit 549 Kilometern pro Stunde über die Schienen – allerdings ohne Passagiere an Bord.

Medizintechnik

Seit Beginn des 20. Jahrhunderts hat die Medizin viel von der Physik profitiert, die neue und bessere Diagnose- und Behandlungsmethoden eröffnete. 1895 fand die erste Röntgenuntersuchung eines Menschen statt. In der letzten Hälfte des 20. Jahrhunderts kamen weitere Methoden hinzu, das Innere des Menschen zu durchleuchten. Dazu zählen die Computertomographie und die Kernspin- oder Magnetfeldresonanztomographie. Außerdem wurden in den letzten Jahren verschiedene neue Operationstechniken entwickelt, zum Beispiel die schonende, so genannte minimalinvasive Chirurgie.

Radiografie

Als Radiografie bezeichnet man die Aufnahme von Röntgenbildern. Die Ausbreitung des Röntgenstrahls wird in einem Bildfenster begrenzt. Die Körpergewebe nehmen je nach ihrer Dichte unterschiedliche Anteile des Röntgenlichts in sich auf. Knochen schlucken mehr als Muskeln und innere Organe und erscheinen deswegen auf Röntgenbildern weiß. Im Jahr 1895 entdeckte der deutsche Physiker Conrad Röntgen (1845-1923) eine neue Art elektromagnetische Strahlung, die nach ihm benannte **Röntgenstrahlung**. Sie dient heute zur Feststellung von Knochenbrüchen und anderen Krankheiten. Schon auf den ersten Röntgenaufnahmen konnte man Knochenbrüche und Entzündungsherde in den Gelenken erkennen. Später wollten die Ärzte auch Röntgenbilder anfertigen, um Verdauungskanal, Herz und Nieren abzubilden. Dazu wurde ein röntgenundurchlässiges Kontrastmittel entwickelt, das der Patient vor der Röntgenaufnahme schlucken muss. Mit energiereicher Röntgenstrah-

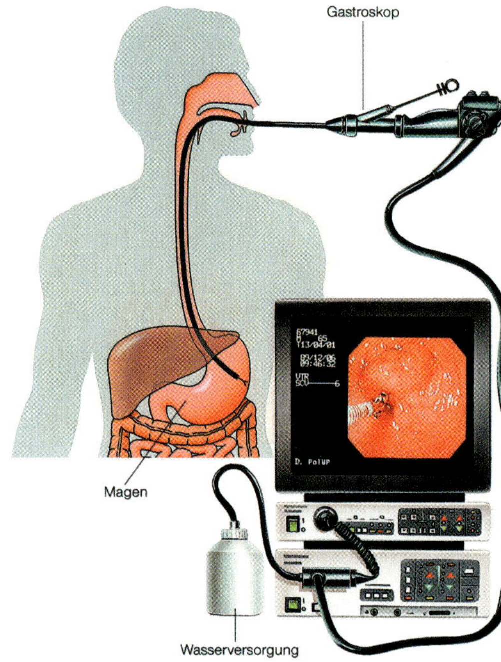

Funktionsschema der Endoskopie

Historisches Desinfektionsgerät

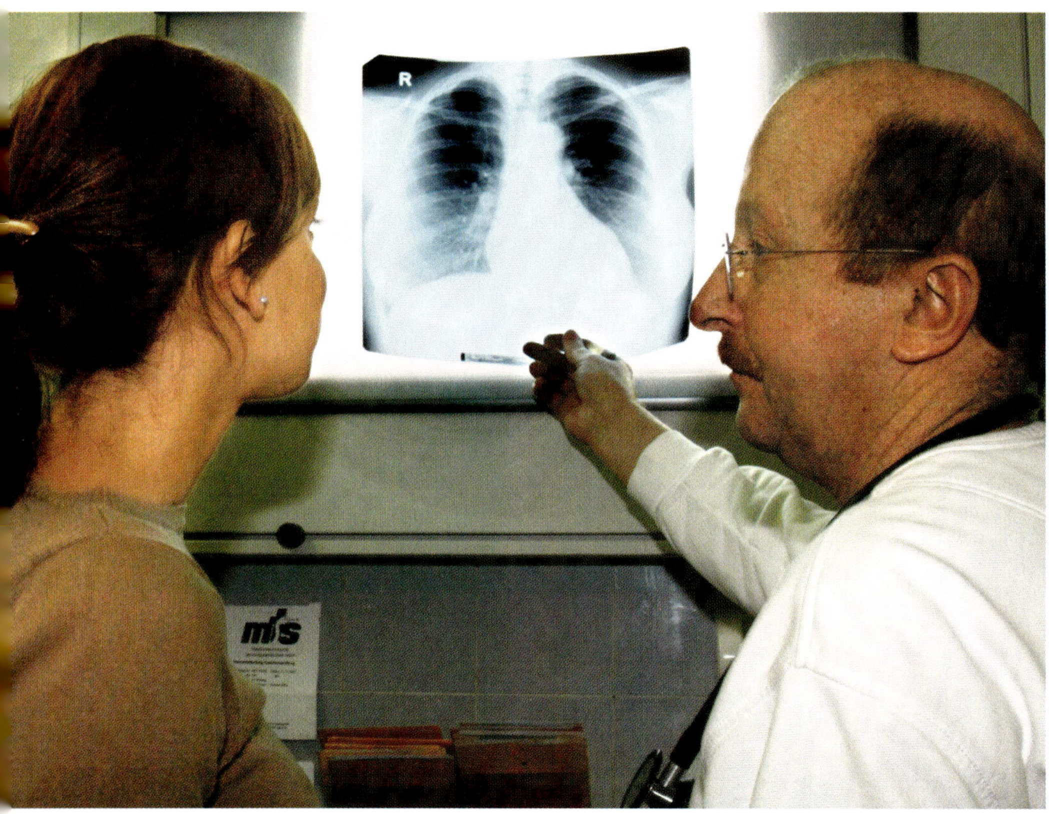
Arzt bespricht mit Patientin Röntgenaufnahme

lung behandeln die Ärzte beispielsweise auch Krebs.

Computertomografie

Die Computertomografie (CT) beruht ebenfalls auf der Technik der Röntgenstrahlen. Bei der Untersuchung liegt der Patient auf einem Tisch, der alle paar Sekunden etwas weiter in die Röntgenröhre vorrückt. Während die Untersuchungsröhre sich langsam einmal um den Patienten dreht, macht der Tomograf zahlreiche Aufnahmen. Die ausgesandten Strahlen durchdringen den Körper und gelangen in den Detektor. Dieser misst die Intensität der Röntgenstrahlen und sendet die gewonnenen Informationen als Signale an den Computer. Dieser erstellt Schichtbilder und dreidimensionale Vollbilder von bestimmten Organen. Auf diese Weise wird der Patient „scheibchenweise" untersucht. Die Strahlungsbelastung für den Patienten liegt unter der einer herkömmlichen Röntgenaufnahme.

Tomografie

Die Weiterentwicklung von Computern und der Wunsch nach ungefährlicheren, genaueren Darstellungsmethoden führten zur Entwicklung neuer medizinischer Untersuchungsapparate. Mit der Kernspin- und der Positronenemissionstomografie (PET) bildet man weiche Körperteile ab und kann sogar chemische Veränderungen im Gewebe erkennen. Röntgenbilder beruhen auf der Tatsache, dass die Körpergewebe Röntgenstrahlen in unterschiedlichem Maße in sich aufnehmen. Die Kernspintomografie und die PET arbeiten genau entgegengesetzt. Sie verwandeln den Körper in eine Strahlungsquelle. Bei der PET wird ein radioaktiv markierter Stoff in den Körper eingespritzt, mit einer Mahlzeit aufgenommen oder eingeatmet. Diese Substanz, zum Beispiel radioaktiv markierte Glucose, reichert sich in Geweben an, die einen besonders hohen Stoffwechsel haben. Dann wird die Strahlung gemessen, die beim Zerfall des radioaktiven Stoffs entsteht. So erhält man ein Querschnittsbild des untersuchten Körperteils.

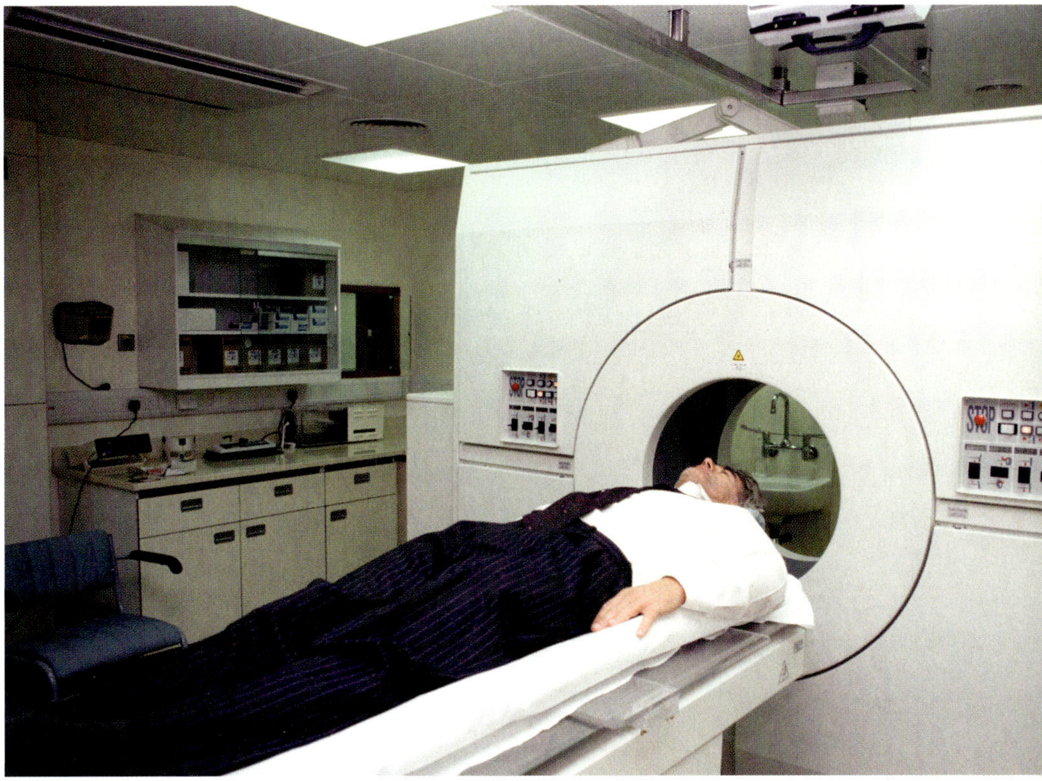

Computertomografie

Kernspintomografie

Der menschliche Körper ist voller Wasserstoffatome. Jedes einzelne ist mit einem kleinen Magnet vergleichbar. In der Regel sind diese Atome zufällig ausgerichtet. Der Kernspintomograf bringt diese Atome durch ein starkes Magnetfeld dazu, sich in einer Richtung auszurichten. Dann bestrahlt er den Körper mit Radiowellen, worauf die Atome sich für einen Moment herumdrehen. Wenn sie dann in ihre Ausgangsposition zurückkehren, senden sie einen kurzen Radioimpuls aus. Die Stärke dieses Signals ist ein Maß für die Dichte der Atome. Mit Hilfe der Kernspintomografie lassen sich Körpergewebe darstellen, die von dichten Knochen umgeben sind. Daher ist dieses Verfahren besonders geeignet zur Untersuchung des Gehirns und des Rückenmarks. Ein Gleittisch rückt den Patienten in die Untersu-

Computer in der Medizintechnik

chungsröhre mit dem außerordentlich starken Hauptmagnetfeld. Der Scanner fertigt mit Elektromagneten und Radioimpulsen Schnittbilder des Körpers. Das Bild erscheint auf einem Bildschirm.

Echokardiografie

Zur Feststellung von Herzerkrankungen ist die Echokardiografie heute ein wichtiges Hilfsmittel. Bei diesem **Ultraschall**verfahren macht man sich den so genannten Doppler-Effekt zu Nutze. Der Ton wird höher, wenn sich die Schallquelle auf den Hörer zubewegt, und tiefer, wenn sie sich entfernt. In der Medizin ist die bewegte Schallquelle der Strom der Blutzellen, der ein Echo zurückwirft. So kann man Richtung und Geschwindigkeit von Blutströmen untersuchen und dadurch zum Beispiel Fehler in den Herzklappen erkennen.

Lithotripsie

Viele Menschen entwickeln in ihrem Ausscheidungssystem harte Steine. Werden sie zu groß, vor allem in den Nieren, können sie den Körper nicht von sich aus verlassen und müssen entfernt werden. Bisher geschah dies durch Operation. Das Verfahren der Lithotripsie macht aber einen chirurgischen Eingriff überflüssig. Der Patient liegt dabei auf einem speziellen Tisch. Mit Röntgenstrahlen oder schwachen Ultraschallwellen ortet man die Nierensteine ganz genau. Dann werden energiereiche Ultraschallstoßwellen auf den Stein geschossen, die ihn zertrümmern, so dass er den Körper mit dem Harn verlassen kann.

Minimalinvasive Chirurgie

Manchmal kann ein kranker Mensch nur durch eine Operation geheilt werden. Dabei wird eine Stelle des menschlichen Körpers von einem Arzt aufgeschnitten, damit er im Inneren des Körpers etwas behandeln kann. Bei einer Blinddarmentzündung beispielsweise nimmt der Arzt den Blinddarm heraus. Der Patient spürt davon nichts, weil er vorher durch eine Narkose betäubt wurde. Minimalinvasiv bedeutet nun, dass der Chirurg bei dieser Art Operation keine oder nur winzige Schnitte vornimmt. Er arbeitet dabei mit einem so genannten Endoskop. Durch eine natürliche Körperöffnung oder den Einschnitt führt er einen verhältnismäßig dünnen Schlauch ein, mit dem er gleichzeitig das Körperinnere beobachten und auch operieren kann. Die Endoskopie ist schonender für den Patienten und schneller als herkömmliche Operationen. Auch die Heilung erfolgt in kürzerer Zeit.

Endoskopie

Einfache Endoskope gibt es schon ziemlich lange. Anfangs wurden sie nur für die Diagnose eingesetzt. Mit Lichtfasern konnte der Arzt das Körperinnere beleuchten und beobachten.

Heute haben sich aus diesen Endoskopen hoch komplizierte Geräte entwickelt. Durch eine kleine Öffnung wird ein Endoskopschlauch in den Körper eingeführt. Der Arzt beobachtet durch ein **Mikroskop** oder auf einem Monitor die von der Endoskopkamera betrachteten Stellen im Körper. Der Chirurg kann die Spitze des Endoskops über Steuerdrähte an jede beliebige Stelle führen. Die Bildübertragung erfolgt über Glasfasern. An die Endoskopspitze lassen sich verschiedene Mikroinstrumente anschließen, mit denen der Chirurg bei der Operation arbeitet.

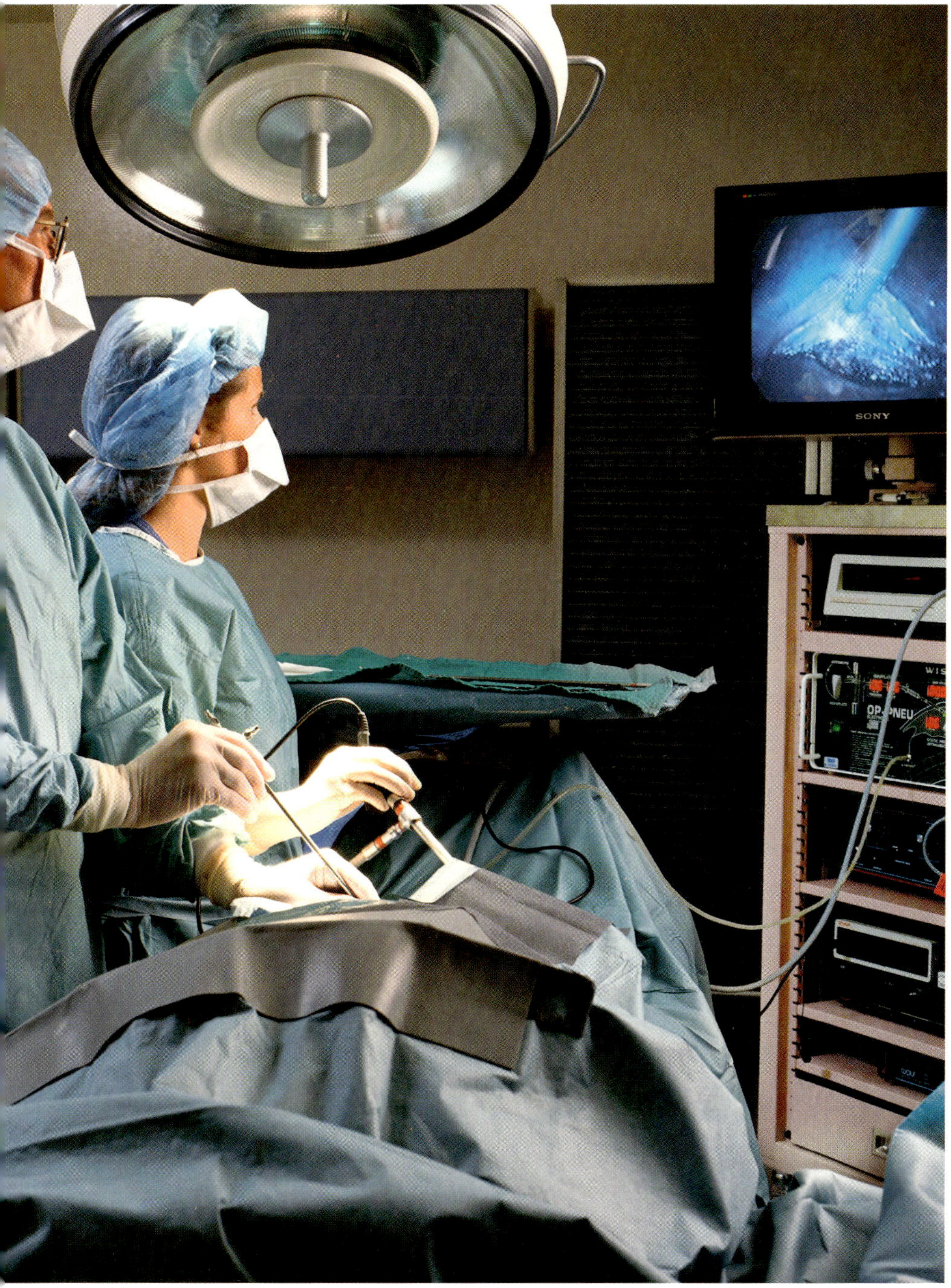

Operation via Monitor

Mikrochirurgie

Die Mikrochirurgie ermöglicht Operationen an unzugänglichen oder sehr kleinen Stellen im Körper, wie zum Beispiel im Ohr, im Rückenmark und im Gehirn. Mit Miniaturinstrumenten, die auf den Bruchteil eines Millimeters genau sind, und mit dem Blick durch ein Stereomikroskop kann der Chirurg exakte Eingriffe vornehmen. Ein Roboterarm steuert dabei die Instrumente. Alle Informationen werden an einen **Computer** weitergeleitet und auf dem Bildschirm dann dargestellt.

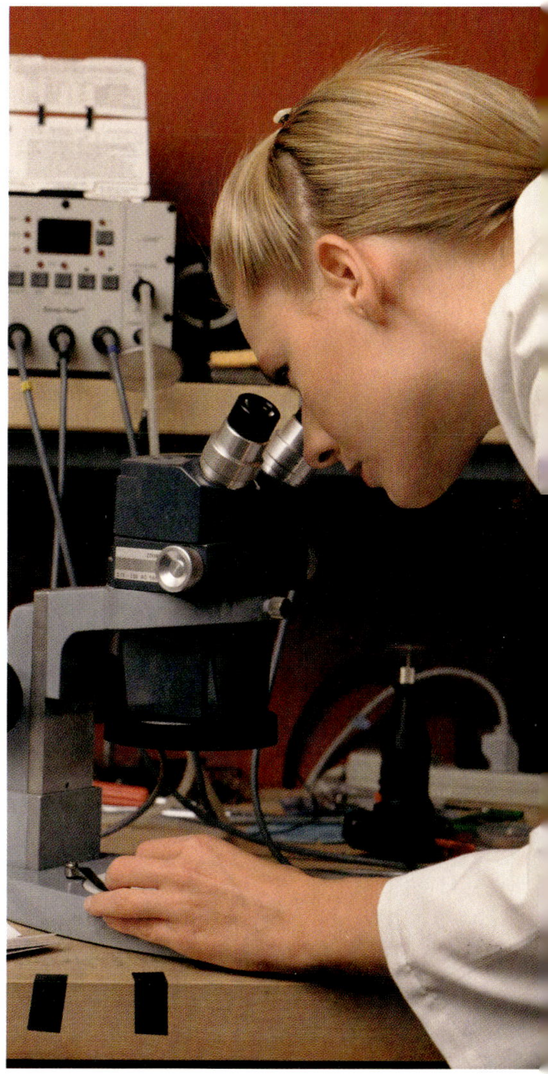

Medizinerin beim Mikroskopieren

Mikroskop

Das Mikroskop ist ein optisches Gerät, mit dem man ganz kleine Dinge stark vergrößern kann. Es lässt Einzelheiten erkennbar werden, die der Mensch mit bloßem Auge nicht wahrnehmen kann. Mikroskope werden vor allem in Forschungsinstituten und Krankenhäusern eingesetzt, um damit die Erreger von Krankheiten sichtbar zu machen und weitere Untersuchungen durchzuführen. In den Labors der Kriminalpolizei kann man mit Hilfe von Mikroskopen Verbrecher überführen. Das Mikroskop zählt zu den wichtigsten Werkzeugen des Biologen beim Studium von Lebewesen, aber es hilft auch dem Archäologen bei der Untersuchung winziger Überbleibsel, die Aufschluss über das Leben früherer Zeiten geben. Man unterscheidet zwei Arten von Mikroskopen – das Licht- und das Elektronenmikroskop. Im Lichtmikroskop wird das vergrößerte Bild mit Lichtstrahlen erzeugt. Es besteht aus einem Metallrohr und zwei Linsen, um einen Gegenstand (Objekt) zu vergrößern.

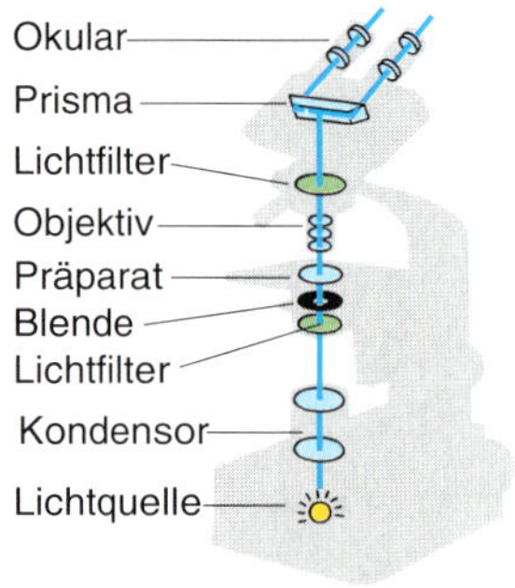

Bestandteile eines Mikroskops

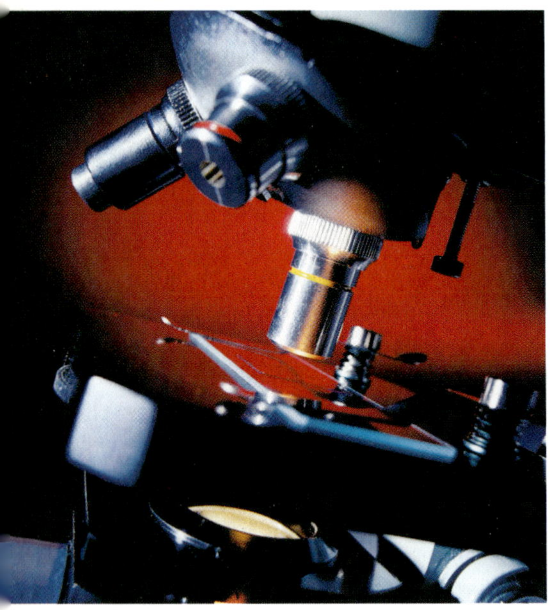
Objektivlinse und -tischchen

So funktioniert ein Lichtmikroskop

Die Vergrößerung vollzieht sich in zwei Stufen. Die erste wird von einer Linse bewirkt, die dicht über dem zu betrachtenden Gegenstand liegt (Objektivlinse). Diese liefert ein vergrößertes, umgekehrtes Bild des Objekts. Die zweite Linse, das Okular, liegt dicht am Auge. Hier wird das Bild nochmals vergrößert, wobei ein echtes Bild entsteht, das mit dem Auge gesehen werden kann. Ein zusammengesetztes Mikroskop hat mehrere Objektivlinsen, die an einer drehbaren Scheibe befestigt sind. Jede dieser Linsen besitzt ein anderes Vergrößerungsvermögen. Die zu betrachtenden Objekte müssen im Allgemeinen durchsichtig oder wenigstens durchscheinend sein. Sie werden auf den Objekttisch aus Glas gelegt und von unten mit Hilfe von Lampe, Spiegel und Linse beleuchtet. Das Licht kommt durch ein Loch im Objekttisch, wandert durch den Gegenstand, fällt dann ins Objektiv und tritt beim Okular wieder aus.

Das Elektronenmikroskop

Lichtmikroskope liefern maximal 2000-fache Vergrößerungen. Will man Dinge sehen, die im Lichtmikroskop nicht sichtbar werden, braucht man ein Elektronenmikroskop, das eine millionenfache Vergrößerung eines Gegenstandes erlaubt. Beim Elektronenmikroskop übernimmt ein Elektronenstrahl die Aufgabe des Lichts. Die Lichtstrahlen sind zu grob, denn ihre Wellenlänge

EXPERIMENT: DIE PRÄPARATION EINES OBJEKTS

Objekte, die du unter dem Mikroskop betrachten willst, musst du zuerst präparieren. Du gibst einen Tropfen Wasser auf einen Objektträger, reißt dir ein Haar aus und legst es in den Wassertropfen. Dann deckst du alles mit einem Deckgläschen zu. Schon ist dein Präparat fertig und kann untersucht werden. Auf diese Weise kannst du viele Dinge betrachten, zum Beispiel die Zwiebelhaut von der Innenseite der Zwiebelschalen, die Haare der Brennnessel oder Vogelfedern, die du im Garten oder auf dem Schulweg sammeln kannst.

liegt bereits in der Größenordnung von einem tausendstel Millimeter. Damit ist ihr Auflösungsvermögen zu gering. Die Elektronenstrahlen sind jedoch viel feiner. Der Elektronenstrahl trifft auf das Objekt und wird durch kleine Elektromagnete auf einen Leuchtschirm gelenkt, der an den Punkten, an denen Elektronen auftreten, Licht aussendet. Dabei werden Elektronenbilder erzeugt, die mit Hilfe einer Videokamera auf einem Bildschirm wiedergegeben oder digitalisiert und auf dem **Computer**monitor dargestellt werden. Man unterscheidet das Durchstrahlungselektronenmikroskop und das Elektronenrastermikroskop. Bei dem Durchstrahlungselektronenmikroskop wird das Präparat in besonders dünne Scheiben geschnitten und von einem Elektronenstrahl durchstrahlt. Beim Elektronenrastermikroskop beschießt man die Oberfläche des Gegenstandes zeilenweise mit einem sehr schmalen Elektronenstrahl. Ein Sensor erfasst die Elektronen, die rückgestreut werden. So entsteht dann wieder Zeile für Zeile ein dreidimensionales Bild des Objekts.

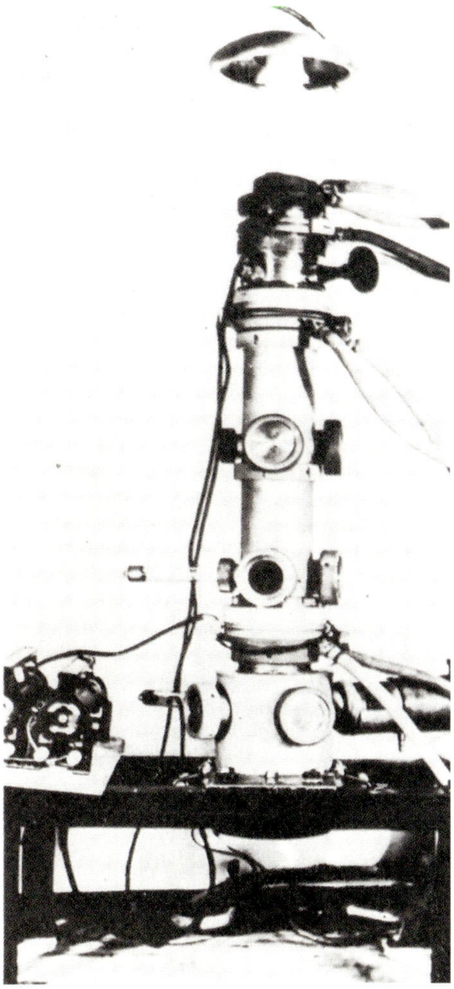

Historisches Elektronenmikroskop

HAST DU SCHON GEWUSST,

dass das erste zusammengesetzte Mikroskop um 1675 von dem niederländischen Naturforscher Antony van Leeuwenhoek (1632–1723) gebaut wurde? Er befestigte eine Glaslinse zwischen Messingplatten und entdeckte als Erster kleine Mikroorganismen wie Bakterien und Amöben, aber auch den Feinbau der Insekten und die roten Blutzellen. Das erste Elektronenmikroskop entwickelten 1932 die beiden deutschen Physiker Ernst Ruska und Max Knoll.

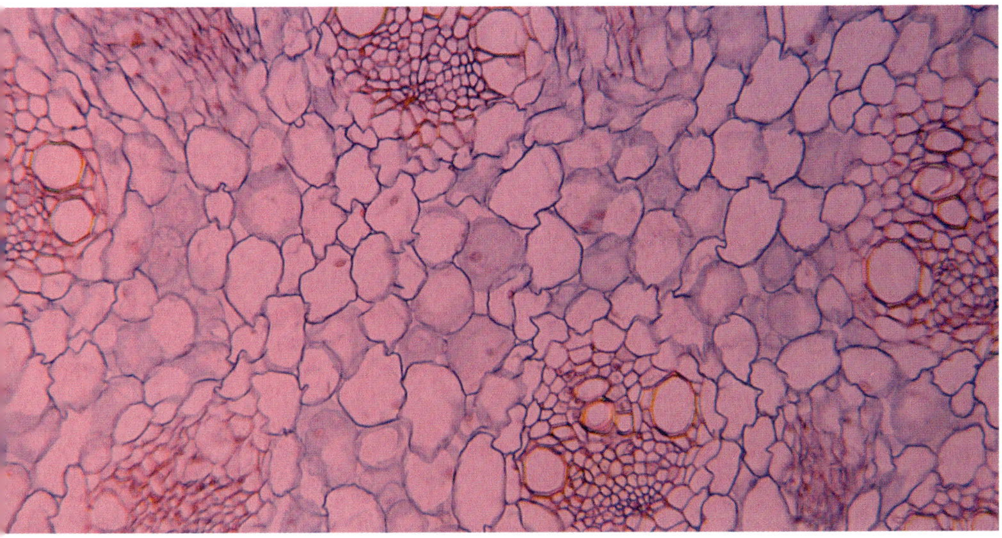

Pflanzenzellen unter dem Mikroskop

Mikroskop

Mikrowelle

Was sind Mikrowellen?

Mikrowellen sind wie **Röntgenstrahlen** oder Radiowellen so genannte elektromagnetische Wellen. Die Länge von Mikrowellen reicht bis zu 30 Zentimeter weit.
Mikrowellen werden nicht nur zum Erwärmen von Speisen benutzt: Auch in der **Radar**- oder Nachrichtentechnik kommen sie zum Einsatz.

Ähnlich wie das Licht können auch Mikrowellen reflektiert oder gebrochen werden. Stoßen die Wellen beispielsweise auf Metall, kommt es zur Reflexion. Porzellan oder Glas hingegen ist jedoch durchlässig für Mikrowellenstrahlung.

So wird das Essen warm

Bevor in den 70er Jahren die ersten Mikrowellenherde aufkamen, dauerte es viel länger Speisen und Getränke heiß zu machen. Um eine Milch auf dem normalen Herd zu erhitzen benötigt man einige Minuten. In der Mikrowelle ist die Milch hingegen schon nach 30 Sekunden schön warm. Mikrowellen haben die besondere Eigenschaft, dass sie Wasserteilchen in Schwingungen versetzen können. Nach diesem Prinzip funktioniert auch das Erwärmen von Speisen im Mikrowellengerät.

Im Mikrowellenherd befindet sich ein so genannter Magnetron, der die Mikrowellen erzeugt. Ein Kühlgebläse schützt den Magnetron vor Überhitzung. Wenn der Magnetron die Wellen aussendet, sorgt eine Art Ventilator für deren Verteilung im gesamten Herd. Da die Wände aus Metall sind, können keine Strahlen nach außen dringen. Sie werden vom Metall zurückgeworfen.

Die Mikrowellen prallen nun auf die zu wärmenden Speisen. Sie dringen in die Nahrung ein und versetzen die dort befindlichen Wasserteilchen in Schwingung. Diese Wasserstoffmoleküle schwingen nun über 2,4 Milliarden Mal pro Sekunde! Durch die Schwingung entsteht Reibung und durch die Reibung Wärme.

DAS BUTTER-EXPERIMENT

Wie wichtig das Wasser in den Nahrungsmitteln für die Erwärmung durch Mikrowellen ist, zeigt das bekannte Butter-Experiment. Dazu benötig man jeweils zwei gleich große Stücke Butter und Frittierfett. Diese Stücke werden in einem Mikrowellengeschirr nacheinander so lange bei voller Leistung erhitzt, bis sie geschmolzen sind. Dabei wird sich zeigen, dass die Butter nur etwa halb so viel Zeit zum Schmelzen braucht wie das Frittierfett. Der Grund dafür ist die Wassermenge in der Butter. Sie ist viel höher als die Menge im Frittierfett, Also wird die Butter ganz fix heiß und zerläuft viel schneller.

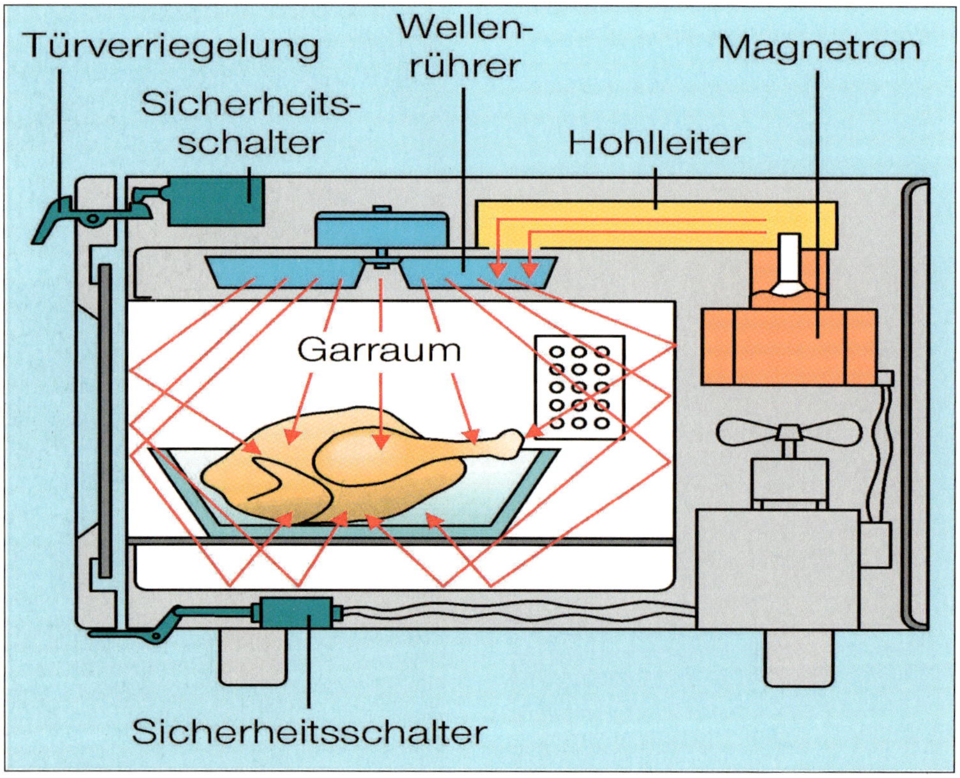

Bestandteile der Mikrowelle

Einstellung von Temperatur, Dauer und Zubereitungsart

Die Nahrung erwärmt sich sozusagen von innen heraus. Falls du schon einmal Speisen in der Mikrowelle erhitzt hast, ist dir bestimmt auch aufgefallen, dass der Teller meist nur lauwarm ist, auch wenn das Essen schon heiß dampft. Das liegt schlicht daran, dass das Geschirr kein Wasser enthält, welches sich schnell erwärmen lässt. Deshalb besteht auch keine Gefahr, sich an einem heißen Teller die Finger zu verbrennen.

Ist es ungesund, Speisen in der Mikrowelle zu erhitzen?

Darüber wird sehr viel diskutiert. Man hört immer wieder, in der durch Mikrowellen erwärmten Nahrung können sich gesundheitsschädliche Stoffe bilden. Aber die Mikrowelle verändert Lebensmittel nicht anders oder stärker als es beim Erhitzen von Nahrung durch Kochen und Braten geschieht. Zu gesundheitsschädlichen Veränderungen kommt es nicht. Auch der Vitaminverlust ist beim Mikrowellenkochen nicht größer als bei anderen Kochtechniken.

Das sollte man bei der Benutzung beachten

Der Mikrowellenherd ist für den Menschen nicht gefährlich, weil die Strahlung nicht nach außen dringt. Selbst die Untersuchung älterer Geräte hat ergeben, dass diese noch immer dicht sind. Außerdem schaltet sich das Gerät sofort ab, wenn man die Tür öffnet. Trotzdem sollte man darauf achten, dass der Herd fest verschlossen ist.

Zum Kochen mit dem Mikrowellenherd darf nur spezielles Mikrowellengeschirr verwendet werden. Metalltöpfe gehören nicht in die Mikrowelle, ebenso wenig wie Teller mit Goldrand, da es sonst zu Funken kommen kann. Nahrungsmittel, die viel Wasser enthalten, (zum Beispiel eine Tomate) können innerhalb kürzester Zeit sehr heiß werden. Deshalb muss man beim Verzehr direkt nach der Erwärmung vorsichtig sein. Noch ein kleiner Tipp: Speisen mit einer Haut oder Pelle (Würstchen, Auberginen usw.) können beim Erhitzen im Mikrowellenherd platzen. Man kann dem aber aus dem Wege gehen, indem man vorher mit einer Gabel ein paar kleine Löcher in die Haut sticht.

Die Mikrowelle ermöglicht schnelles Erwärmen

Motor

Der erste Verbrennungsmotor

Nikolaus August Otto (1832-91) war Maschinenbauer und der Erfinder des nach ihm benannten Ottomotors. Im Jahre 1876 entwickelte er den ersten mit Benzin getriebenen Viertaktmotor.

Wie funktioniert der Verbrennungsmotor?

Der Motor ist eine Maschine, die gespeicherte **Energie** in Arbeit, also in Bewegung, umformt. Die meisten **Autos** haben einen Viertaktkolbenmotor. Bei diesem Motor gleitet in jedem Zylinder ein Kolben auf und ab. In den Kolben eingelassene Kolbenringe sorgen dafür, dass Kolben und Zylinderwand dicht abschließen. Am oberen Ende des Zylinders ragen die Zündkerze, das Einlass- und das Auslassventil in den Verbrennungsraum, also in den Raum zwischen Zylinderkopf und Kolbenoberseite.

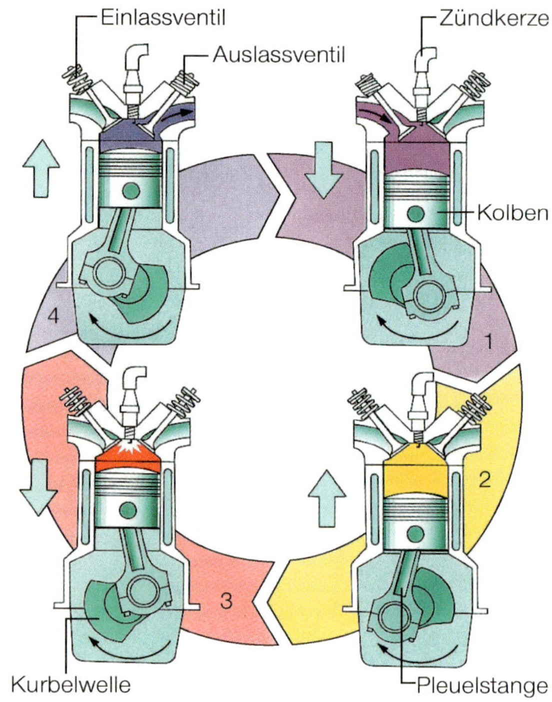

Viertaktzyklus beim Ottomotor

Der Motor arbeitet in vier Takten. Beim ersten Takt gleitet der Kolben nach unten. Dabei vergrößert sich der Verbrennungsraum und saugt durch das Einlassventil ein Benzin-Luft-Gemisch an. Im zweiten Takt geht der Kolben wieder nach oben. Der Verbrennungsraum verkleinert sich, und das Gemisch wird etwa auf ein Achtel seiner größten Ausdehnung zusammengedrückt. Wenn der Kolben fast oben angekommen ist, springt an der Zündkerze ein Funke über. Der Zündverteiler sorgt dafür, dass im richtigen Moment ein Zündfunke erzeugt wird. Dieser winzige Blitz entzündet das Gemisch, das nun extrem schnell verbrennt. Im dritten Takt dehnen sich die Verbrennungsgase aus und drücken den Kolben wieder nach unten. Dieser dritte Takt ist der eigentliche Arbeitstakt. Im vierten Takt gleitet der Kolben wieder nach oben. Das Auslassventil öffnet sich und der Kolben schiebt das verbrannte Gas aus dem Verbrennungsraum. Dann schließt sich das Auslassventil wieder. Im dritten Takt, also dem Arbeitstakt, wird ein Teil der Energie über die

Motorblock eines Ferraris

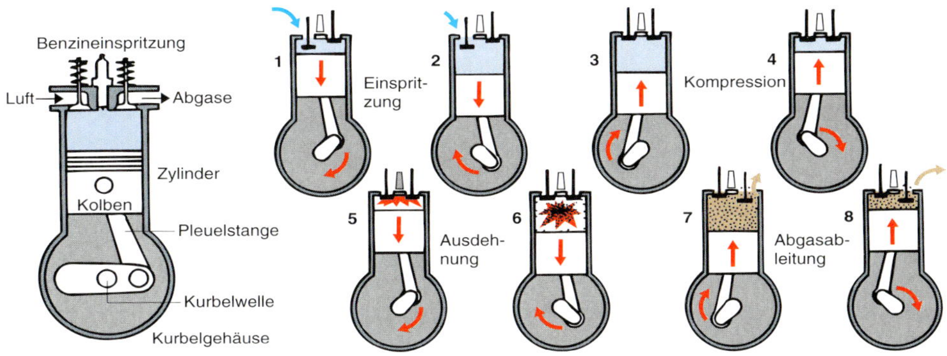

Funktionsschema des Verbrennungsmotors

Dieselmotor

Kurbelwelle auf das Schwungrad übertragen. Der Schwung dieses Rades lässt den Kolben nach dem vierten wieder in den ersten Takt übergehen. Ohne das Schwungrad könnte der Kolben nach dem vierten Takt am oberen Ende seines Weges stehen bleiben. Die Kurbelwelle sorgt außerdem dafür, dass die Kraft des Motors über die Kupplung und das Getriebe auf die Räder übertragen wird.

Ein Motor gibt nur dann seine volle Leistung, wenn die Ein- und Auslassventile genau zum richtigen Zeitpunkt geöffnet und geschlossen werden. Die Steuerung der Ventile übernehmen so genannte Nockenwellen. Die Leistung eines Motors wurde früher in Pferdestärken (PS) angegeben, heute spricht man von Kilowatt. Ein Kilowatt entspricht dabei 1,36 PS.

Kühlung des Motors

Die Kühlung des Motors kann durch Luft, Öl und Wasser erfolgen. Öl kühlt den Motor nicht nur, es sorgt vor allem für die Schmierung des Motors. Es wird überall benötigt, wo sich Metall auf Metall bewegt, und durch feine Kanäle dorthin gepresst. Die Ölmoleküle legen sich zwischen die Metallflächen und verhindern so, dass diese durch Reibung zu stark erhitzt werden. Die Ölpumpe drückt das Öl von den heißen Motorteilen zurück zu einem Ölkühler. Dort wird das Öl gekühlt und der Kreislauf beginnt erneut.

Bei wassergekühlten Motoren sind Zylinderkopf und -block doppelwandig. Zwischen den Wänden fließt das Kühlwasser. Das Wasser nimmt einen großen Teil der Motorwärme auf und wird dann von der Wasserpumpe in den Kühler gedrückt. Hinter dem Kühler sitzt ein Ventilator, der zwischen den Kühlrippen hindurch Luft ansaugt. Dabei gibt das Wasser die gespeicherte Wärme an die vorbeiströmende Luft ab und läuft dann zum Motor zurück.

Bei der Luftkühlung pustet ein vom Motor angetriebenes Kühlgebläse Luft an die Außenwände des Zylinders. Dabei nimmt die Luft einen großen Teil der Verbrennungswärme mit.

Der Dieselmotor

Wer schon einmal ein **Fahrrad** aufgepumpt hat, der weiß, dass die Luftpumpe allmählich heiß wird. Der Grund: Druck erzeugt Hitze. In der Pumpe wird die Luft zusammengedrückt, also wird sie heiß. Diese Erkenntnis machte sich Rudolf Christian Karl Diesel (1858-1913), der Erfinder des nach ihm benannten Dieselmotors, zu Nutze. Er erhielt 1892 ein Patent auf seinen Motor. Der Viertakt-Dieselmotor arbeitet wie ein normaler Viertakter: ansaugen, verdichten, verbrennen, ausstoßen. Beim Dieselmotor wird aber kein Gemisch angesaugt, sondern reine Luft. Die Luft wird so stark zusammengedrückt, dass sie sich auf 600 bis 900 °C erhitzt. Dann wird durch hauchdünne Düsen Leichtöl in die heiße Luft gesprüht. Der Ölnebel entzündet sich von selbst und verbrennt. Dieselmotoren verbrauchen etwa 25 Prozent weniger Kraftstoff als Benzinmotoren.

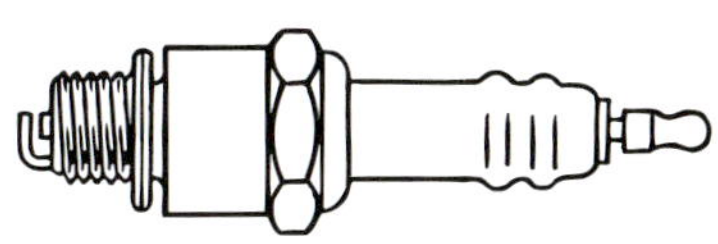

Zündkerze

Papierherstellung

Papyrus-Pflanze

Viele Menschen glauben, dass Papier nur als Schreibunterlage oder für Zeitungen benötigt wird. Dabei kommen wir im Alltag ständig mit Papier in unterschiedlichen Formen in Berührung. Ein Beispiel dafür ist der Einkauf im Supermarkt. Dort sind viele Artikel in Kartons und Schachteln eingepackt. Die Preise sind auf Preisetiketten aufgedruckt. Zeitschriften, Toilettenpapier oder Papiertaschentücher bestehen aus Papier. An der Kasse zahlen wir mit Geldscheinen und erhalten einen Kassenzettel. Zum Schluss landen die Einkäufe manchmal in einer Papiertüte. Obwohl auch die Papierherstellung zu Lasten der Umwelt geht, sind Papiertüten noch immer deutlich umweltfreundlicher als Plastikbeutel.

Papyrus-Rolle

Das Geheimnis der Papierherstellung

Bevor es Papier gab, dienten Höhlenwände, Rinde, Leder, Pergament, Holz- oder Tontafeln als Zeichenunterlage. Ein chinesischer Minister namens Cai Lun (um 50-121) gilt als der Erfinder des Papiers. Seine Idee war es, verschiedene Pflanzenfasern miteinander zu verflechten. Im ersten Schritt wurden die Fasern gewaschen und in einer Kalklösung eingeweicht. Danach wurden die Fasern zu einem Brei zerstampft, der auf ein Sieb gestrichen wurde. Nach dem Trockenvorgang kamen die Seiten zum Schluss noch in eine Presse.

Der Vorgang der Papierherstellung war viele Jahrhunderte lang ein streng gehütetes Geheimnis. Die Araber entlockten Mitte des 8. Jahrhunderts den Chinesen das Geheimnis der Papierherstellung. Dadurch verbreitete sich diese asiatische Technik später auch in Europa. Die erste Papiermühle in Deutschland gab es ungefähr 1390 in Nürnberg. Der Gründer dieser Mühle hieß Ulman Stromer (1329 -1407). Er kam bei einer Italienreise mit der Papierherstellung in Berührung. Als er mit der Papierherstellung begann, mussten seine Mitarbeiter und Erben einen Eid leisten, die Herstellungstechnik geheim zu halten.

Woraus das Papier heute besteht

Papier besteht zum großen Teil aus Pflanzen, genauer gesagt aus Zellulose, die aus Baumholz gewonnen wird. Gut geeignet für die Papierherstellung sind Hölzer von Buchen, Pappeln, Fichten und Tannen. Das Holz wird entweder mechanisch oder chemisch aufbereitet. Bei der mechanischen Aufbereitung wird das Holz von Schleifsteinen zerrieben. Die chemische Aufbereitung erfolgt durch einen mehrstündigen Kochprozess. Dabei wird die Zellulose von nicht benötigten Holzbestandteilen getrennt. Durch das Kochen in einer chemischen Brühe kann sich der Zellstoff verfärben. Er muss gereinigt und gebleicht werden. Danach ist eine Entwässerung des Zellstoffes notwendig. Neben dem Faserstoff wird für die Herstellung von Papier zusätz-

EXPERIMENT: DER REISSTEST

Bei Papier verlaufen fast alle Fasern in eine Richtung. In welche Richtung die Fasern laufen, zeigt dir der Reißtest: Dafür musst du einen Bogen erst der Länge und dann der Breite nach einreissen. Die Richtung, in welcher der Riss glatter verläuft, ist die so genannte Laufrichtung des Papiers.

lich Leim und Füllstoff benötigt. Füllstoffe sind beispielsweise Kreide oder Porzellanerde. Sie schließen die Zwischenräume der Fasern und machen das Papier glatter.

Das passiert in einer Papiermaschine

Besonders edles Papier wird auch heute noch von Hand hergestellt. Allerdings wird für die Massenproduktion eine Papiermaschine benötigt. In diesem Gerät werden die einzelnen Blätter hergestellt. Der Papierbrei, der aus Faserstoffen, Füllstoffen, Leim und Wasser besteht, wird in die Maschine gepumpt und dort auf Siebe verteilt. Durch die Siebe fließt das meiste Wasser ab. Außerdem sollen zusätzliche Sauger Wasser aus dem Brei ziehen. Der Brei wird bei seinem Weg über die Siebe zu Bahnen gepresst. Nach dem Siebvorgang gelangt das Papier über beheizte Hohlzylinder durch die Trockenpartie. Die letzte Station ist das Glättwerk. Danach kann die Papierbahn aufgerollt werden.

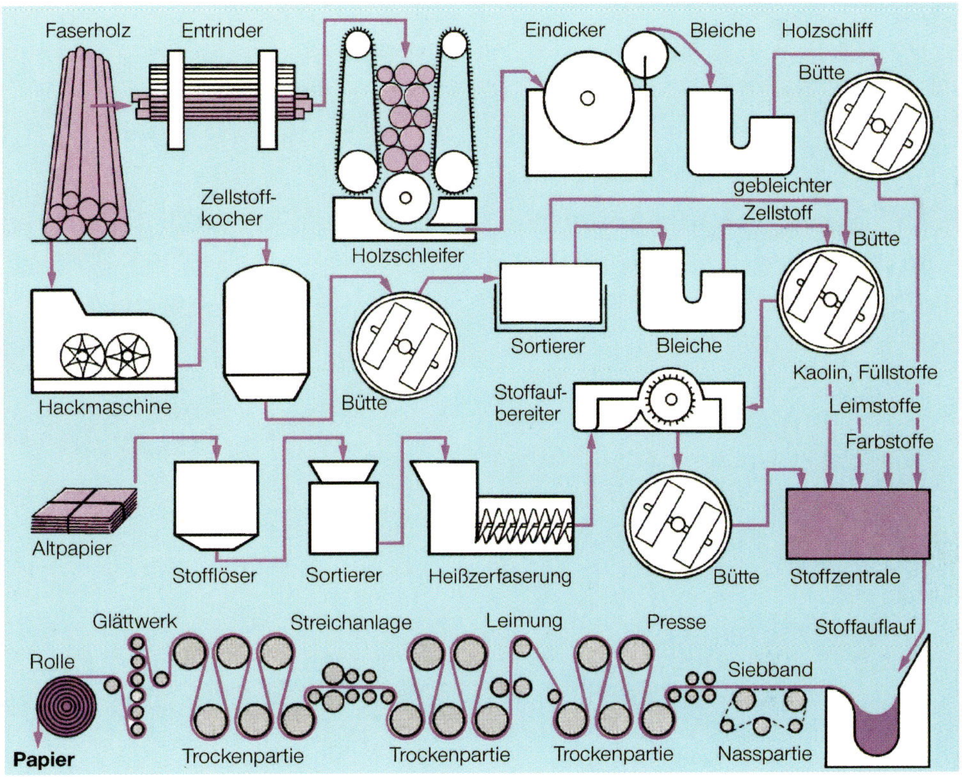

Funktionsschema der Papierherstellung

HAST DU SCHON GEWUSST,

warum du Altpapier sammeln solltest? Für die Herstellung von Papier wird sehr viel Holz benötigt. Da die Abholzung der Wälder jedoch der Umwelt schadet, ist es wichtig, gebrauchtes Papier wieder aufzubereiten. Dafür sammelt man das Altpapier in den Altpapier-Containern. Nach deren Entleerung wird das Papier sortiert, gereinigt, zerkleinert und entfärbt. Danach kann das bearbeitete Altpapier erneut zur Papierherstellung verwendet werden. Da es allerdings dann zum zweiten Mal verarbeitet wird, nimmt der Anteil von Zusatzstoffen im Verhältnis zu den Faserstoffen zu. Deshalb lässt sich Altpapier auch nicht endlos aufbereiten.

Traditionelle Papierherstellung

Radar

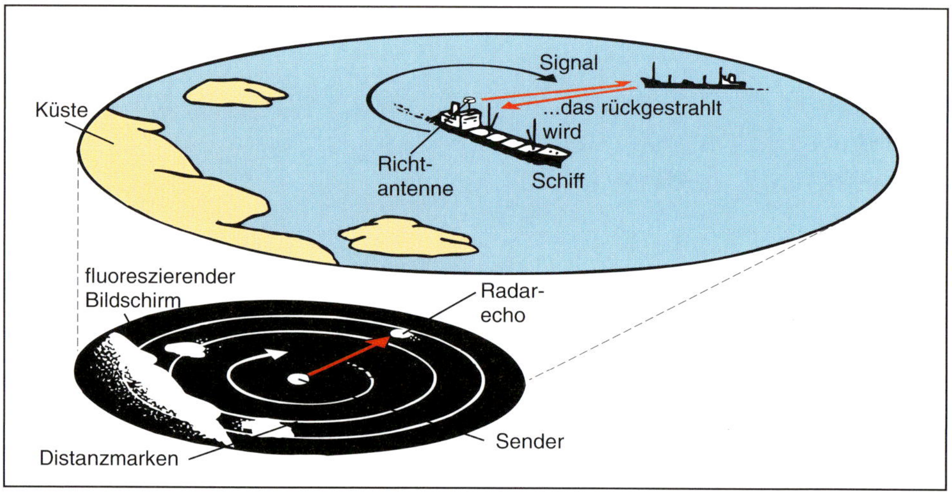

Funktionsschema Radar

Unter Radar versteht man das Verfahren zur Erkennung, Ortung und Entfernungsmessung von Gegenständen durch elektromagnetische Wellen sehr kurzer Wellenlänge. Der Name ist zusammengesetzt aus den Anfangsbuchstaben der englischen Bezeichnung „**ra**dio **d**etecting **a**nd **r**anging". Das heißt auf deutsch „Ortung und Entfernungsmessung mit Funkwellen". Radargeräte können aus vielen hundert Kilometer Entfernung zum Beispiel die Bewegungen von **Flugzeugen** und **Schiffen** verfolgen, selbst wenn Dunkelheit oder Wolken die Sicht behindern. Mit Hilfe von Radaranlagen finden Flugzeuge sicher ihren Kurs durch den wolkenreichen Himmel. Wetterdienste können vor herannahenden Stürmen warnen und Schiffe Zusammenstöße auf See vermeiden. Astronomen nutzen Radargeräte zur Erforschung von Planeten und das Militär setzt sie beispielsweise zur Steuerung von Raketen ein.

Radarbildschirm

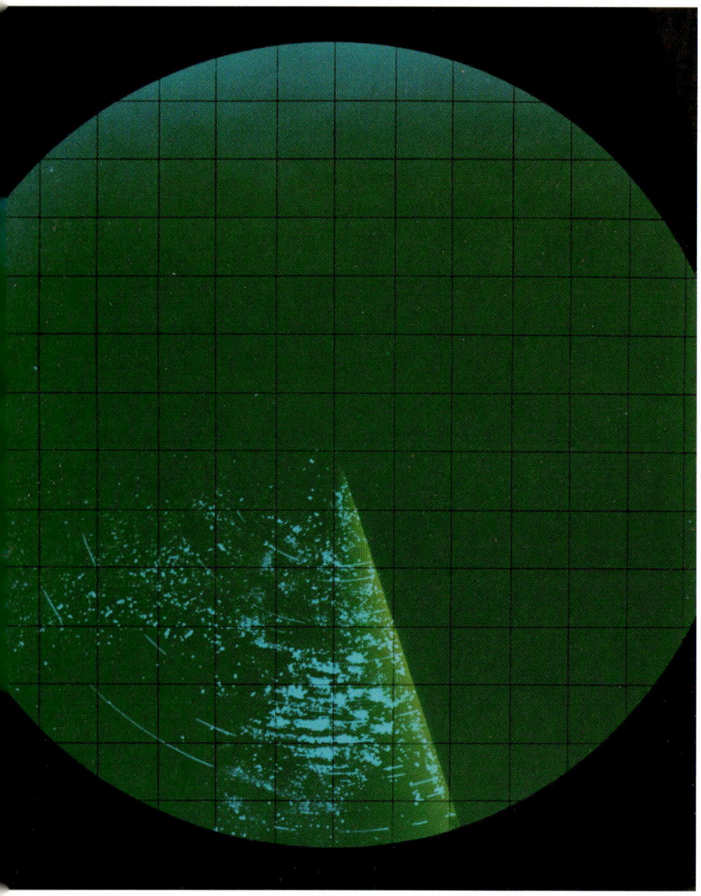

Wie funktioniert Radar?

Beim Radar nutzt man die Tatsache, dass feste Gegenstände, zum Beispiel aus Metall, Funkwellen zurückwerfen. Eine Radarantenne sendet kurze Signale von Funkwellen aus. In den Pausen zwischen den Sendeimpulsen kann die Antenne das Echo der zurückgeworfenen Funkwellen empfangen und auf dem Radarschirm in sichtbare Punkte umwandeln. Aus der Richtung der Impulse und dem Winkel zum Horizont wird die Lage des Gegenstandes berechnet. Die Entfernung bestimmt man aus dem Zeitunterschied zwischen dem Aussenden der Signale und dem Eintreffen des Echos. Auf dem Radarschirm eines Flugzeugs oder Schiffes sieht man eine Computerkarte der Umgebung. Der Leuchtpunkt in der Mitte gibt dabei die eigene Position an. Andere Flugzeuge oder Schiffe werden durch Symbole dargestellt.

Radarsysteme

So genannte Primärradaranlagen senden Funkwellen aus, die zurückgeworfen und als Echo empfangen werden. Davon unterscheiden sich Sekundärradaranlagen, welche vor allem im Luftverkehr verwendet werden. Bei Sekundärradaranlagen handelt es sich um ein automatisches Entfernungsmessverfahren, für das ein zweiter Sender erforderlich ist. An Bord des Flugzeuges befindet sich der so genannte Transponder, ein Gerät, das immer dann ein Antwortsignal ausstrahlt, wenn ein Radarsendeimpuls der Bodenstation das Flugzeug trifft. Die Antwort enthält Informationen über das Flugzeug, wie zum Beispiel über seine Höhe und Geschwindigkeit.

Die Entwicklung des Radars

Bereits im Jahr 1904 baute der deutsche Physiker Christian Hülsmeyer ein Gerät, dass mit Hilfe des Echos von Radiowellen Zusammenstöße von Schiffen verhindern sollte. Doch erst 30 Jahre später entwickelte ein von Robert Watson-Watt (1892-1973) geleitetes englisches Wissenschaftlerteam das erste funktionierende Radarsystem. Es diente im Zweiten Weltkrieg als Frühwarnsystem vor Bombenangriffen.

Radar für militärische Zwecke

Radarbodenstationen tasten den Himmel mit weitreichenden Sendeimpulsen zum Beispiel nach Interkontinentalraketen ab und dienen so der Luftraumüberwachung. Das Radargerät von Flugzeugen in großer Höhe erfasst Tiefflieger, die unterhalb des Suchstrahls der Bodenstation fliegen. Bei sehr tief fliegenden Kampfflugzeugen tastet ein Radargerät den Boden ab und übernimmt die Steuerung.

HAST DU SCHON GEWUSST,

was der Doppler-Effekt ist? Die Änderung der Wellenlänge aufgrund der Fahrzeugbewegung nennt man Doppler-Effekt: Die Tonhöhe nimmt bei Annäherung an eine unbewegte Schallquelle zu und bei Entfernung von dieser Schallquelle ab. Da diese Frequenzänderungen von der Geschwindigkeit des Fahrzeugs abhängen, lässt sich auch seine Geschwindigkeit aus ihnen berechnen. Dieser Effekt wurde 1842 von dem österreichischen Physiker Christian Doppler (1803-53) erstmals beobachtet.

Verkehrsradar

Du hast bestimmt schon einmal die Radargeräte gesehen, welche die Verkehrspolizei einsetzt, um die Geschwindigkeit von Straßenfahrzeugen zu überwachen. Dabei strahlt ein Sender Funkwellen aus, die von dem herannahenden Fahrzeug reflektiert, also zurückgeworfen werden. Durch die Vorwärtsbewegung des Autos werden die Funkwellen zusammengedrängt, sodass sich die Wellenlänge der reflektierten Wellen verkürzt. Das Verkehrsradargerät, das wir im täglichen Sprachgebrauch meist als Radarfalle bezeichnen, misst diese Änderung als Wellenlänge und berechnet daraus die Geschwindigkeit des Fahrzeugs.

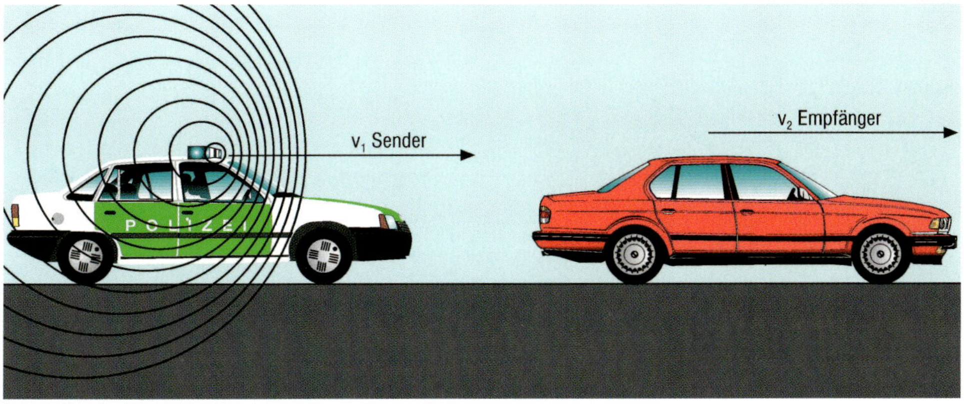

Doppler-Effekt

Radarmessung

Radio

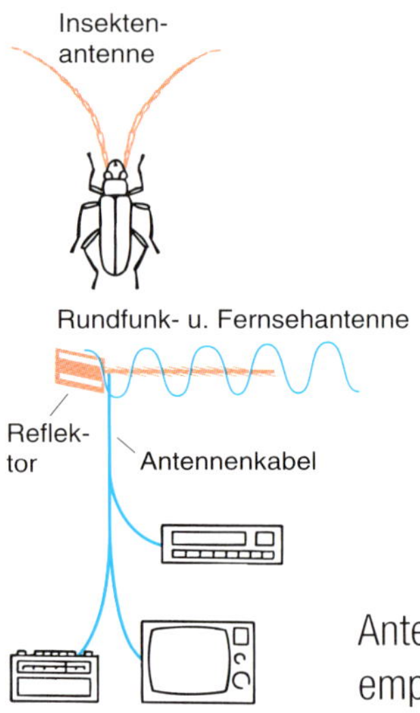

Antennen-
empfang

Alles, was du im Radio hören kannst, wird als Rundfunk übertragen. Rundfunkanstalten stellen Sendungen her, die Rundfunktechnik wandelt Töne in elektromagnetische Wellen um, die dann über große Sendemasten ausgestrahlt werden. Zu Hause werden sie von Antennen aufgefangen und von einem Rundfunkempfänger, zum Beispiel dem Radio, wieder in Töne zurückverwandelt.

Rundfunk

Unter Rundfunk versteht man die akustische Verbreitung von Wort- und Musiksendungen mit Hilfe elektromagnetischer Strahlen sowie alle technischen Einrichtungen für Sendung und Empfang. Du kannst dir diese Strahlen als Wellen vorstellen, die sich im Raum wie Wellen auf einer Wasseroberfläche ausbreiten. Radiowellen bilden zusammen mit Mikrowellen, Licht- und **Röntgenstrahlen** und weiteren Strahlen, das so genannte magnetische Spektrum. Radiowellen sind mit Längen zwischen einem Meter und mehr als 100 Kilometer die längsten Wellen des magnetischen Spektrums. Sie werden erzeugt, wenn elektrischer Strom sich in seiner Stärke oder Richtung verändert. Die Funktechnik nutzt sie zur drahtlosen Übertragung von Signalen verschiedenster Art – im Telefonnetz, bei Mobiltelefonen, für Fernsehübertragungen, für den Sprechfunk, zum Beispiel Polizeifunk, und auch für Fernbedienungen. Aber wenn wir vom Radio sprechen, meinen wir vor allem den Rundfunk als Medium.

Radiogerät von 1923

Die Entwicklung der Funktechnik

Der britische Physiker James Clerk Maxwell (1831–79) stellte 1864 seine Theorie der elektromagnetischen Wellen vor. 1888 gelang es dem deutschen Physiker Heinrich Hertz (1857-94), die Existenz von Radiowellen durch Versuche nachzuweisen. 1896 schickte der Italiener Guglielmo Marconi (1874-1937) Funksignale über große Entfernungen und 1901 stellte er die erste Funkverbindung über den Atlantik her. Seit Anfang des 20. Jahrhunderts gibt es die drahtlose Telegrafie auf der Grundlage des Morsealphabets. In den 20er Jahren des 20. Jahrhunderts entstand der Hörfunk, den wir meist Radio nennen. Die erste Rundfunksendung in Deutschland wurde im Jahr 1923 in Berlin ausgestrahlt. 1925 waren in

Deutschland bereits über eine Million Radiogeräte eingetragen.

So funktioniert der Rundfunk heute

Damit Radiowellen Informationen übertragen, müssen sie durch elektrische Signale, die beispielsweise Töne darstellen, verändert werden. Von einem Sender werden sie als so genannte Trägerschwingungen oder -wellen, welche die Information transportieren, ausgestrahlt. Die Veränderung von Trägerschwingungen mit Informationen bezeichnet man als Modulation. Unter Modulation versteht man hier die Veränderung entweder der Stärke einer Welle, Amplitudenmodulation, oder ihrer Geschwindigkeit, Frequenzmodulation. Die modulierte Trägerwelle wird von der Sendeantenne ausgestrahlt und erreicht die Antenne des Empfängers. Um Störungen zu vermeiden, werden Trägerschwingungen unterschiedlicher Frequenzen ausgestrahlt. Die Radiowellen sind in Abschnitte, die Wellenlängenbereiche, eingeteilt. Ein Radioempfänger erkennt die Radiowellen der richtigen Frequenz und demoduliert sie, um das ursprüngliche elektrische Signal wieder herzustellen. Der bisher geschilderte Vorgang findet nun umgekehrt statt.

Zum Empfang der Sendungen dienen private Radiosender. Für die Sender gibt es durch internationale Abkommen bestimmte Frequenzbereiche. In der europäischen Rundfunkzone sind das die Frequenzbereiche für Langwellen (Wellenlängen von 2000 bis 1050 Meter), Mittelwellen (560-189 Meter), Kurzwellen (49-13 Meter) und Ultrakurzwellen (10-1 Meter).

Es gibt Radioprogramme speziell für Kinder

HAST DU SCHON GEWUSST,

dass das Morsealphabet auch heute noch im internationalen Funkverkehr eingesetzt wird? Man verwendet die Morsetechnik zum Beispiel beim Schiffsfunk. Sie ermöglicht auch bei stark gestörten Verbindungen eine sichere Nachrichtenübermittlung.

Das Morsealphabet

Die ersten Radiowellen sendete ein Telegraf, den der Amerikaner Samuel Morse (1791-1872) im Jahr 1837 erfunden hatte. Der Telegraf war das erste Telekommunikationsgerät. Ein Sendegerät schickte elektrische Impulse über eine Drahtleitung, die beim Empfänger am anderen Ende in Bewegungen eines Hebels verwandelt wurden. Also musste Morse dafür einen Code verwenden, den sowohl der Sender als auch der Empfänger entschlüsseln konnten. Morse entwickelte für diese Art der Nachrichtenübermittlung das Morsealphabet. Dieses besteht aus kurzen und langen akustischen Signalen, die im Schriftbild als Punkte und Striche dargestellt werden. Durch die Kombination von Punkten und Strichen gelang es Morse, alle Buchstaben des Alphabets, die Zahlen und die wichtigsten Satzzeichen durch einen Code zu verschlüsseln.

Raumfahrt

Start eines Spaceshuttles

Unter Raumfahrt versteht man den Flug unbemannter und bemannter Raumfahrzeuge im Weltall zu Zwecken der Forschung, der Nachrichtenübermittlung sowie aus militärischen Gründen. Nur 1000 Kilometer trennen die Erde vom Weltraum, aber es ist nicht leicht, diese Strecke zurückzulegen. Die Luft wird mit zunehmender Höhe immer dünner. Deshalb ist ein **Flugzeug** ungeeignet, denn seine Tragflächen würden immer weniger Auftrieb erzeugen und die Triebwerke hätten nicht genügend Sauerstoff. Man braucht also Raketentriebwerke, die auch in der Luftleere des Weltraums arbeiten. Ein Fahrzeug muss für die Reise in den Weltraum auf mindestens 28.500 Kilometer in der Stunde beschleunigt werden, sonst kann es die Erdanziehungskraft nicht überwinden. Im Weltall angekommen, können die Triebwerke abgeschaltet werden, denn die Geschwindigkeit bleibt auf Grund des fehlenden Luftwiderstands erhalten. Durch die Aufhebung der Schwerkraft herrscht bei Raumflügen vollkommene Schwerelosigkeit.

Erdsatelliten

Die meisten Raumfahrzeuge sind unbemannte künstliche **Satelliten**. Sie werden mittels Raketen in eine Umlaufbahn gebracht und umkreisen die Erde außerhalb der Atmosphäre als Himmelskörper. Der erste Erdsatellit, Sputnik I, wurde im Juli 1957 von der damaligen Sowjetunion gestartet. In weiteren Satelliten der USA und der Sowjetunion wurden Tiere, zum Beispiel Hunde und Affen, ins Weltall geschickt, um deren Verhalten unter außergewöhnlichen Bedingungen zu untersuchen. Dazu bediente man sich der biologischen Messdaten, die durch Funk übertragen wurden. Heute dienen Erdsatelliten hauptsächlich zu Messzwecken, beispielsweise Strahlungsmessung außerhalb der Erdatmosphäre, astronomische Beobachtungen und Bestimmungen des Erdmagnetfeldes. Die Messwerte werden von den Satelliten durch Funksignale übertragen. Dazu wurde auf der Erde ein Netz von Messstationen aufgebaut. Einen großen praktischen Nutzen bieten die Wettersatelliten, die mit Fernsehkameras und anderen Geräten ausgerüstet sind. Über Bildfunk liefern sie ein fast lückenloses Bild der Wolkenbedeckung der ganzen Welt und machen auf diese Weise eine ziemlich genaue Wettervorhersage möglich.

Astronaut im Weltall

Reparaturarbeiten an Weltraumstation

Weltraumfahrzeuge

Die praktisch eingesetzten Weltraumfahrzeuge für den bemannten Raumflug beruhen auf dem Prinzip der Erdsatelliten. Sie haben eine druckfeste Innenkapsel mit künstlicher Atmosphäre und bieten Raum für mehrere Personen. Außerdem verfügen sie über eine Funkverbindung zur Erdoberfläche und besondere Einrichtungen für die Ernährung und Ausscheidungen der Astronauten. Das Raumfahrzeug wird von einer Trägerrakete transportiert. Diese hat eine Brennkammer, in der zwei Treibstoffarten miteinander gemischt werden. Bei der Reaktion entstehen heiße Abgase, die mit großer Geschwindigkeit aus einer Düse austreten. Der gebündelte Abgasstrom schiebt die Trägerrakete samt Raumfahrzeug in die entgegengesetzte Richtung. Eine Trägerrakete besteht aus verschiedenen Stufen mit jeweils ei-

Landung eines Spaceshuttles

nem eigenen Triebwerk. Ist der Treibstoffvorrat einer Stufe aufgebraucht, wird sie abgesprengt, und die nächste Stufe angezündet. Vor seiner Rückkehr zur Erde wird das Raumfahrzeug abgebremst und landet mit Hilfe von Fallschirmen.

Raumsonden

Raumsonden sind unbemannte Weltraumkörper, die ebenfalls mittels einer Rakete gestartet und in den interplanetarischen Raum gesteuert werden, das heißt sie verlassen den Anziehungsbereich der Erde völlig und kreisen im Sonnensystem. Raumsonden sind mit Steuerungssystemen, Aufzeichnungs- und Aufnahmegeräten sowie Übertragungsanlagen ausgerüstet. Mit solchen Sonden wurden alle Planeten unseres Sonnensystems mit Ausnahme des Pluto untersucht. Sie umkreisen diese Himmelskörper, nehmen Bilder von ihnen auf und funken sie anschließend auf die Erde. Raumsonden landeten sogar auf dem Mars und der Venus und konnten deren Gesteine direkt untersuchen. Venera 4, eine russische Raumsonde, sandte die ersten Bilder von der Venus auf die Erde.

Die Mondflüge

Der sowjetische Kosmonaut Juri Gagarin (1934 – 68) wurde 1961 als erster Mensch in eine Umlaufbahn um die Erde geschickt. Nach diesem großen Erfolg der ehemaligen Sowjetunion erklärte der damalige amerikanische Präsident John F. Kennedy, die USA würden noch vor Ende des Jahrzehnts einen Menschen auf den Mond schicken.

Bis es soweit war, machte die Weltraumfahrt rasante Fortschritte. 1965 haben amerikanische und sowjetische Raumfahrer zum ersten Mal ihre Fahrzeuge verlassen und in Schutzanzügen längere Zeit außerhalb ihrer Fahrzeuge zugebracht. 1966 gelang erstmals das Zusammenkoppeln (Docking) zweier Raumfahrzeuge, die nacheinander gestartet waren. Für die Apollo-Mission zum Mond entwickelten die Amerikaner ein ganz neues Fahrzeug. Es bestand aus einer Kommandoeinheit mit allen Flugsystemen, einer Versorgungseinheit mit dem lebenserhaltenden System und einem Mondlandegerät. Eine neue dreistufige, 110 Meter hohe Trägerrakete, die Saturn V, wurde gebaut. Vor der Mondlandung wurde Apollo in Flügen um die Erde und den Mond gründlich getestet. 1968 gelang den Amerikanern mit Apollo 8 der erste Flug außerhalb des Schwerefeldes der Erde.

Am 20. Juli 1969 landete das Mondlandegerät „Eagle" von Apollo 11 auf dem Mond. Wenige Stunden später konnten Millionen von Zuschauern in der ganzen Welt am Fernseher beobachten, wie Neil Armstrong als erster Mensch den Mond betrat. Ihm folgte Edwin Aldrin. Der dritte Astronaut Michael Collins blieb während dieses Mondausflugs mit der Kommandoeinheit in der Mondumlaufbahn. Armstrong und Aldrin sammelten Gesteins- und Bodenproben und stellten die amerikanische Flagge auf, bevor sie mit dem oberen Teil des Landegerätes wieder zu der Kommandoeinheit aufstiegen. Nach dem Ankoppeln wurde die Kapsel abgeworfen und die Astronauten kehrten zur Erde zurück. Nach Apollo 11 flogen die Amerikaner noch sechsmal zum Mond. Das amerikanische Mondprogramm wurde 1972 mit dem Flug von Apollo 17 beendet. Bemannte sowjetische Raumfahrzeuge landeten nicht auf dem Mond, wohl aber unbemannte,

Astronaut in der Schwerelosigkeit

die Gesteinsproben mit zurück auf die Erde brachten.

Raumstationen

Raumstationen sind bemannte Flugkörper, die in einer Erdumlaufbahn errichtet werden. In solchen festen Stationen halten sich Astronauten längere Zeit auf, um festzustellen, wie Menschen auf die Bedingungen im Weltall reagieren und wie Pflanzen und Tiere sich in der Schwerelosigkeit verhalten. Ab 1971 schickte die ehemalige Sowjetunion Stationen vom Typ Saljut in eine Erdumlaufbahn. 1986 wurde die Raumstation MIR errichtet, die lange Jahre regelmäßig genutzt wurde. 1973 starteten die USA das Projekt Skylab, ein bemanntes Weltraumlabor. Die Besatzung führte technische und medizinische Experimente durch und machte Aufnahmen von der Erde und Fotos von der Sonne und verschiedenen Planeten.

Raumtransporter

Sonden, Satelliten, Raumstationen und ihre Besatzungen werden von Raumtransportern ins Weltall gebracht. Der Raumtransporter Spaceshuttle wurde als wiederverwendbarer Raumtransporter entwickelt, denn die Kosten für Raketen und Raumfahrzeuge wie Saturn V und Apollo waren gewaltig und nach einer Mission blieb von ihnen nichts übrig. Das Spaceshuttle besteht aus dem eigentlichen Fluggerät, das auf einem riesigen Treibstofftank sitzt, sowie je einer Feststoffrakete links und rechts davon. Es startet wie eine Rakete in die Umlaufbahn und kehrt wie ein Flugzeug zur Erde zurück. Der ganze Raumtransporter mit Ausnahme des großen Außentanks, der verglüht, kann wieder verwendet werden.

Russische Raumtransporter werden von einer gewaltigen Trägerrakete ins All gebracht. Seit dem ersten Start der Raumfähre Columbia 1981 wurden viele Missionen zur Reparatur von Satelliten, Versorgung von Raumstationen und zu wissenschaftlichen und militärischen Forschungszwecken durchgeführt.

HAST DU SCHON GEWUSST,

dass die Hündin „Laika" das erste Lebewesen war, das außerhalb der Atmosphäre unserer Erde geflogen wurde? Im Jahr 1957 war sie an Bord des russischen Satelliten „Sputnik 2". Erst vier Jahre später flogen dann die ersten Menschen mit einer Rakete in das Weltall.

Mondlandung

Raumstation MIR

Zukunft der Raumfahrt

Die bemannte Raumfahrt gerät immer wieder ins Kreuzfeuer der Kritik, weil sie enorme Kosten verursacht und im Vergleich zur billigeren unbemannten Raumfahrt wenig neue Erkenntnisse bringt. Obwohl wir uns im 21. Jahrhundert befinden, liegt ein Besuch unseres Nachbarplaneten Mars und von den anderen Planeten des Sonnensystems in sehr ferner Zukunft. Allein der Flug zum Mars und zurück würde über ein Jahr dauern. Für den Start eines Raumfahrzeugs mit erforderlicher technischer Ausrüstung wäre eine Rakete von enormen Ausmaßen erforderlich. Für den Hin- und Rückflug zu den äußeren Planeten würde ein Menschenleben kaum ausreichen, solange wir keine andere Transportart als Raketen haben. Daher bleiben die Raumsonden im Augenblick das beste Mittel, ferne Welten zu erforschen. Raumstationen auf dem Mond könnten in Zukunft als Ausgangspunkt für Flüge in den Weltraum dienen.

Röntgenstrahlen

Mit den unsichtbaren Röntgenstrahlen kann man den menschlichen Körper durchleuchten. Sie machen Organe, Muskeln und Knochen sichtbar, die sonst nur schwierig zu untersuchen wären. Röntgenstrahlen sind elektromagnetische Wellen. Sie entstehen durch elektrische und magnetische Felder, die sich ausbreiten und regelmäßig schwingen. Elektromagnetische Wellen haben sehr hohe Frequenzen (Anzahl von Schwingungen pro Sekunde), mehr als eine Million Schwingungen in der Sekunde. Ihre Wellenlängen sind sehr kurz und liegen bei rund einem Milliardstel Millimeter. Das bedeutet, dass Röntgenstrahlen sehr viel Energie besitzen. Sie können undurchsichtige Stoffe geringer Dichte wie Haut oder Muskeln leicht durchdringen, ähnlich wie Licht durch Glas dringen kann. Stoffe größerer Dichte wie Knochen oder Metall dagegen durchdringen Röntgenstrahlen kaum oder gar nicht. Auf dem Röntgenschirm entstehen deshalb unterschiedlich helle bzw. dunkle Flächen, die ein Bild des Inneren eines Körpers ergeben.

Die Entdeckung der Röntgenstrahlen

Der Entdecker der Röntgenstrahlen war der deutsche Physiker Wilhelm Conrad Röntgen (1845-1923). Er selbst bezeichnete diese Strahlen, die er erstmals 1895 erzeugte, als X-Strahlen. Diese Bezeichnung wurde in den meisten Sprachen beibehalten, zum Beispiel im Englischen: x-rays. Röntgen hatte bemerkt, dass diese Strahlen das weiche Körpergewebe durchdringen und von den Knochen zurückgehalten und aufgenommen werden. Er selbst konnte auf einem Leuchtschirm das Skelett seiner Hand sehen. Schon ein Jahr später setzten Ärzte Röntgenstrahlen ein, um die Körper ihrer Patienten zu durchleuchten. Bald wurde allerdings auch festgestellt, dass Röntgenstrahlen Hautrötungen und sogar Haarausfall verursachen. Heute verwendet man Röntgenstrahlen wegen dieser schädlichen Wirkungen nur in geringer Dosis und mit größter Vorsicht.

Röntgenapparat von Wilhelm Conrad Röntgen

Die Röntgenröhre

Röntgenstrahlen werden in Röntgenröhren mit zwei Elektro-

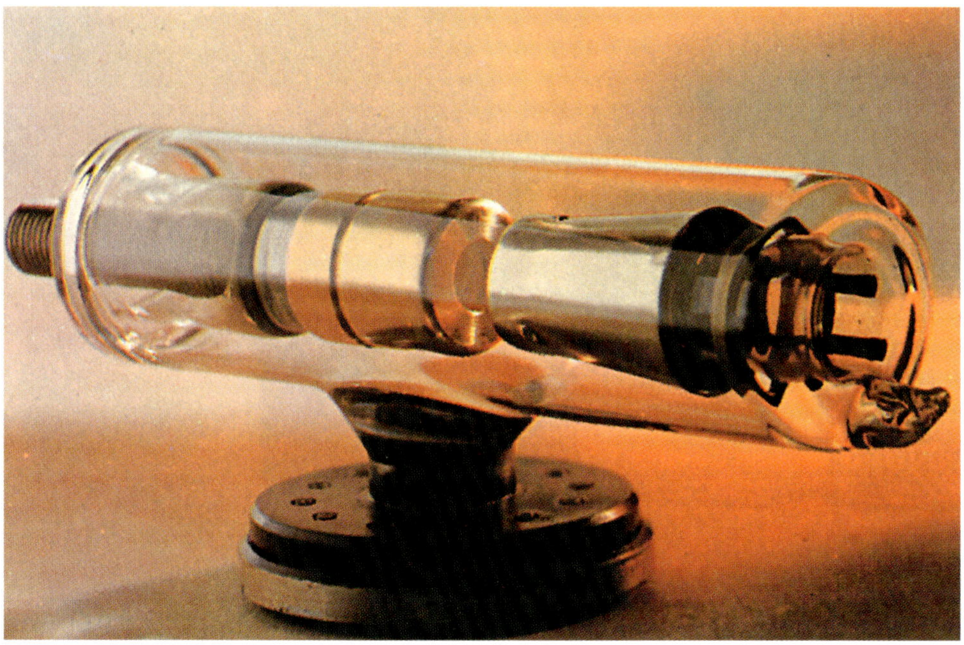

Röhre zur Erzeugung schwacher Röntgenstrahlung

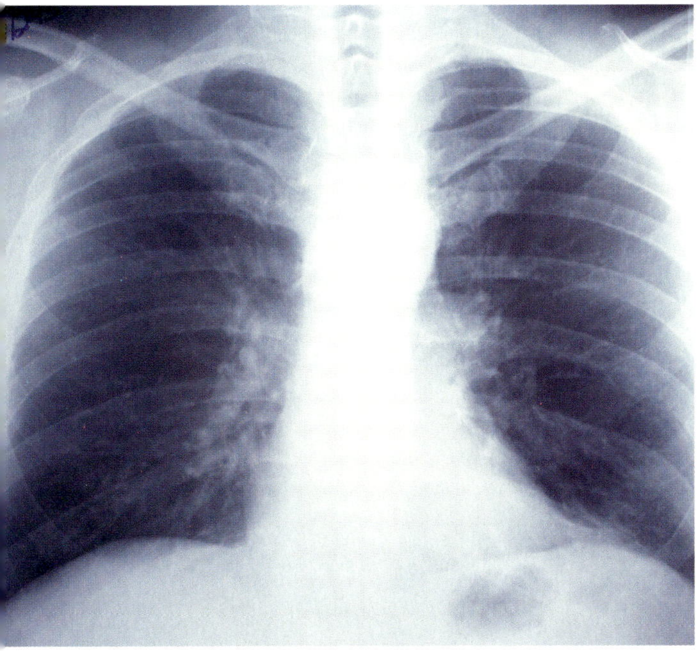

Röntgenaufnahme des Brustkorbs

den erzeugt. Sie besitzen eine aufgeheizte Kathode aus Wolframdraht. Durch elektrische Hochspannung lösen sich Elektronen aus den Wolframatomen. Durch die hohe Spannung von über 20.000 Volt, die zwischen einer Glühkathode und einer Anode herrscht, werden die Elektronen extrem beschleunigt und prallen geschossartig auf eine schräg gestellte Anode. Die Bewegungsenergie der Elektronen wird dabei in Röntgenstrahlung umgewandelt. Röntgenstrahlung entsteht auch in Teilchenbeschleunigern, wenn schnelle Teilchen abgebremst werden oder eine Richtungsänderung erfahren. Ein Teilchenbeschleuniger ist eine Anlage zur Erzeugung hochenergetischer Elementarteilchen oder Ionen. Am CERN (französisch für „Europäische Organisation für Kernforschung") in Genf wird daran geforscht.

Anwendungsgebiete

Röntgenstrahlen finden in vielen Bereichen Anwendung. In der Medizin werden sie zum Feststellen und Behandeln von Krankheiten eingesetzt. Treffen die Strahlen, die den Körper durchdringen, auf den fotografischen Film, so entsteht ein Röntgenbild des Körperinneren. Da die Röntgenaufnahme ein Negativ ist, zeichnen sich die Knochen weiß ab. So können zum Beispiel Knochenbrüche sichtbar gemacht werden. Röntgenstrahlen werden auch zur Materialprüfung, beispielsweise zur Untersuchung von Rissen in Flugzeugteilen oder in anderen hochbeanspruchten Bauteilen, verwendet. Man setzt sie außerdem zur Prüfung von Gemälden auf Echtheit, Malweise und Erhaltungszustand ein. Die Röntgenastronomie, ein Zweig der **Astronomie**, untersucht natürliche Quellen von Röntgenstrahlen am Himmel wie zum Beispiel unsere Erde. Ihre Strahlung wird jedoch durch die Erdatmosphäre geschluckt, daher ist die Beobachtung nur von Höhenballons, Raketen und Erdsatelliten aus möglich. Außer der Sonne kennt man mehr als 5000 Röntgen- oder Radioquellen, die zum Teil in Sternsystemen liegen. Nur wenige sind optisch nachzuweisen.

HAST DU SCHON GEWUSST,

dass auch am Flughafen Röntgengeräte eingesetzt werden? Bei der Abfertigung des Gepäcks werden sie eingesetzt, um die Koffer auf versteckte Waffen oder andere gefährliche Gegenstände zu durchsuchen. Eine Röntgenröhre erzeugt Röntgenstrahlen, welche die Koffer und Taschen auf dem Förderband durchleuchten. Nach dem Durchgang der Strahlen durch das Gepäck treffen sie auf elektronische Detektoren. Dies sind Geräte zum Nachweis von Strahlen. Die Detektoren wandeln die Röntgenstrahlen in Signale um. Diese wiederum werden vom Computer zu einem Bild des Inhalts des betreffenden Gepäckstücks zusammengesetzt.

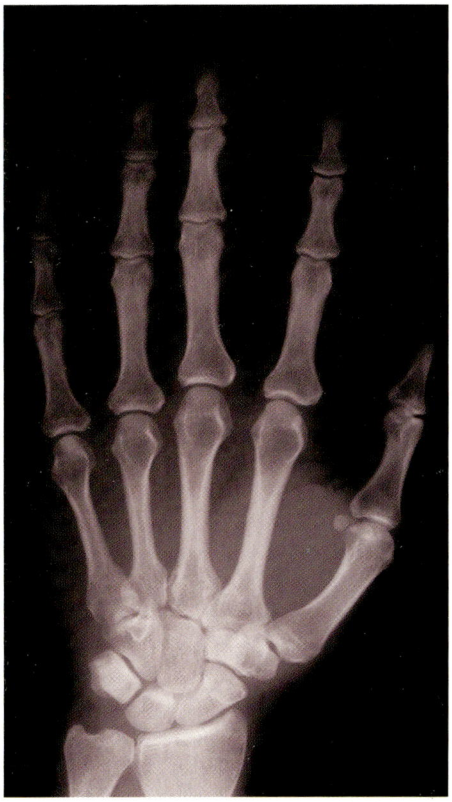

Röntgenaufnahme der Hand

Satellit

Was sind Satelliten?

Ein Satellit ist ein künstlicher Flugkörper, der mit Hilfe einer Rakete in den Weltraum geschossen wird. Von dort aus sendet er bestimmte Daten zur Erde oder leitet Daten von einem Punkt der Erde zu einem anderen. Manche Satelliten werden auch zu weit entfernten Sternen und Planeten geschickt, um neue Informationen und Erkenntnisse über diese Himmelskörper zu gewinnen. Den Weg, auf dem ein Satellit um die Erde kreist, bezeichnet man als Umlaufbahn. Jeder Satellit wird je nach seiner Aufgabe in eine für ihn berechnete Umlaufbahn geschickt, von wo aus er seine Funktion am besten erfüllen kann. Damit der Satellit auf seiner Umlaufbahn bleibt, und nicht auf die Erde zurück fällt oder im Weltraum verschwindet, wird er von zwei Kräften im Gleichgewicht gehalten. Zum einen wirkt die Anziehungskraft der Erde, zum anderen die Zentrifugalkraft. Diese entsteht durch die kreisförmige oder elliptische Bewegung des Satelliten um die Erde. Je näher die Umlaufbahn zur Erde ist, desto schneller muss sich der Satellit bewegen, da die Erdanziehungskraft größer ist. Je weiter ein Satellit von der Erde entfernt kreist, desto geringer ist seine Geschwindigkeit.

Satelliten, die nahe der Erdoberfläche kreisen, haben eine Geschwindigkeit von fast acht Kilometer pro Sekunde. Sie schaffen es in knapp 90 Minuten, die Erde einmal zu umkreisen. Ein Satellit in einer Höhe von 36.000 Kilometern bewegt sich mit einer Geschwindigkeit von zirka drei Kilometer pro Sekunde. Er braucht für eine Erdumrundung 24 Stunden, ist also genauso schnell wie die Erde. Damit befindet er sich aus unserer Sicht immer an derselben Stelle.

Weltraumsatellit

Empfangsantennen

Die Geschichte der Satelliten

Der erste Satellit wurde 1957 von der Sowjetunion in den Weltraum geschickt. Er hieß „Sputnik I.“. Er war sehr einfach aufgebaut und sollte die Temperatur der Atmosphäre messen. Die Ergebnisse sandte Sputnik I. dann zur Erde zurück. Kurze Zeit später

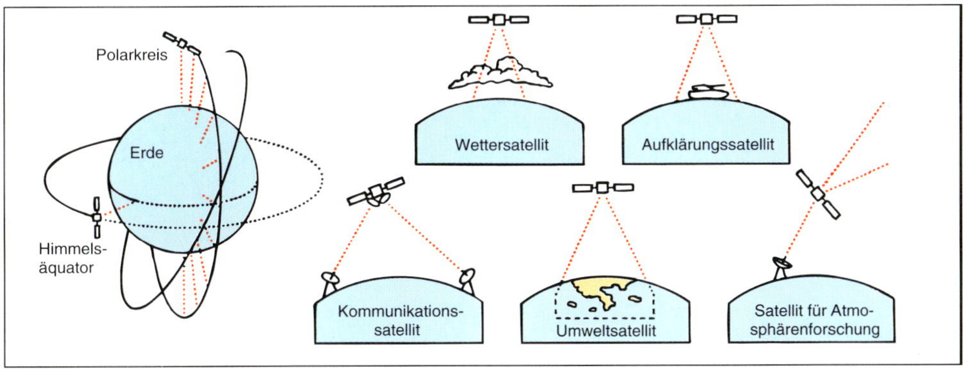

Funktionen von Satelliten

schickten die USA ihren ersten Satelliten („Explorer I.") in den Weltraum. 1965 folgte ein Satellit für die Übertragung von Ferngesprächen. Er war knapp 39 Kilogramm schwer und konnte 240 Gespräche auf einmal übertragen. Heute kann ein moderner Satellit 33.000 Telefonverbindungen gleichzeitig übertragen und vier Farbfernsehprogramme abstrahlen. Allerdings sind die neuen Satelliten auch viel größer und schwerer. Der Satellit „Intelsat VI." zum Beispiel hat einen Durchmesser von 3,6 Metern. Er ist 11,8 Meter hoch und wiegt 1500 Kilogramm. Seit dem Start von Sputnik I. wurden mehrere tausend Satelliten in den Weltraum geschossen. Wenn ein Satellit seine Aufgabe erfüllt hat, wird er abgeschaltet und verglüht beim Eintritt in die Erdatmosphäre. Oder aber er fliegt als so genannter „Weltraumschrott" weiter um die Erde. Dabei besteht die Gefahr, dass neue Satelliten mit alten zusammenstoßen.

Die Bauteile eines Satelliten

Das Gehäuse eines modernen Satelliten besteht aus Aluminium oder verschiedenen **Kunststoffen**. Der Satellit soll möglichst leicht sein, muss aber gleichzeitig enorme Kräfte aushalten. Am Gehäuse sind so genannte Sonnensegel befestigt. Sie bestehen aus Solarzellen und versorgen den Satelliten mit Strom aus Sonnenenergie. Außerdem besitzt ein Satellit verschiedene Antennen sowie Transponder. Über die Antennen empfängt der Satellit Daten von der Erde. Die Daten werden über die Reflektoren ins Innere zu den Transpondern geleitet. Diese senden ihrerseits Daten über die Reflektoren und Antennen an die Erde zurück.

Erdfunkstelle Raisting für Satellitenkommunikation

Arten von Satelliten

Als die ersten Satelliten in den Weltraum geschossen wurden, dienten sie fast ausschließlich zur Spionage. Vor allem in den Zeiten des „Kalten Krieges" zwischen der UdSSR und den USA wurden zum Beispiel militärische Stützpunkte und Flughäfen ausspioniert. Immer wichtiger werden Satelliten zur Kommunikationsübertragung. Sie übertragen Telefongespräche, Radio- und Fernsehprogramme rund um die ganze Welt. Dabei senden sie die Daten in Form von Mikrowellen. Wettersatelliten schicken Fotos und Daten über das Wetter und seine Entwicklung zur Erde. Auf den Bildern, die mit speziellen Kameras aufgenommen werden, kann man zum Beispiel die Verteilung und die Wanderbewegungen von Wolken erkennen. Es lassen sich schwere Stürme oder Flutwellen erkennen. Andere Messsatelliten erfassen etwa die ultraviolette Strahlung der Sonne oder messen die Temperatur in verschiedenen Höhen. Außerdem erforschen sie die Magnetfelder von anderen Planeten und die Gasdichte in der Tiefe des Weltraums.

Schall

Schallwellen

Alles, was wir hören, ist Schall, der sich in Schallwellen bewegt. Wenn wir ein gespanntes Gummiband zupfen, hören wir ein Geräusch, das durch die Bewegung des Bandes erzeugt wird. Diese Bewegung können wir auch sehen – das Gummiband sieht ganz verschwommen aus. Wie kommt es, dass wir die Schwingungen eines vibrierenden Gegenstandes hören können? Zwischen dem vibrierenden Gegenstand und unserem Ohr befindet sich Luft. Sie trägt den durch die Schwingungen erzeugten Schall an unser Ohr. Die Luft dient also als Schallleiter. Man nennt den Schallleiter auch Medium. Auch feste und flüssige Stoffe können den Schall weiterleiten. Das Medium, das am häufigsten als Schallleiter dient, ist die Luft. In einem Vakuum, einem luftleeren Raum, breitet sich Schall nicht aus.

Eigenschaften des Schalls

Laut und leise, hoch und tief – die Unterschiede der Geräusche bestehen in der unterschiedlichen Form der Schallwellen. Die Größe der Schwingung (Amplitude) einer Welle macht den Ton leise oder laut, die Häufigkeit seiner Schwingungen (Frequenz) macht ihn hoch oder tief. Die Frequenz eines Tones und auch aller anderer Wellen wird in Hertz (Hz) gemessen. Die Einheit wurde nach dem deutschen Physiker Heinrich Hertz (1857-94) benannt, der besonders das Gebiet der elektrischen Schwingungen erforscht hat.

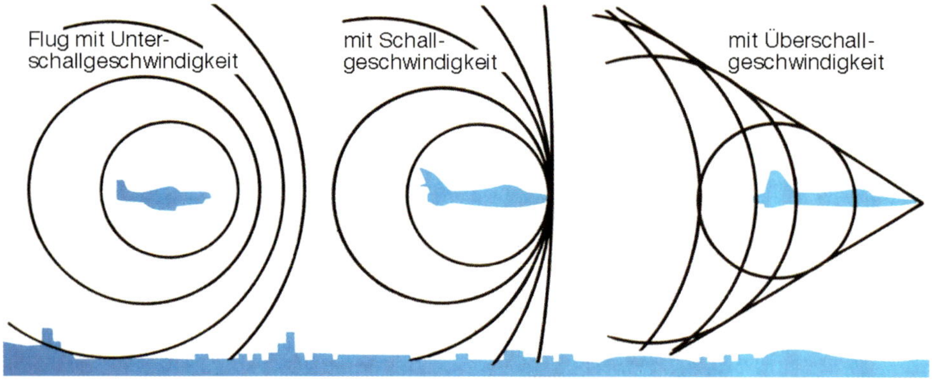

Durchbrechen der Schallmauer

Schallgeschwindigkeit

Der Schall wird in Form von Wellen weitergeleitet und breitet sich unterschiedlich schnell aus. In festen Stoffen und in Flüssigkeiten pflanzt er sich schneller fort als in der Luft. Die Machzahl gibt das Verhältnis der Geschwindigkeit eines sich bewegenden Körpers zur Schallgeschwindigkeit an. Die Machzahl ist nach dem österreichischen Physiker Ernst Mach (1838-1916) benannt. Fliegt zum Beispiel ein Flugzeug genau mit Schallgeschwindigkeit, dann ist die Machzahl gleich 1, bei doppelter Schallgeschwindigkeit gleich 2.

Schneller als der Schall

Wenn ein **Flugzeug** mit Unterschallgeschwindigkeit fliegt, erzeugt es Schallwellen, die sich kugelförmig nach vorne ausbreiten. Die durch die Schallschwingungen zusammengedrückte Luft staut sich vor dem Bug. Die so entstandene Druckwelle eilt dem Flugzeug mit Schallgeschwindigkeit voraus. Ganz anders ist dies bei Überschallflugzeugen. Das sind Flugzeuge, die schneller fliegen können als der Schall sich ausbreitet. Wenn zum Beispiel die Passagiermaschine „Concorde" (Flugbetrieb seit 2004 eingestellt) oder Kampfflugzeuge wie der „Tornado" die Schallgeschwindigkeit (in Meereshöhe etwa 1220 km/h) erreichen, sind sie genauso schnell wie die Druckwelle, die sie erzeu-

Schneller als der Schall

gen. Sie schieben die zusammengedrückte Luftmasse gewissermaßen vor sich her. Dazu benötigen die Flugzeuge gewaltige Energien. Diese Luftstauung nennt man Schallmauer. Wenn nun ein Flugzeug schneller fliegt als der Schall, überholt es den Luftstau und durchbricht die Schallmauer. Die Druckwellen, die sich dabei kegelförmig nach hinten ausbreiten, hören wir als Knall. Diesen Überschallknall zieht das Flugzeug hinter sich her. An jeder Stelle, die es in Überschallgeschwindigkeit überfliegt, ist der Knall einen Augenblick lang zu hören. Unter der Druckwelle des Überschalls können Fensterscheiben zerbrechen, Ziegeldächer abgedeckt werden und leicht gebaute Häuser können sogar einstürzen. Daher dürfen Flugzeuge bewohnte Gebiete nicht mit Überschallgeschwindigkeit überfliegen.

Schall erzeugen und wahrnehmen

Beim Sprechen werden Schallwellen erzeugt, die von der Luft übertragen, vom Ohr gesammelt und im Gehirn in Botschaften umgewandelt werden. Wenn man etwas von rechts hört, dann erreichen die Schallwellen das rechte Ohr einen winzigen Augenblick eher als das linke. Dadurch kann man den Ort der Schallquelle erkennen. Die vom Außenohr gesammelten Schallwellen treffen auf das Trommelfell und bringen es zum Schwingen. Die Schwingungen werden von den Gehörknöchelchen auf das Innenohr übertragen. Im Innern der Schnecke, des eigentlichen Sitzes des Gehörorgans, werden die Schwingungen auf winzige Härchen auf den Hörzellen übertragen. Ihre Bewegungen erzeugen elektrische Reize, die an das Gehirn geleitet werden.

EXPERIMENT: BAU DIR EIN INSTRUMENT

Du kannst aus einer Schachtel und einigen Gummibändern ein Musikinstrument bauen, das einer Zither ähnelt. Schneide in den Schachteldeckel ein ovales Loch. Du braucht zwei Holzstücke als Stege. Spanne die Gummibänder über die Schachtel und zupfe sie an. Je straffer ein Band gespannt ist, desto höher ist der Ton, der erzeugt wird.

Frösche hören bis 50 Kilohertz

Hörvermögen von Mensch und Tier

Nicht alle Tiere hören gleich gut und gleich viel. Menschen hören in der Jugend bis 20 Kilohertz, im Alter etwa zwölf Kilohertz. Fledermäuse schaffen 120 Kilohertz, Heuschrecken kommen auf 100 Kilohertz und Frösche auf ungefähr 50 Kilohertz.

Schiff

Containerschiff

Die Anfänge der Fortbewegung auf dem Wasser

Schon seit vielen tausend Jahren nutzt der Mensch Schiffe und Boote als Transport- und Fortbewegungsmittel auf dem Wasser. Die ersten primitiven Boote bestanden aus ausgehöhlten Baumstämmen. Diese bezeichnet man als Einbaum. Sie wurden durch Muskelkraft mit einem Paddel oder durch die Gewässerströmung angetrieben. Noch heute wird in vielen tropischen Ländern ein Einbaum zur Fortbewegung auf Flüssen benutzt.

Im Laufe der Zeit reichte ein Baumstamm zum Transport von Gütern und Personen nicht mehr aus. Zunächst versuchte man, die Ränder des Einbaums durch Holzplanken zu erhöhen. Nach und nach entwickelte sich daraus eine neue Form des Schiffsbaus. Hölzerne Schiffe wurden gebaut. Sie dienten zum Handel und zur Kriegsführung auf dem Wasser. Angetrieben wurden diese Schiffe mit Hilfe von einfachen Segeln durch den Wind oder sie wurden von der Besatzung gerudert. Diese beiden Möglichkeiten waren lange die einzigen Arten der Fortbewegung. Erst zu Beginn des 19. Jahrhunderts gelang es, ein Schiff mit Dampf anzutreiben.

Tragflächenboot

Die Schiffe von heute

Heute bestehen die meisten Schiffe aus Stahl oder glasfaserverstärkten **Kunststoffen**. Der Maschinenraum liegt tief unten im Rumpf des Schiffes. Hier befinden sich die Maschinen zum Antrieb und die **Generatoren** zur Stromversorgung. Die Maschinen müssen dauernd überwacht und kontrolliert werden. Angetrieben werden moderne Schiffe durch Gasturbinen oder schwere Dieselmotoren, die ihre Kraft an eine oder mehrere Schiffsschrauben am Heck weiterleiten. Diese so genannten Propeller drehen sich im Wasser und verdrängen es nach hinten. Dadurch bewegt sich das Schiff nach vorne. Die Geschwindigkeit eines Schiffes wird in Knoten gemessen. Ein Knoten entspricht dabei 1,852 Kilometer pro Stunde. Schiffe haben übrigens keine Bremse. Wenn das Schiff anhalten will, muss der Kapitän den Rückwärtsgang einlegen und so die Geschwindigkeit bis zum Stillstand verringern. An Bord eines Schiffes ist der Kapitän der wichtigste Mann. Er ist verantwortlich für die Sicherheit von Passagieren und Besatzung und trifft alle wichtigen Entscheidungen. Der Kapitän befindet sich meist auf der Brücke. Dies ist der Hauptkontrollraum eines Schiffes. Er liegt auf dem oberen Deck. Auf der Brücke hat man den besten Überblick und dort befinden sich alle Geräte und Anlagen zur Steuerung und Überwachung des Schiffes, wie etwa das Ruder, der Kompass sowie die Radar- und Funkanlage.

Warum schwimmt ein Schiff?

Ein Schiff taucht mit seinem Rumpf bis zu einer bestimmten Höhe in das Wasser ein. Der Rumpf verdrängt dabei so viel Wasser, wie es seinem Gesamtgewicht entspricht. Dadurch entwickelt sich der so genannte Auftrieb, welcher der Schwerkraft des Schiffes entgegenwirkt. Wenn Auftrieb und Gewicht des Schiffes im Gleichgewicht sind, schwimmt das Schiff. Dies bezeichnet man als „archimedisches Prinzip". Zwischen einem Schiff und einem Boot besteht übrigens kein großer Unterschied. Alle kleineren Wasserfahrzeuge mit nur einem Deck sowie solche, die nur zu Sportzwecken genutzt werden, bezeichnet man als Boot. Schiffe sind größer und hochseetüchtig. Mit ihnen kann man Fracht oder Passagiere über die Meere transportieren.

Begriffe aus der Seemannssprache

Zur so genannten Seemannssprache gehören Wörter, die hauptsächlich von Seeleuten oder in der Schifffahrt benutzt werden. Der Ort, an dem ein Schiff gebaut wird, heißt zum Beispiel Werft. Wenn der Rumpf fertig gestellt ist, wird das Schiff mit dem so genannten Stapellauf zu Wasser gelassen. Die erste Ausfahrt eines Schiffes ist die Jungfernfahrt. Die linke Seite des Schiffes bezeichnet der Seemann als Backbord, die rechte Seite als Steuerbord. Ein Schiffskoch wird als Smutje, die Bordküche als Kombüse bezeichnet. Auf dem Wasser heißt die dem Wind abgeneigte Seite Lee. Die Seite aus der der Wind kommt heißt Luv. Der Speiseraum eines Schiffes wird Messe genannt. Das vordere Schiffsende ist der Bug, das hintere Ende des Schiffes ist das Heck. Auf einem Segelschiff heißen das Tauwerk, die Masten und die Segel Takelage. Eine Ausfahrt mit einem Segelschiff nennt man Törn. Wenn ein Schiff in einem

Öltanker

Hafen seine Ladung löscht, bedeutet dies nicht, dass es brennt, sondern dass die Ware vom Schiff geladen wird. Da viele Seeleute früher sehr abergläubisch waren, glaubten sie bei kleineren Missgeschicken an einen kleinen Kobold, den Klabautermann, der unsichtbar an Bord des Schiffes seinen Schabernack treibt.

Kreuzfahrtschiff

Es gibt viele verschiedene Schiffstypen. Je nach Aufgabe und Einsatzort wird ein Schiff geplant, gebaut und ausgerüstet. Der Bau eines einzelnen Schiffes kann mehrere Jahre dauern. Kreuzfahrtschiffe befördern Urlauber auf den Meeren um die ganze Welt. Sie sind mit schwimmenden Hotels vergleichbar. Auf einem Kreuzfahrtschiff gibt es Sport- und Unterhaltungsangebote, Restaurants, Kinos, Geschäfte und gut ausgestattete Kabinen mit allem Komfort. Das bekannteste Kreuzfahrtschiff war die „Titanic". Sie war mit fast 270 Meter Länge, 28 Meter Breite und 56 Meter Höhe das größte Kreuzfahrtschiff ihrer Zeit. Die „Titanic" wurde vor allem dadurch berühmt, dass sie bereits auf ihrer Jungfernfahrt unterging. Sie rammte am 14. April 1912 einen Eisberg und versank wenige Stunden später, obwohl sie als unsinkbar galt. Da es nicht genügend Rettungsboote gab, konnten sich viele Passagiere nicht retten und ertranken. Heute ist die „Queen Mary 2" das größte Kreuzfahrtschiff der Welt. Sie ist 345 Meter lang, 41 Meter breit und 72 Meter hoch. Sie verfügt über 13 Decks und bietet bis zu 2.620 Passagieren in 1225 Kabinen Platz. Die „Queen Mary 2" hat eine Besatzung von mehr als 1200 Mann.

Kreuzfahrtschiff

Eisbrecher

Damit solche Kreuzfahrtschiffe in alle Winkel der Erde fahren können und auch im Eis nicht stecken bleiben, gibt es die so genannten Eisbrecher. Diese Schiffe sind in der Lage, das Eis in zugefrorenen Gewässern aufzubrechen, und so Fahrrinnen für andere Schiffe zu schaffen und freizuhalten. Eisbrecher haben einen verstärkten Rumpf und einen speziell geformten Bug. Die Bugunterseite ist flach und gewölbt. Das Schiff kann sich so auf das Eis schieben und zerbricht es dann durch sein Gewicht. Die stärksten Eisbrecher können bis zu sieben Meter dickes Eis zerstören.

Tankschiff

Tankschiffe sind in der Lage besonders große Mengen an Ladung aufzunehmen. Sie transportieren Öl, Benzin oder andere flüssige und gasförmige Stoffe. Da es bei einem Unfall oft zu großen Verschmutzungen durch die auslaufende Ladung kommt, müssen alle neuen Tankschiffe über zwei Außenhüllen verfügen. Bei einer Kollision reißt dann nur die äußere Hülle auf, die Ladung wird durch die zweite, innere Hülle geschützt.

Fähre

Für den Personenverkehr sind die Fähren von besonderer Bedeutung. Jedes Jahr transportieren Fähren Millionen von Passagieren und Fahrzeugen. Fähren, auf die man mit dem Auto hinauf und am Ziel wieder herunter fahren kann, werden als „Ro-Ro-Fähren" bezeichnet. Dies ist die Abkürzung für „Roll-on-Roll-off". Fähren verbinden viele vor den Küsten gelegene Inseln mit dem Festland sowie Mitteleuropa mit Skandinavien und Italien mit Griechenland. In Europa ist die Linie über den Ärmelkanal von Dover nach Calais eine der wichtigsten Fährverbindungen, da sie Großbritannien mit dem europäischen Festland verbindet.

HAST DU SCHON GEWUSST,

wie ein Luftkissenboot fährt? Ähnlich wie das Tragflächenboot bewegt sich auch das Luftkissenboot auf dem Wasser fort. Das Luftkissenboot ist ringsum von einer dicken, elastischen Gummischürze umgeben. Durch ein Gebläse wird unter dieser Gummischürze ein Luftkissen aufgebaut. Auf diesem Luftkissen schwebt das Boot dann über das Wasser oder auch über das Festland.

Segelschiff

Tragflächenboot

Ein besonderer Schiffstyp ist das Tragflächenboot. Es wird meist zur Personenbeförderung eingesetzt. Am Rumpf des Schiffes sind vorne und hinten V-förmige Tragflächen angebracht. Bei langsamer Fahrt liegen die Tragflächen im Wasser. Bei steigender Geschwindigkeit erzeugen sie einen zusätzlichen Auftrieb und das Boot wird immer weiter aus dem Wasser herausgehoben. Es gleitet durch die Wellen und der Rumpf berührt das Wasser nicht mehr. Nur die Tragflächen und der Propeller sind noch im Wasser. Dadurch wird der Reibungswiderstand zwischen Boot und Wasser drastisch verringert. Tragflächenboote können so eine besonders hohe Geschwindigkeit erreichen, die andere Schiffe nicht schaffen.

Flugzeugträger

Auch das Militär verfügt über eine große Anzahl von Schiffen. Diese Schiffe werden Kriegsschiffe genannt. Zu ihnen zählen Torpedoboote, die klein, schnell und wendig sind und Torpedos an Bord haben. Minensuchboote sind mit speziellen Radaranlagen ausgestattet und machen Unterwasserminen unschädlich. Die größten Kriegsschiffe sind die Flugzeugträger. Auf ihnen können kleine Kampfflugzeuge oder **Hubschrauber** starten und landen. Die größten Flugzeugträger der Welt sind fast 340 Meter lang und haben eine Besatzung von über 6000 Mann.

Schleuse

Wofür gibt es Schleusen?

Ohne Schleusen könnten **Schiffe** auf einigen Flüssen und Kanälen gar nicht oder nur schlecht vorankommen. Das liegt an den Höhenunterschieden in den Wasserstraßen, die für Schiffe wie Treppenstufen sind. Dank der Schiffsschleusen können diese Höhenunterschiede jedoch überwunden werden. So meistert das Schiff problemlos den Übergang von Abschnitten mit hohen Wasserständen zu Abschnitten mit niedrigen und umgekehrt. Mit Schleusen werden Höhenunterschiede von bis zu 30 Meter überwunden. Ist der Unterschied größer, kommen aus Gründen der Wasserersparnis Schiffshebewerke zum Einsatz. So ist auch bei großen Höhenunterschieden eine Weiterfahrt gewährleistet.

Der Aufbau einer Schleuse

Die häufigsten Schiffsschleusen sind die so genannten Kammerschleusen. Die Kammer der Schleuse ist eine Art Becken. Am oberen und unteren Ende der Kammer (Oberhaupt und Unterhaupt) ist jeweils ein Tor angebracht. Je nach Schleuse funktioniert das Tor unterschiedlich: es gibt beispielsweise Klapp-, Schiebe- oder Drehtore. Doch alle Tore haben die Aufgabe, das Wasser davon abzuhalten, unkontrolliert in die Kammer hin-

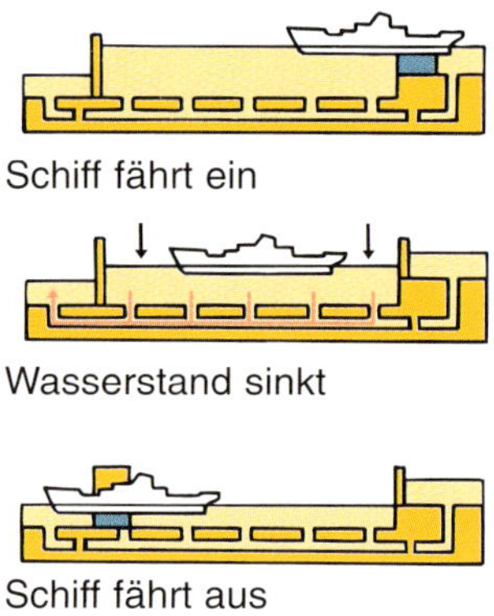

Funktionsschema einer Schleuse

ein- oder herauszuströmen. Durch das Öffnen und das Schließen der Tore kann die Schleusenkammer gefüllt oder geleert werden. Wichtig ist, dass sich der Wasserspiegel an das Ober- oder Unterwasser hinter den Toren anpasst. Ist beispielsweise der Wasserpegel hinter der Schleuse höher, muss so viel Wasser in die Kammer eingelassen werden, bis der Wasserspiegel vor und hinter dem Tor gleich ist. An jeder Schleuse befindet sich außerdem noch eine Steuerzentrale.

Schiffshebewerk

Dort werden die Kommandos zum Öffnen oder Schließen der Tore gegeben.

So fährt das Schiff durch die Schleuse

Wenn sich ein Schiff der Schleuse nähert, zeigt eine Ampel an, ob die Einfahrt derzeit möglich ist. Bei einem geschlossenen Tor muss das Schiff an der Seite warten. Ein Kapitän weiß beim Blick auf die Ampel: „Stehen die Lichter waagerecht, kommt auch gleich der Schleusenknecht." Das bedeutet, dass die Schleusung bald beginnt. Wenn die Tore geöffnet wurden und die Ampel eine Einfahrt freigibt, darf sich das Schiff in die Schleuse begeben. Dort fährt es seitlich an die Mauer und wird vom Kapitän locker festgebunden. Dann schließt das Einfahrtstor wieder. Nun kommt es darauf an, ob das Schiff in einem Gewässer mit niedrigerem Wasserstand weiterfahren will, oder ob der Pegel hinter dem Ausfahrtstor höher ist. Je nachdem fließt das Wasser aus der Kammer ab oder strömt in sie hinein. Angenommen das Schiff fährt flussaufwärts und kommt aus niedrigem Gewässer. Dann ist hinter der Schleuse der Wasserspiegel höher. Würde sich das Ausfahrtstor bei der Schleusung mit einem Schlag komplett öffnen, käme das aufgestaute Wasser mit solcher Wucht in die Kammer, dass es wie eine Welle über die Schiffe hinweg schwappen würde. Um dies zu vermeiden, muss das Wasser vorsichtig eingelassen werden. Dies passiert

Schiffe bei der Einfahrt in die Schleuse

HAST DU SCHON GEWUSST,

wo sich Europas älteste Schleuse befindet? Die Lauenburger Palmschleuse gilt als älteste Schleuse in Europa. Sie wurde bereits im Jahr 1398 angelegt und bestand damals noch aus Holz. Erst 1724 wurde sie durch einen Steinbau ersetzt. Die Palmschleuse war eine von 15 Schleusen des ersten Wasserscheide-Kanals der Welt. Sie ermöglichte 500 Jahre lang den Salztransport auf Schiffen zwischen Elbe und Ostsee. Damals zählten Heringe zu den Hauptnahrungsmitteln. Das Salz wurde dringend als Konservierungsmittel benötigt. Die größte Schleuse in Deutschland ist übrigens die Nordschleuse. Sie steht in Bremerhaven, hat eine Länge von 372 Metern und ist 50 Meter breit!

Dies passiert durch verschließbare Öffnungen in den Toren oder durch Kanäle in den Wänden. Zentimeter für Zentimeter heben sich Wasserspiegel und Schiff so lange, bis das Wasser in der Kammer die gleiche Höhe erreicht hat wie hinter dem Ausfahrtstor. Ist die Anpassung der Wasserstände beendet, wird das Ausfahrtstor geöffnet und das Schiff kann seine Fahrt ungehindert fortsetzen.

Der Wasserverbrauch bei einer Schleusung ist enorm. Deshalb wurden so genannte Sparschleusen entwickelt. Bei ihnen wird ein Teil des Wassers beim Entleeren in ein oder mehrere Sammelbecken geleitet. Es bleibt dort so lange, bis die Schleusenkammer wieder mit Wasser gefüllt werden muss. Dadurch kann der Wasserverbrauch beträchtlich gesenkt werden.

Hindenburgschleuse in Hannover

Staubsauger

Vom Teppichklopfer zum Staubsauger

Bevor der Staubsauger Einzug in die Haushalte hielt, mussten Teppiche durch Ausklopfen vom Staub befreit werden. Dies war eine schwere körperliche Arbeit: Die Teppiche wurden aus dem Haus geschleppt und im Freien über eine Stange gehängt. Mit einem Teppichklopfer musste man nun solange auf den Teppich schlagen, bis kein Staub mehr herausrieselte. Auch das Säubern von Holz- oder Steinböden war zeitaufwändig. Mit größter Vorsicht wurde mit dem Besen der Schmutz zusammengekehrt. Wer dabei zu hastig vorging, wirbelte den zusammengekehrten Staub wieder auf und hatte noch mehr Arbeit. Deshalb war die Erfindung des Staubsaugers eine große Erleichterung.

Die ersten Staubsauger

Der Brite Hubert Cecil Booth (1871-1955) erfand 1901 den ersten Staubsauger. Die Idee kam dem Erfinder durch die misslungene Vorführung einer Reinigungsmaschine. Diese Maschine arbeitete nach dem Prinzip, dass sie Luft herausblies anstatt sie anzusaugen. Der Staub sollte in einen Behälter geblasen werden, doch er wurde nur von einem Ort zum anderen geweht. Hubert Cecil Booth überlegte, dass eine Reinigungsmaschine viel erfolgreicher arbeiten könnte, wenn sie den Staub ansaugte. Dafür benötigte er eine Saugpumpe. Doch diese Pumpe war so riesig, dass sie nur von einem Pferdewagen transportiert werden konnte. Also musste man von der Saugpumpe aus Schläuche verlegen, die bis ins Innere der Häuser reichten. Durch diese Schläuche wurde nun der Staub aus der Wohnung gesogen und in einem Schmutzbehälter aufgefangen.

Diese Art der Reinigung war nicht nur aufwändig, sondern auch teuer. Doch das Prinzip funktionierte. In den folgenden Jahren wurde der Staubsauger weiterentwickelt. Die Geräte wurden immer kleiner und handlicher. Den ersten einigermaßen

Staubsauger ohne Filterbeutel von Dyson

Historisches Staubsaugegerät

handlichen Staubsauger entwickelte 1907 ein amerikanischer Hausmeister. Er war jedoch nicht in der Lage, sein Gerät selbst in größerer Zahl herzustellen und so verkaufte er ein Jahr später sein Patent dem Lederfabrikanten William Hoover (1840-1916). Dieser erzielte mit dem Staubsaugergeschäft ein Vermögen, die Firma Hoover gibt es noch heute.

Wie der Staubsauger funktioniert

Der Staubsauger funktioniert noch immer nach dem alten Prinzip: Vorne werden Luft und Staub in das Reinigungsgerät eingesaugt und durch einen Filter geleitet. Der Schmutz bleibt im Filter hängen und hinten wird die Luft mit einem geringeren Staubgehalt wieder ausgeblasen. Den nötigen Sog erzeugt ein Gebläse. Es handelt sich dabei um eine Art Ventilator, der von einem Elektromotor betrieben wird. Dreht sich der Ventilator, entsteht ein Teilvakuum und dadurch kommt es zu dem Sog-Effekt. Die Luft wird durch den Schlauch angesogen. Am Ende des Schlauches ist ein Bürstenkopf montiert. Fährt der Kopf nun über den Teppich, haben die Bürsten die Aufgabe, den Schmutz im Teppich zu lockern. Dadurch kann er leichter abgesaugt werden.

Meistens sind die Bürsten an einer Rolle angebracht, damit sie sich drehen können, wenn der Staubsauger über den Teppich gleitet. Nachdem der Schmutz gelöst und abgesaugt ist, gelangt er in den Staubbeutel. Der Staubbeutel hat so feine Poren, dass nur die Luft, nicht aber der Staub nach außen dringen kann. Somit wird Luft wieder nach außen abgegeben und der Schmutz im Beutel gefangen gehalten. Wenn der Beutel voll ist, muss er ausgewechselt werden.

Ist der Staubsauger gesundheitsschädlich?

Darüber wird seit Jahren spekuliert. Leider lässt es sich bei den gewöhnlichen Staubsaugern nicht völlig verhindern, dass sich im Luftausstoß des Gerätes noch kleine Staubpartikel befinden. Deshalb haben viele Geräte noch einen weiteren Filter. Dieser soll die Luft vor dem Austreten reinigen. Trotzdem bleibt auch dabei ein ganz feiner Reststaub übrig, der vom Staubsauger in die Umgebungsluft geblasen wird. Dieser Staub ist so fein, dass er in unsere Atemwege und in die Lunge gelangen kann. Dies kann bei Menschen mit Allergien zu Beschwerden führen.

Die neueste Generation von Staubsaugern

Vor einigen Jahren entwickelte der Brite James Dyson einen Staubsauger ohne Filterbeutel. Die aufgesogene Luft wird dabei so beschleunigt, dass sie eine Art Wirbelsturm bildet. Der Schmutz wird in diesem Mini-Sturm nach außen geschleudert und sammelt sich in einem Behälter. Diese Methode hat den Vorteil, dass die Saugleistung nicht mehr so schnell nachlässt wie bei einem gewöhnlichen Staubsauger, bei dem die Poren der Filtertüten mit jedem Saugen etwas mehr verstopfen. Dadurch nimmt die Saugleistung ab.

Spezialsauger

Neben dem normalen Hausstaubsauger gibt es auch Nass-Trocken-Sauger, Holzsauger, Tischsauger mit Akku, Autosauger und natürlich Laubsauger, die vor allem im Herbst eingesetzt werden. Sie sollen Straßen oder Gärten von heruntergefallenen Blättern befreien.

Frau beim Staubsaugen

Stereoanlage

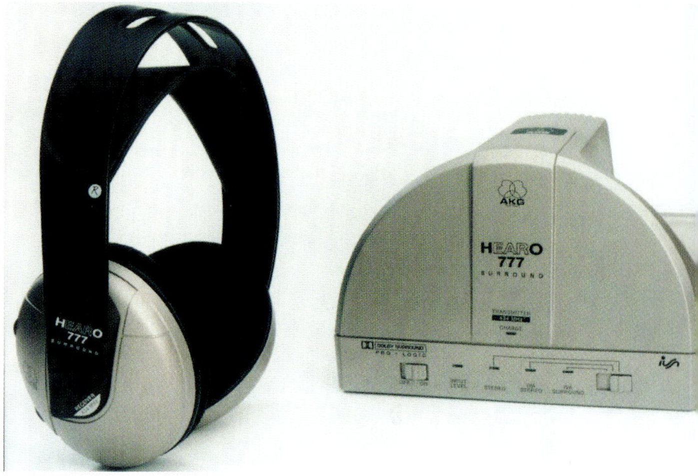

Surround-System ermöglicht räumliches Hören

Die meisten von uns besitzen eine Stereoanlage, mit der wir Musik hören können. Die Stereoanlage besteht aus mehreren Geräten: Es gibt einen Tuner, einen Verstärker, einen CD-Player, eine Kassettenlaufwerk oder Tonbandgerät, einen Plattenspieler und Lautsprecher. Von diesen Geräten werden zwei auf jeden Fall gebraucht: Verstärker und Lautsprecher. Die Musik selbst kann dann von Tuner, Kassettendeck, Plattenspieler oder CD-Player kommen. Auch ein **Computer** kann als Musikquelle dienen.

Was geht in einer Stereoanlage vor?

Das „Herz" der Anlage, die zentrale Schaltstelle, ist der Verstärker. Alle Geräte sind immer mit dem Verstärker verbunden. Der Tuner ist das Radiogerät der Stereoanlage. Er dient zum Empfang verschiedener Rundfunksender. Das Kassettendeck ist ein Tonbandgerät, das Töne auf Magnetband speichert. Der Plattenspieler dient zum Abspielen von analogen Schallplatten. Eine winzige Nadel tastet die Unebenheiten in der Plattenrille ab, die dann in Töne umgewandelt werden. Digitale Platten, also die CDs, werden mit dem CD-Player abgespielt. Die Abkürzung CD steht übrigens für den englischen Ausdruck Compact Disc. Ein Laserstrahl findet auf der Platte winzige Vertiefungen, die so genannten Pits, die für ihn entweder Null oder Eins bedeuten. Die **Elektronik** macht aus vielen solchen digitalen Werten Töne. Die Töne werden in den Lautsprechern erzeugt, indem ein Magnet und eine Schwingspule eine Membran in Schwingung versetzen. Diese Schwingungen gelangen dann als Töne an unser Ohr.

Stereoanlage

Wie funktioniert ein Lautsprecher?

Im Inneren des Gehäuses schwingt eine Membran. Das ist so etwas wie das Trommelfell im Ohr. Eine schwingende Membran setzt Luft in Bewegung und erzeugt somit **Schall**wellen, die wir hören. Je schneller eine Membran schwingt und je kleiner sie ist, desto höher wird der Ton. Um mehr als einen Ton zu erzeugen, muss man also eine Membran im raschen Wechsel unterschiedlich schnell schwingen lassen. Das ist zum Beispiel mit einer elektrischen Spule

WAS BEDEUTET EIGENTLICH STEREO?

Stereo ist die Kurzform von Stereofonie und heißt wörtlich „Raumklang". Der Mensch hat zwei Ohren, deshalb hört er räumlich. Wir können also Töne von der rechten und der linken Seite wahrnehmen. Wenn in einem Orchester die Geiger beispielsweise links vorne sitzen, kommen die Töne ihrer Instrumente anders zum linken Ohr des Zuhörers als zum rechten Ohr. Diesem Effekt entsprechen Stereoaufnahmen. Die Töne werden bei der Aufzeichnung über zwei Mikrofone aufgenommen, als wären sie die Ohren des Zuhörers. Die Musik kommt schließlich über zwei Kanäle zu den beiden Lautsprechern der Stereoanlage. Bei einer guten Anlage und guten Lautsprechern hat der Zuhörer dann das Gefühl, er sitzt vor einem großen Orchester im Konzertsaal und kann die Musik live hören.

möglich, die durch schnelle Stromstöße mit einem Magnetfeld die Membran in Bewegung setzt und schwingen lässt.

Im Geschäft gibt es viele verschiedene Musik-CDs

Wie werden die Töne verstärkt?

Um einen starken Ton im Lautsprecher zu erzeugen, müssen die winzigen Magnetimpulse zum Beispiel auf einem Tonband verstärkt werden. Dazu braucht man den Verstärker in einer Stereoanlage. Im Verstärker befinden sich zahlreiche Transistoren. Das sind Schalter, die zu Hunderten und Tausenden auf einen kleinen Chip passen. Der Strom in einer Anlage kann erst dann zum Lautsprecher fließen, wenn ein Impuls – von der Schallplatte, vom Tonband oder vom Mikrofon – den Transistor anregt. Auf diese Weise ist es möglich, schwache Impulse zu lauten Tönen zu verstärken.

HAST DU SCHON GEWUSST,

wer das erste Gerät zur Tonaufzeichnung erfunden hat? Der amerikanische Erfinder Thomas Alva Edison (1847-1931) entwickelte den Vorläufer des Plattenspielers, den Fonografen. Dieser konnte Töne aufzeichnen und abspielen. Die Töne versetzten eine Membran am Ende eines Schalltrichters in Schwingungen. Diese bewegten eine Stahlnadel, die dadurch dann Rillen in eine Walze ritzte. Das Prinzip der Schallplatte, einer flachen Scheibe mit Schallrillen, geht auf den deutsch-amerikanischen Elektrotechniker Emil Berliner (1851–1929) zurück. Er erfand 1887 das erste Grammofon zum Abspielen von Schallplatten.

Stromkreis

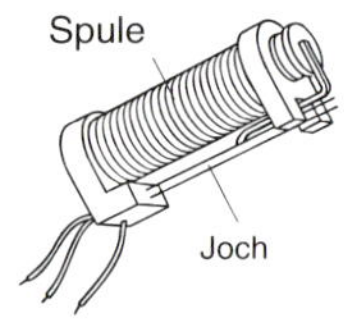

Stromspule

Damit die **Elektrizität** überhaupt die Stromquelle verlassen kann, muss sie einen Weg haben, auf dem sie fließt, etwa einen Draht. Der Strom aus einer **Batterie** kann nur in einer Richtung fließen. Man muss also das eine Ende der Batterie über einen isolierten Draht mit dem anderen Ende verbinden. Dies bezeichnet man als Stromkreis. Erst wenn ein Stromkreis geschlossen ist, kann darin Strom fließen. Wird er unterbrochen, kann kein Strom mehr fließen. In einer Taschenlampe beispielsweise fließt der Strom von der Batterie über den Schalter durch die **Glühbirne** und wieder zurück zur Batterie. Damit ein Stromkreis geschlossen ist, müssen alle Teile elektrisch leitend miteinander verbunden sein. Die negativ geladenen Elektronen in einem Stromkreis bewegen sich durch so genannte elektrostatische Kräfte. Stromkreise bestehen aus leitfähigem Material, meist Metall, in dem ein Teil der Elektronen nur locker an die Atome gebunden ist.

Elektrischer Strom

Elektrischer Strom besteht aus bewegten elektrischen Ladungen, den Elektronen. Wir können uns den elektrischen Strom wie einen Wasserstrom vorstellen: Wasser kann nur in einem geschlossenen Röhrensystem gepumpt werden. Der elektrischen Spannung entspricht der Wasserdruck. Trotz des Druckes kommt es aber erst dann zu Wasserstrom, wenn ein Verbraucher angeschlossen ist. Der Verbrauch beginnt beim Wasser, wenn der Hahn aufgedreht wird, beim elektrischen Strom, wenn man den einen Schalter betätigt. Der Pumpe im Wasser entspricht zum Beispiel die Batterie. Sie enthält in chemischer Form gespeicherte **Energie** und wandelt sie in elektrische Energie um. Die Pumpe muss, wenn sie Wasser bewegt, die Reibung der Flüssigkeit an den Rohrwänden und in sich selbst überwinden. Dasselbe gilt für elektrischen Strom: Jeder Leiter hat einen Widerstand, den er überwinden muss. Ein Beispiel dafür ist die Glühbirne, welche die Energie der fließenden Elektronen nutzt, und deren Glühwendel einen solchen Widerstand darstellen. Durch den Widerstand, den sie dem elektrischen Strom entgegensetzen, erwärmen sie sehr stark und beginnen zu leuchten.

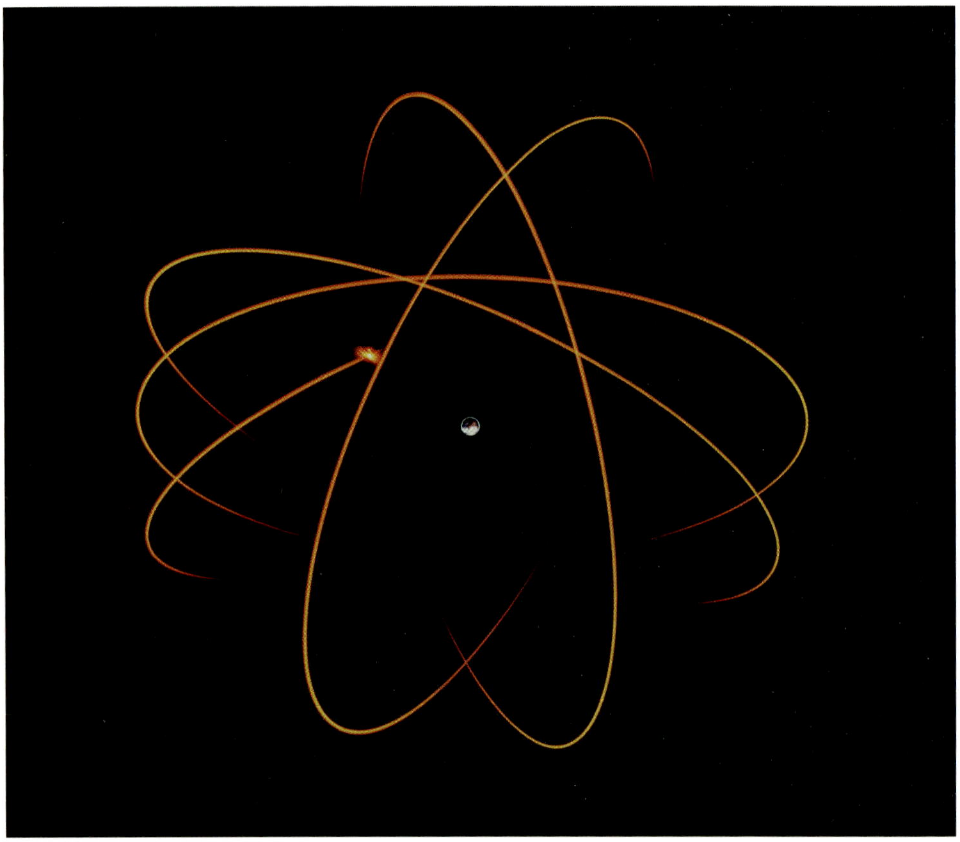
Elektronen bewegen sich um einen Kern

Schaltungen

Es gibt verschiedene Schaltungen. Um zum Beispiel mehrere

Glühbirnen untereinander zu verbinden, gibt es zwei Möglichkeiten: die Reihen- und die Parallelschaltung. Bei der Reihenschaltung sind alle Birnchen durch einen einzigen Stromkreis nacheinander verbunden. Ein Beispiel dafür ist eine Lichterkette am Weihnachtsbaum. Die Birnen erzeugen nur schwaches Licht, da sie sich die Energie untereinander aufteilen müssen. Wenn wir eine Birne entfernen, ist der Stromkreis unterbrochen, und auch die anderen Birnen brennen nicht mehr. Bei der Parallelschaltung bekommt jede Birne ihren eigenen Stromkreis, es entstehen also mehrere unabhängige Stromkreise. Jede Birne brennt dabei genauso hell, wie wenn sich nur eine einzige Birne im Stromkreis befände. Fällt eine Birne aus, brennen die anderen trotzdem weiter.

Widerstand

Bewegte Körper treffen meist auf einen Widerstand, der zum Beispiel durch Reibung auf der Oberfläche oder an der Luft bewirkt wird. Auch wenn elektrischer Strom fließt, trifft er auf einen Widerstand. Die Elektronen können nicht ungehindert fließen, sondern stoßen auf ihrem Weg ständig mit den Atomen des Leiters zusammen. Die Zusammenstöße ergeben den Widerstand des Leiters. Durch einen guten elektrischen Leiter können Elektronen besser fließen als durch einen schlechten Leiter. Der Widerstand des guten Leiters ist geringer, sodass ein stärkerer Strom fließen kann. Ein regelbarer Widerstand wie der Helligkeitsregler steuert den Stromfluss. Er verändert die Helligkeit der Glühbirne, indem der Gleitkontakt die Länge der stromdurchflossenen Strecke verändert. Je kürzer die Strecke, desto geringer ist der Widerstand und desto heller leuchtet die Birne. Ein typisches Beispiel für einen regelbaren Widerstand ist der Lautstärkeregler am **Radio**. Beim Drehen des Reglers gleitet der Stromabnehmer über eine kreisförmige, kohlebeschichtete Widerstandsbahn. An diesen Widerstand ist das Signal für die Lautsprecher gelegt. Beim Drehen des Reglers wird der Signalstrom dementsprechend stärker oder schwächer.

EXPERIMENT: BAU DIR EINE EINBRUCHSICHERUNG

Du kannst dir ganz leicht selbst eine Einbruchsicherung bauen: Schneide ein längliches Stück Karton aus und falte es in der Mitte. Klebe in die beiden Teile zwei Streifen aus Alufolie und verbinde sie über Drähte mit einer Batterie und einer Glühlampe. Tritt jemand auf die Einbruchssicherung, presst er den Kartonschalter zusammen, sodass schließlich die Glühbirne aufleuchtet.

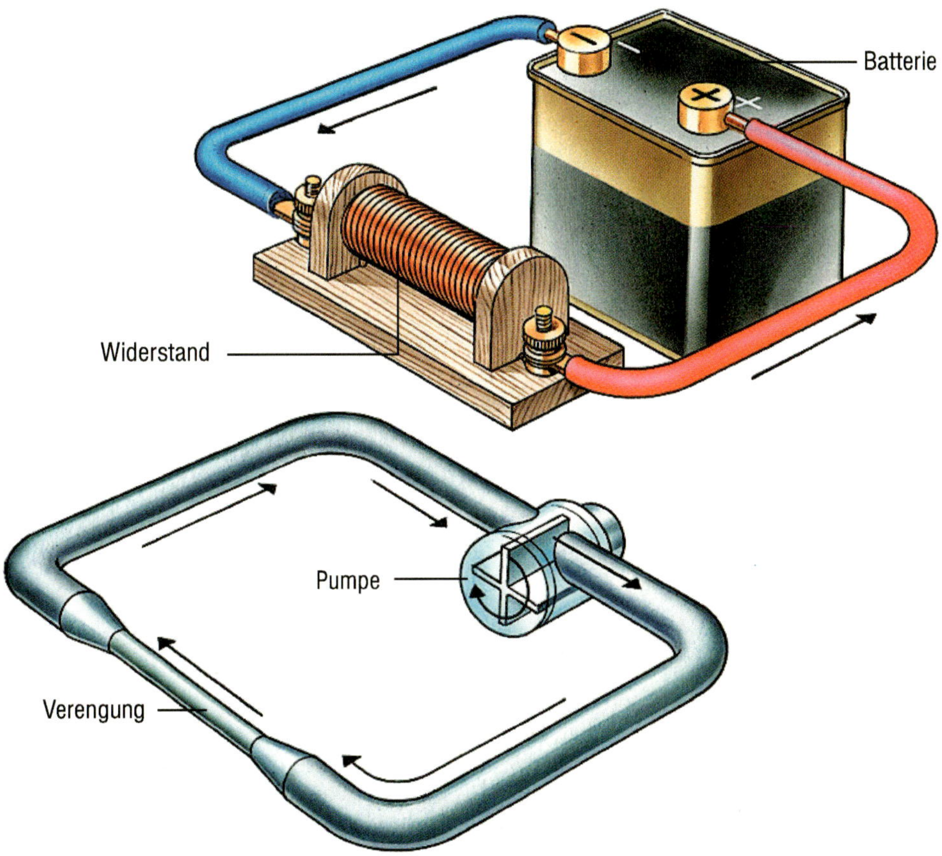

Funktionsschema eines Stromkreises

Telefon

Die ersten Telefonate

Alexander Graham Bell (1847-1922) gilt als Erfinder des Telefons. Den ersten Telefonapparat konstruierte jedoch der deutsche Physiker Johann Philipp Reis (1834-74) im Jahr 1861. Der erste Satz, der jemals per Telefon übermittelt wurde, lautete: „Die Pferde fressen keinen Gurkensalat." Allerdings konnte der Gesprächspartner von Johann Philipp Reis, der am anderen Ende der Telefonleitung den Satz hörte, nicht fragen, was damit gemeint war. Das erste Telefon übertrug Sprache nur in eine Richtung. Bell entwickelte 1876 schließlich den ersten Telefonapparat, der kommerziell brauchbar war. Mit dieser patentierten Konstruktion konnten beide Gesprächsteilnehmer miteinander sprechen. Allerdings waren Mikrofon und Lautsprecher in einem trichterförmigen Handstück eingebaut. Beim Telefonieren

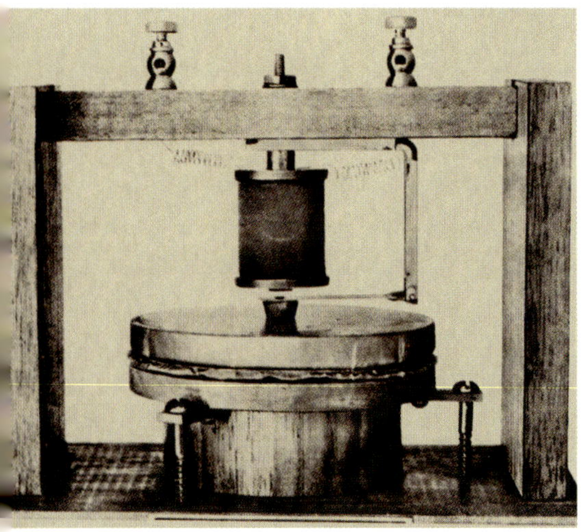

Historisches Telefon von 1878

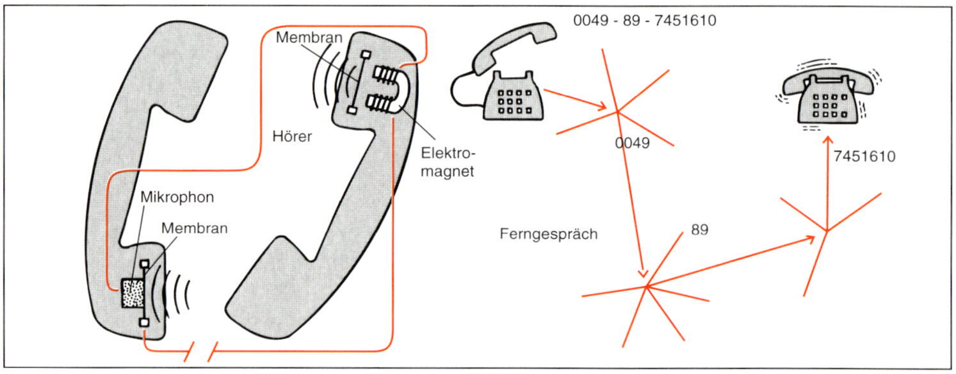

Bestandteile eines Telefons

musste man den „Hörer" also abwechselnd an den Mund oder das Ohr halten. 1877 wurde das Telefon dann unter dem Namen „Fernsprecher" in Deutschland eingeführt. Damals konnte der gewünschte Gesprächsteilnehmer noch nicht direkt angewählt werden. Mitarbeiter in einem Fernsprechamt stellten die gewünschte Verbindung durch Umstöpseln von Telefonleitungen her.

1889 erfand Almon Brown Strowger (1839-1902) in den USA den Vorgänger der Wählscheibe. Er konstruierte ein Tastensystem, mit dem die automatische Gesprächsvermittlung möglich wurde. Damit war die Fernsprechvermittlung nicht mehr nötig.

Wie funktioniert das Telefon?

In der Sprechmuschel befindet sich ein Mikrofon. Es besteht aus einer dünnen, flexiblen Kunststoffmembran. Die Membran wird durch die Schallwellen, die beim Sprechen entstehen, in Schwingungen versetzt. Die Schallschwingungen werden

Telegraf von 1856

Kommunikationsmedium Telefon

Dosen-Telefon

von der Membran in elektrische Schwingungen umgewandelt. Nachdem diese Schwingungen durch die Telefonleitung zum Empfänger übertragen wurden, werden sie in der Hörmuschel wieder in Schallwellen zurückverwandelt und durch einen eingebauten Lautsprecher hörbar. Der Lautsprecher ist ebenfalls aus einer Membran. Sie besteht aus Eisen und ist vor einem Elektromagneten angebracht. Die ankommenden Schwingungen verändern die Stärke des Elektromagneten. Die Membran wird so hin und herbewegt. Die Bewegungen der Membran hören wir dann wieder als Sprache. Übertragungswege für elektrische Schwingungen von einem Telefon zum anderen sind Kabel, Glasfasern und Funkstrecken. Das schnurlose Telefon besteht aus einem Basisgerät, das an das Festnetz angeschlossen ist, und einem mobilen Handgerät. In einem Gebäude kann man sich zirka 50 Meter und im Freien zirka 300 Meter von der Basisstation entfernen und trotzdem noch telefonieren. Ein schnurloses Telefon darf aber nicht mit einem Handy (Mobiltelefon) verwechselt werden, bei dem die Gesprächsübermittlung komplett drahtlos durch elektromagnetische Wellen erfolgt.

Das Handy

Mobiltelefone sind handlich, vielseitig verwendbar und man ist immer erreichbar. Der Umgang mit dem Handy ist heute derart selbstverständlich geworden, dass man sich kaum vorstellen kann, wie schwer, groß und teuer sie vor einigen Jahren noch waren. Wer mit dem Handy unterwegs ist, bewegt sich durch ein unsichtbares Gitternetz an Funkzellen. Das Handy hält im eingeschalteten Zustand über

Handy-Tastatur

diese Funkzellen den Kontakt zum Funknetz. Mit modernen Handys kann man nicht nur telefonieren, fotografieren oder Kurznachrichten verschicken, sondern sie bieten auch die Möglichkeit im **Internet** zu surfen. Dies funktioniert durch den WAP-Standard (**W**ireless **A**pplication **P**rotocol) für Datenübertragungen. Mittels dieser Technologie können Daten aus dem Internet problemlos und schnell auf Handys übertragen werden.

EXPERIMENT: BAU DIR EIN DOSENTELEFON

Mit zwei Konservendosen, einer ein Meter langen Kordel und einem Dosenöffner lässt sich eine Art Telefon bauen. Von den leeren Konservendosen muss der Deckel entfernt werden. Benutze nur Dosen mit abgerundeten Kanten, damit du dich nicht verletzt. In den Boden der Dosen wird mit dem Dosenöffner ein Loch gebohrt. Nun kannst du das eine Ende der Kordel durch das Loch in die Dose stecken. Ein Knoten verhindert, dass die Kordel wieder aus der Dose rutscht. Am anderen Ende der Kordel wird auf gleiche Weise die zweite Dose befestigt. Mit diesem Gerät kannst du nun auf einfache Weise „telefonieren“. Die eine Dose ist die „Sprechmuschel“, die andere der „Hörer“. Wichtig für das Gespräch ist, dass die Schnur während des Gesprächs gespannt ist. Nur dann übertragen sich die Schallwellen vom Dosenboden über die Kordel von der einen zur anderen Dose.

Teleskop

Ein Teleskop oder Fernrohr ist ein optisches Gerät, mit dem man weit entfernte Gegenstände betrachten kann. Es erzeugt vergrößerte Bilder von ihnen. Durch die Verwendung starker Fernrohre und anderer Instrumente können Astronomen uns sagen, wie zum Beispiel Sterne beschaffen sind.

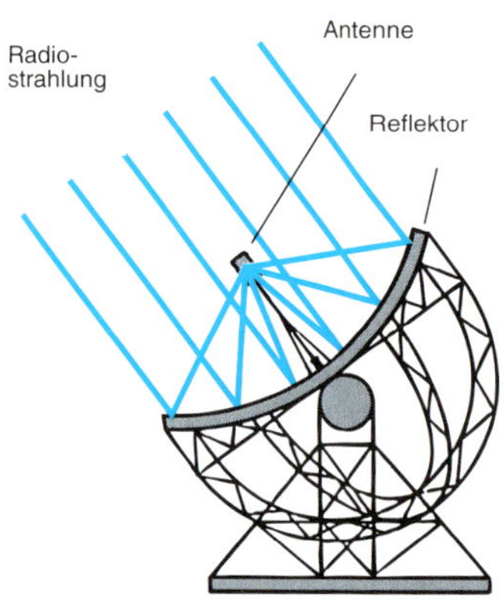

Bestandteile eines Teleskops

Hubble-Weltraumteleskop

Linsenteleskop

Ein Linsenteleskop verwendet zwei Linsen, um ein Bild zu formen – ein Objektiv und ein Okular. Das Objektiv ist eine Sammellinse mit großer Brennweite. Es sammelt das Licht eines fernen Objekts und formt ein Bild. Das Okular, ebenfalls eine Sammellinse, empfängt und vergrößert das Bild. Das Objektiv ist an der Vorderseite des Hauptteleskoprohrs befestigt. Das Okular ist in einer Röhre montiert, die im Hauptrohr auf- und abgeschoben werden kann, um das Bild scharf zu stellen. Das größte Linsenfernrohr der Welt, das in einem Observatorium in Wisconsin, USA, steht, hat eine Linse von nur 100 Zentimeter Durchmesser, weil der Bau von Linsen mit großen Durchmessern äußerst schwierig ist. Heute werden Teleskope auch gerne von Amateurastronomen benutzt.

Teleskop von Isaac Newton

Teleskop

Eines der ersten Linsenfernrohre baute der italienische Mathematiker Galileo Galilei im Jahr 1609. Er war der erste Mensch, der die Gebirge auf dem Mond und die vier großen Jupitermonde sah. Seine Beobachtungen trugen dazu bei, andere Astronomen davon zu überzeugen, dass nicht die Erde, sondern die Sonne Mittelpunkt unseres Planetensystems ist. Um die Bildqualität zu verbessern, baute der englische Wissenschaftler Isaac Newton (1643–1727) im Jahr 1668 ein Teleskop, das einen konkaven, also nach innen gewölbten Spiegel verwendete, um das Licht zu sammeln und zu fokussieren. Dieser Teleskoptyp, der Reflektor, wird heute von den meisten Astronomen benutzt.

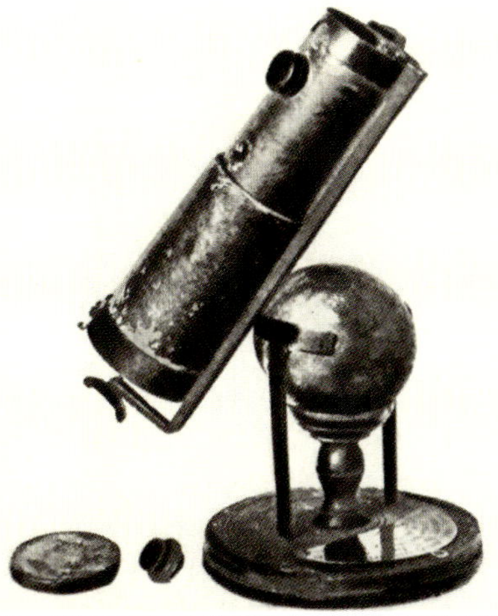

Historische Teleskope

BEDEUTENDE TELESKOPE

1789 Teleskop von Wilhelm Herschel (England) mit 1,2 Meter Durchmesser
1845 Teleskop von Lord Rosse (Irland) mit 1,8 Meter Durchmesser
1917 Hooker-Teleskop (Mount Wilson, Kalifornien) mit 2,5 Meter Durchmesser
1948 Hale-Teleskop(Mount Palomar, Kalifornien) mit 5 Meter Durchmesser
1976 Spiegelteleskop in Selentschukskaja (Kaukasus) mit 6 Meter Durchmesser
1992 Keck-Teleskop (Hawaii) mit 10 Meter Durchmesser

Spiegelteleskop

Aus technischen Gründen sind heutige Teleskope aus Spiegeln aufgebaut (Reflektoren). Ein großer Hohlspiegel (Hauptspiegel) sammelt das einfallende Licht und wirft es auf einen zweiten Spiegel (Fangspiegel) zurück, der es wiederum ins Okular reflektiert. Unter den Spiegelteleskopen gibt es im wesentlichen zwei Typen. Beim Newton-Teleskop wirft der hohle Hauptspiegel die eintreffenden Lichtstrahlen auf einen flachen Fangspiegel. Dieser leitet sie in ein Okular an der Seite der Teleskopröhre weiter. Das größte Spiegelteleskop steht auf Hawaii. Es hat einen Spiegel mit zehn Meter Durchmesser, der aus 36 Stücken besteht und viermal soviel Licht wie das berühmte Hale-Teleskop auf dem Mount Palomar in Kalifornien sammelt.

Weltraumteleskope

Von der Erde aus ist der Blick in den Weltraum durch Staub, Feuchtigkeit und Luftströmungen getrübt. Als in den 60er Jahren des 20. Jahrhunderts das Weltraumzeitalter begann, sandten Wissenschaftler durch **Satelliten** Instrumente in die Erdumlaufbahn. Astronomen nutzten die Vorteile dieser neuen Technik und schickten ihre Teleskope in den Weltraum. Nun konnten sie das Universum deutlicher sehen. Sie konnten es auch in Wellenlängen wie zum Beispiel Gammastrahlen, **Röntgenstrahlen**, ultraviolettes und infrarotes Licht betrachten, die von der Erdatmosphäre geschluckt werden. Plötzlich sah das Weltall ganz anders aus als im sichtbaren Licht. Die ersten für andere Bereiche des Spektrums als für das sichtbare Licht empfindlichen Teleskope waren die Radioteleskope. Aufgrund der großen Wellenlänge dieser Teleskope sind große Antennen nötig, um Bilder mit guter Auflösung zu erhalten. Aus den Daten von Radioteleskopen erfährt man mehr über eine Galaxie als aus Bildern mit sichtbarem Licht. Denn die Zentren von Galaxien und Schwarze Löcher senden nur Röntgen- und Gammastrahlen aus. Die Infrarotastronomie ist besonders geeignet zur Untersuchung der Sonne und der Planeten.

1990 wurde das Hubble-Weltraumteleskop auf die Erdumlaufbahn geschickt. Diese befindet sich 600 Kilometer über der Erdoberfläche, weitab von störenden Einflüssen der Erdatmosphäre. Dadurch ist die Auflösung des Hubble-Teleskops zehnmal so gut wie die eines Gerätes auf der Erde. Der Hauptspiegel des Hubble-Teleskops hat einen Durchmesser von 2,4 Meter.

Radioteleskope

Tonaufzeichnung

Grammofon

Bei der Tonaufzeichnung wird Musik so aufgenommen, dass man sie später wieder abspielen kann. Bei der Tonaufnahme werden Schallwellen in elektrische Signale umgewandelt. Die Speicherung erfolgt magnetisch im Tonband oder durch Veränderung von Oberflächen wie bei der Schallplatte oder der CD (Compactdisc). Bei der Tonaufzeichnung unterscheidet man zwischen analogen und digitalem Aufnahmeverfahren.

Tonaufnahme

Tonaufnahmen fangen mit dem Mikrofon an. Das Mikrofon verwandelt die Schallwellen eines Instruments oder der menschlichen Stimmen in elektrische Signale, die von einem Aufzeichnungssystem gespeichert werden. Die Signale sind analog, also fortlaufend und variieren je nach Tonhöhe (Frequenz) und Lautstärke des Tons. Sie werden entweder mit einem analogen System (Schallplatten oder Kassetten) oder einem digitalen System (CDs, Minidisks oder Bänder) gespeichert.

Tonwiedergabe

Sowohl analoge als auch digitale Anlagen geben analoge Signale aus, die den über Mikrofon aufgenommenen Ausgangssignalen entsprechen sollten. Die von analogen Systemen abgespielten Signale werden unter Umständen durch Hintergrundrauschen oder durch Kratzer auf der Schallplatte verzerrt. Digitale Systeme setzen jedoch nur die Binärzahlen 0 und 1 von elektrischen Impulsen in Signale um. Auch wenn die Impulsstärke sich aufgrund von Hintergrundrauschen ändern kann, bleibt die Abfolge von Nullen und Einsen immer gleich. Die ursprünglich aufgenommenen Schallwellen werden als rauschfreie analoge Ausgabesignale wiedergegeben. Da diese jedoch schwach sind, muss ein Verstärker vorgeschaltet werden.

HAST DU SCHON GEWUSST,

was man unter analoger und digitaler Tonaufzeichnung versteht? Analoge und digitale Systeme arbeiten mit unterschiedlichen Signaltypen. Beim analogen Verfahren werden die Schallschwingungen mechanisch in den Rillen der Schallplatte oder als magnetisches Muster auf dem Tonband aufgezeichnet. Bei der digitalen Aufzeichnung werden Schallschwingungen in eine dichte Folge von Nullen und Einsen verwandelt. Diese werden in Form winziger Vertiefungen auf einer CD oder digitalen Bändern gespeichert. Zur Wiedergabe werden die digitalen Werte in elektrische Signale und diese wiederum in Tonfrequenzen umgewandelt.

Lautsprecher

Mikrofon

Das Mikrofon ist ein Wandler und verwandelt eine Energieform (Schall) in eine andere (elektrischer Strom). Die schwankende elektrische Spannung, die ein Mikrofon abgibt, ist eine analoge Kopie der Luftdruckschwankungen des Schalls. Man unterscheidet zwei Mikrofontypen: das elektrostatische und das elektrodynamische Mikrofon. Beim elektrostatischen Mikrofon bewegt sich eine Membran mit den Schallwellen und erzeugt so ein elektrisches Signal. Bei den elektrodynamischen Mikrofonen bewegt die Membran eine Spule, die sich in einem Magnetfeld befindet. Dadurch werden in der Spule elektrische Ströme erzeugt und das Mikrofon kann Töne oder Gesang aufnehmen.

Musik-CD

Aufzeichnungsformen

Die analoge Aufzeichnung erfolgt über Rillen in Schallplatten oder mit Hilfe magnetischer Muster auf Tonbändern. Für die digitale Aufzeichnung verwendet man entweder magnetische Muster oder Reihen feinster Vertiefungen.

Schallplatten: Bei der Herstellung einer Schallplatte werden die Schallschwingungen in die Schallrillen einer Scheibe aus **Kunststoff** geritzt. Beim Abspielen der Platte gerät die Abtastnadel des Tonabnehmers durch das eingeritzte Muster in Schwingungen. Diese werden in elektrische Signale umgewandelt, verstärkt und im Lautsprecher hörbar gemacht. Bei Stereoaufnahmen werden in eine Rille gleichzeitig zwei Schallspuren eingeritzt.

Tonbandaufzeichnung: Auf dem Kunststoffband in einer Kassette (analoges Tonband) ist eine hauchdünne Eisenoxidschicht aufgetragen, deren winzige magnetisierbare Teilchen regellos in alle Richtungen weisen. Deshalb spricht man auch von einem Magnetband. Ein Mikrofon nimmt die Schallwellen auf und verwandelt sie in elektrische Schwingungen. Diese werden verstärkt und dem Aufnahmekopf (Tonkopf) zugeführt. Der Tonkopf ist ein Elektromagnet, der dafür sorgt, dass die Eisenoxidteilchen auf dem vorbeilaufenden Band unterschiedlich stark magnetisiert und damit ausgerichtet werden. Auf diese Weise wird die Musik aufgezeichnet. Ein Wiedergabekopf kann die magnetische Information dann ablesen und zum Lautsprecher weiterleiten.

Digitale Tonaufzeichnung: Schallschwingungen werden auf einer CD digital gespeichert. Dazu werden die Amplituden in Abständen von Sekundenbruchteilen gemessen und jeweils einer Folge von Nullen und Einsen zugeordnet. Diesen Werten entsprechen die winzigen Vertiefungen auf der CD. Zum Abhören wird sie von einem **Laser**strahl abgetastet. Stellen ohne Vertiefung reflektieren das Laserlicht auf eine Fotozelle. Es wird in elektrische Spannung umgewandelt und von der **Elektronik** und den Lautsprechern schließlich in Töne umgesetzt.

Uhr

Jedes Gerät, mit dem wir messen können, wie viel Zeit vergeht, ist eine Uhr. Im engeren Sinne versteht man darunter ein angetriebenes Räderwerk mit Vorrichtungen, die für den gleichmäßigen Lauf sorgen und einen Zeiger über eine Rundskala, das Zifferblatt, führen.

Die Geschichte der Uhr

Im Altertum haben die Menschen die Zeit tagsüber vom Stand der Sonne am Himmel abgelesen, in der Nacht von der Stellung der Sterne. So erfanden sie zum Beispiel Sonnenuhren. Erst im 14. Jahrhundert tauchten genauere mechanische Uhren in Europa auf. Sie hatten einen Schwungarm, der seine Bewegungen in immer gleichen Abständen ausführte. Die erste Taschenuhr baute 1510 der Nürnberger Peter Henlein (um 1485–1542). Er ersetzte die Gewichte durch Metallfedern. Die erste Pendeluhr wurde um 1612 konstruiert. Die Armbanduhr, wie wir sie heute kennen, entstand um 1843.

Historische Wasseruhr

Astronomische Uhr

Sonnenuhr, Wasseruhr und Sanduhr

Die Sonnenuhr dient zur Bestimmung der Uhrzeit aus der Schattenlänge und -richtung eines zum Himmelspol gerichteten Stabes. Eine Wasseruhr bestimmt die Zeit mit Hilfe einer aus einem Behälter auslaufenden Wassermenge. Die Sanduhr ist ein sehr einfaches Zeitmessgerät, bei dem feiner Sand in einer bestimmten Zeit durch eine enge Öffnung von einem oberen in ein unteres Gefäß rieselt. Die Gefäße sind in der Regel aus Glas. Sanduhren gibt es in vielen unterschiedlichen Größen.

HAST DU SCHON GEWUSST,

warum der Tag 24 Stunden hat? Anders als Meter und Kilogramm passt die standardisierte Zeit nicht in das Dezimalsystem (Zehnersystem). 60 Sekunden sind eine Minute, 60 Minuten ergeben eine Stunde, 24 Stunden sind ein Tag. Babylonische Astronomen haben vor über 5000 Jahren den Tag auf diese Weise unterteilt. Sie wählten diese Unterteilung, weil ihr Zahlensystem auf der Zahl 60 basierte – so wie es bei uns die Zahl 10 ist.

Pendeluhren

Ein Pendel einer bestimmten Länge schwingt immer in genau der gleichen Zeit hin und her. Durch die Reibung kommt es aber wieder zum Stillstand. Damit es seine Schwingungen aufrechterhalten kann, braucht es ein Hilfsmittel – bei der Pendeluhr ist das ein Gewicht. Das Ge-

Sanduhr

wicht treibt ein Ankerrad an. Der Anker verhindert, dass das Gewicht das Ankerrad zu einer schnellen Drehung veranlasst. Schlägt das Pendel einmal hin und her, so hebt der Anker auf jeder Seite kurz vom Zahnrad ab. Dadurch kann sich das Zahn- oder Ankerrad um einen Zahn weiterdrehen. Diese Bewegung lässt die Zeiger der Uhr vorrücken. Der Zahn erteilt dabei dem Pendel einen kleinen Stoß, der ausreicht, um es in regelmäßiger Bewegung zu halten. Von Zeit zu Zeit muss man das Gewicht der Pendeluhr wieder hochziehen.

Mechanische Uhren

Die mechanischen Taschen- und Armbanduhren arbeiten nach demselben Prinzip. Durch eine Spiralfeder wird die so genannte Unruh dauernd hin- und herbewegt. Bei jeder Schwingung erlaubt die Unruh dem Zahnrad, sich um einen Zahn weiterzudrehen. Diese regelmäßige Bewegung ermöglicht die Zeitmessung. Die Energie für die Unruh liefert die Uhrfeder. Diese hat dieselbe Aufgabe wie das Gewicht bei der Pendeluhr und muss in regelmäßigen Abständen aufgezogen werden, damit die Uhr nicht stehen bleibt.

Elektrische Uhren

Elektrische Uhren sind mechanische Uhren mit Batterieantrieb oder Quarzuhren. Bei mechanisch-elektrischen Uhren wird die Antriebsfeder in kurzen Zeitabständen durch einen Elektromagneten oder Elektromotor, der von einer Batterie gespeist ist, aufgezogen. Die Uhrbatterien halten bis zu fünf Jahren.

Quarzuhren kommen fast ganz ohne mechanisch bewegte Teile aus. Wird bei einer digitalen Quarzuhr elektrischer Strom aus einer **Batterie** an den Kristall angelegt, vibriert er in der Frequenz von genau 37,768 Hertz (Schwingungen pro Sekunde). Elektronische Schaltungen auf einem Chip setzen diese Frequenz auf ein 1 Hertz herab. Die 1-Hertz-Schwingungen werden elektronisch gezählt und über ein Display angezeigt. Bei der analogen Quarzuhr mit Zeiger und Zifferblatt treibt die 1-Hertz-Schwingung einen kleinen Schrittmotor für Sekundenbewegungen des Zeigers und entsprechende Schrittbewegungen des Minuten- und Stundenzeigers über ein einfaches Räderwerk.

Die höchste Ganggenauigkeit aller Uhren weisen Atomuhren auf. Die Atomuhr hat eine Zeitabweichung von nur einer Sekunde in tausend Jahren. Sie wird durch die Eigenschwingungen von Atomen (Cäsium) gesteuert. In der Atomuhr wird ein Stückchen Cäsium erhitzt. Dieses sendet Atome aus, die 9.192.631.770 Mal in der Sekunde schwingen. So können damit auch Sekundenbruchteile gemessen werden.

Sonnenuhr

Ultraschall

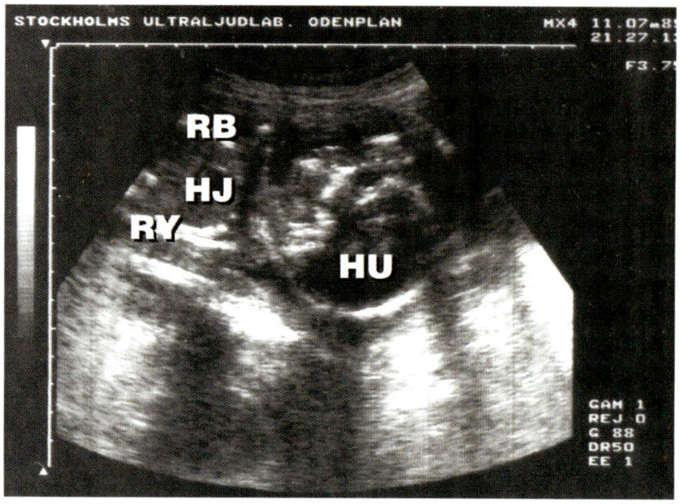

Ultraschallaufnahme

Ultraschall ist **Schall** oberhalb der menschlichen Hörgrenze, also oberhalb 16 bis 20 Kilohertz. Wir können Ultraschall nicht mehr hören. Hunde hören bis 40 Kilohertz, Fledermäuse bis 120 Kilohertz. Ultraschall beginnt bei einer Frequenz von 20 Kilohertz und reicht bis ungefähr 100 Kilohertz. Bei noch höheren Frequenzen spricht man von Hyperschall.

Anwendung

So genannte Sonargeräte wie beispielsweise das **Echolot** arbeiten mit Ultraschallwellen. Es gibt aber auch noch eine große Anzahl weiterer Anwendungen von Ultraschall, zum Beispiel Hundepfeifen, deren Schallwellen (30-40 Kilohertz) zwar der Hund, nicht aber der Mensch hören kann. Für blinde Menschen gibt es Blindenleitgeräte, die Ultraschallwellen ausstrahlen und Hindernisse anzeigen. Mit einem solchen Gerät kann der Blinde selbst Hindernisse in Bindfadenstärke schon in 75 Zentimeter Entfernung wahrnehmen.

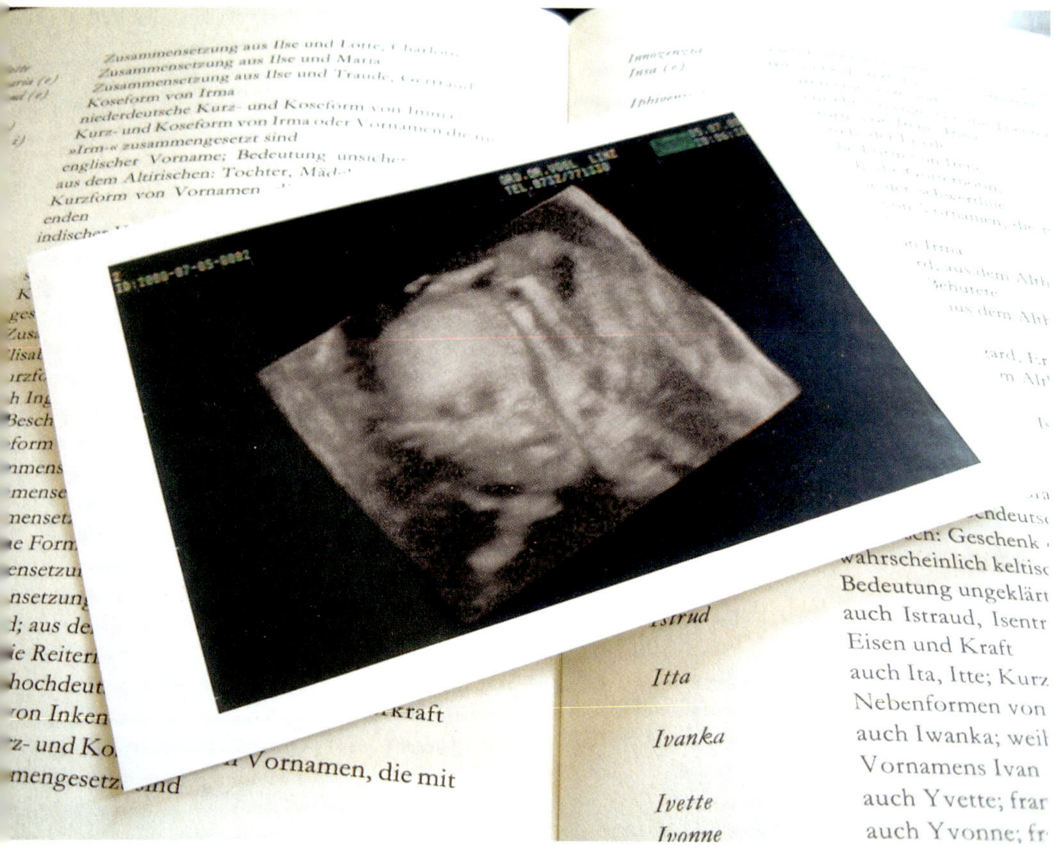

Ultraschallaufnahme eines ungeborenen Kindes

Auch Materialfehler lassen sich mit Ultraschall entdecken. **Flugzeuge**, Schiffskörper und stark belastete Teile von Zügen und Autos dürfen keine Risse haben, und ihre Schweißnähte müssen absolut dicht sein. Durch die Belastung beim Flug könnten sich zum Beispiel bei einem Flugzeug die Risse vergrößern und dadurch zu einer Katastrophe führen. Deshalb werden einzelne Bauteile mit Ultraschallwellen durchstrahlt. Bei dieser Prüfung zeigen sich Risse oder Löcher durch ein abweichendes Reflexionsbild: Der Strahl tritt in das Material ein und wird an einem Riss oder Loch vorzeitig zurückgeworfen. Aus der Laufzeit und Richtung des reflektierten Schalls erkennt man, wo der Materialfehler ist.

Mit Ultraschall können auch Gegenstände poliert, verarbeitet oder gesäubert werden. Man taucht sie in ein Wasserbad ein und behandelt sie mit Ultraschall. Dabei lösen sich die Schmutzteilchen von der Oberfläche.

HAST DU SCHON GEWUSST,

was Infraschall ist? Schallschwingungen, deren Frequenz unterhalb der Hörgrenze bei etwa 16 Kilohertz liegt, nennt man Infraschall. Er kann ebenso wie Ultraschall nicht gehört werden. Wenn er stark genug ist, können wir ihn aber fühlen. Infraschall tritt zum Beispiel bei Erdbebenwellen auf. Infraschallwellen können auch von Boden- oder Gebäudeschwankungen, durch Wind und Brandung, aber auch durch laufende Motoren verursacht werden. In der Technik werden sie zum Beispiel benutzt, um Löcher in halbhartes Material zu bohren. Künstlich erzeugter Infraschall verursacht bei langer dauernder Einwirkung gesundheitliche Schäden wie Gleichgewichtsstörung oder Übelkeit.

Ultraschall in der Medizin

Auch die Medizin kommt heute ohne Ultraschallgeräte nicht aus. Ultraschalluntersuchungen werden häufig zur Untersuchung der menschlichen Organe eingesetzt. Bei Ultraschalluntersuchungen besteht keine Gefahr, die Organe zu verletzen. Trotzdem liefern sie ein genaues Bild vom Inneren des Körpers.

Die Ultraschalldiagnose wird bei schwangeren Frauen zur Beobachtung des heranwachsenden Kindes angewandt. Das Kind bildet sich ziemlich scharf auf dem Bildschirm ab. Meistens kann man schon erkennen, ob es ein Mädchen oder ein Junge wird.

Ultraschall wird auch überall dort zur Diagnose eingesetzt, wo er die Röntgendiagnose ersetzen kann. Ultraschallsonden senden mit ihrem Schallkopf Impulse aus. Gebündelte Ultraschallwellen dringen in den Körper des Patienten ein und werden von bestimmten Organen, aber auch von Nerven, Muskeln, oder weichen Knochenteilen je nach ihrer Dichte unterschiedlich reflektiert. Das Echobild mit Schatten und hellen Stellen wird auf einem Bildschirm sichtbar gemacht. Das Echo, das die Ultraschallwellen erzeugen, wird punktweise gemessen und aufgezeichnet. Die Helligkeit des Ultraschallbildes hängt von der Stärke der zurückgeworfenen Ultraschallwellen ab.

Der Arzt verwendet Ultraschall nicht nur zur Diagnose, sondern auch zur Behandlung von Krankheiten. Damit kann er Steine in der Niere und der Galle zertrümmern: Der so genannte Lithotripter gibt Ultraschallwellen auf den Stein ab, worauf er zu Grieß zerfällt. Die kleinen Teilchen können dann aus der Niere oder der Galle ausgespült werden. Ultraschall wird auch zur Behandlung von Gelenkerkrankungen eingesetzt. Die Ultraschallwellen werden auf den erkrankten Körperteil übertragen und erzeugen dort heilende Wärme.

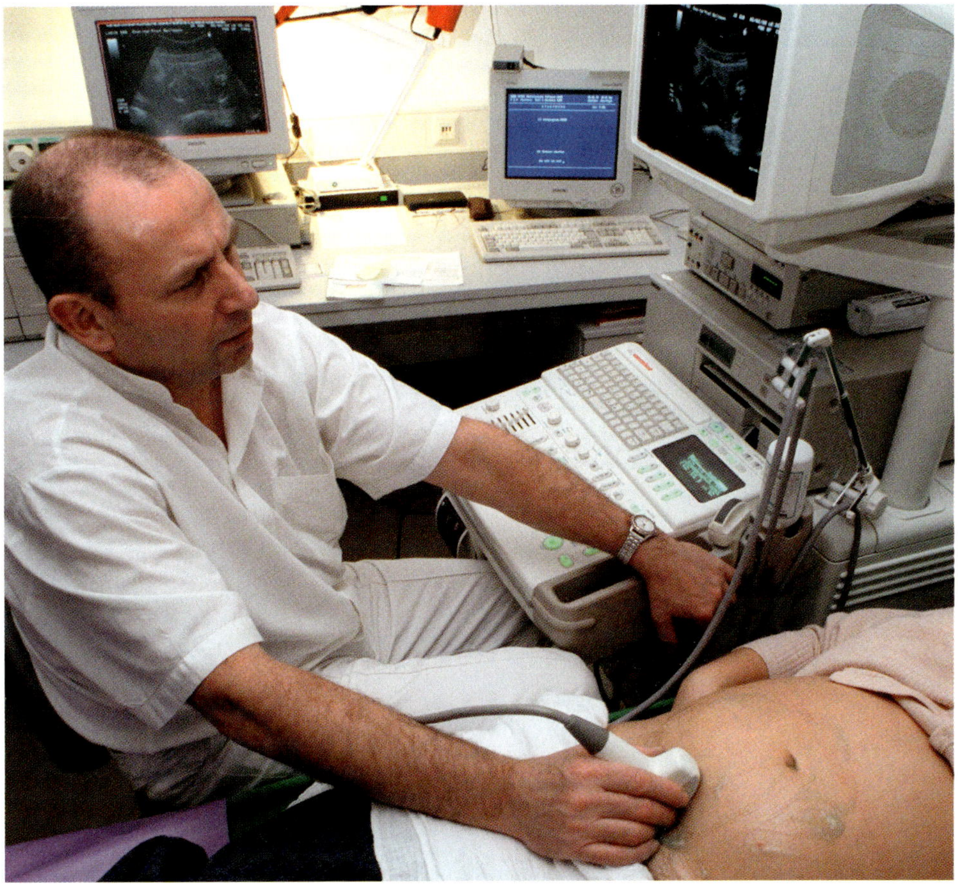

Schwangere Frau bei Ultraschalluntersuchung

Waschmaschine

Vom Waschbrett zur Waschmaschine

Vor der Erfindung der Waschmaschine brauchte man Stunden, um Wäsche sauber zu bekommen. Der Waschvorgang war mit körperlicher Arbeit verbunden. Die Prozedur war so enorm, dass es in den meisten Familien nur drei oder vier Waschtage im Jahr gab.

Gelagert wurde die Schmutzwäsche früher in so genannten „Schwarzzeugkammern". Am Waschtag wurde die Wäsche

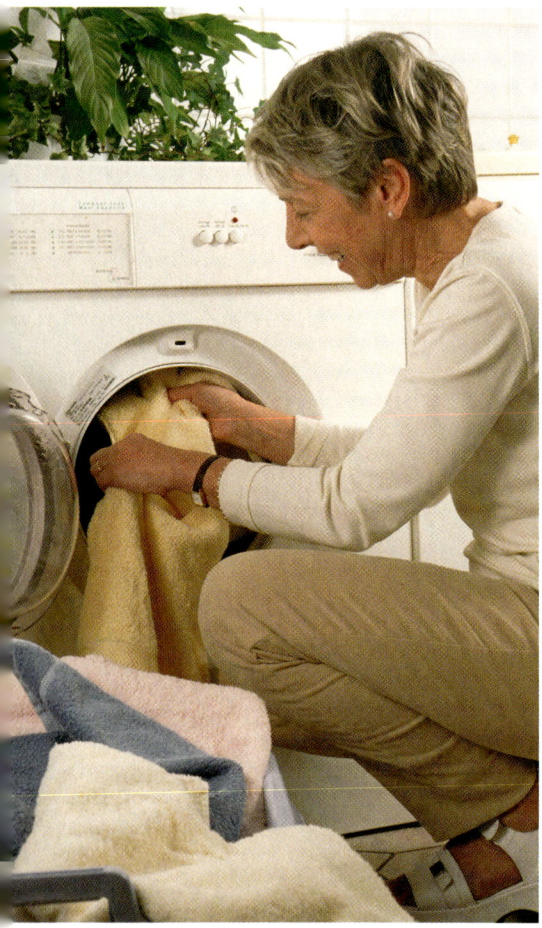

Befüllen der Waschmaschine

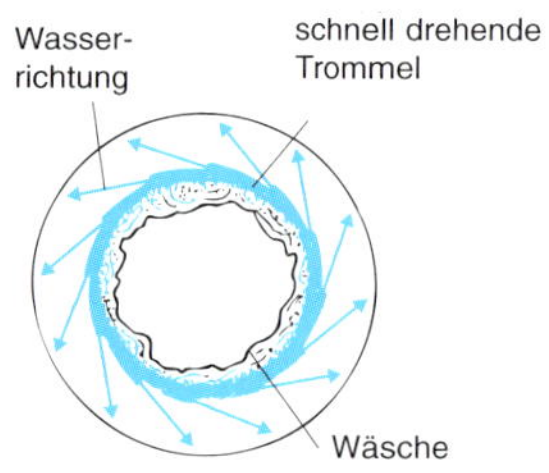

Prinzip einer Zentrifuge am Beispiel einer Waschmaschine

Zentrifuge

meist zum Fluss gebracht, wo ausreichend Wasser vorhanden war. Die Wäscherinnen mühten sich stundenlang ab, bearbeiteten die Wäsche mit Seife, Waschbrett und Bürste. Als Waschbrett diente ein Holzbrett, in das Erhebungen und Vertiefungen geschnitzt waren. Dadurch konnte der Schmutz beim Reiben auf der unebenen Fläche besser gelöst werden.

Die ersten Waschapparate

Der erste Vorläufer einer Waschmaschine wurde im 18. Jahrhundert entwickelt. Das Gerät hieß „Rührflügelmaschine" und bestand aus einem Bottich und Klöppeln. Die Klöppel ragten durch den Deckel ins Innere des Bottichs und rührten die Wäsche. Diese Erfindung konnte sich jedoch nicht durchsetzen. Mit den Jahren entwickelte sich die Idee, Wäsche in einer Trommel zu waschen. Im Jahr 1908 stellte eine amerikanische Firma namens „The Hurley Machine Company"

Waschtrommel

in Chicago die erste elektrische Waschmaschine mit Trommel und Motor vor. Es dauerte aber fast 50 Jahre, bis vollautomatische Waschmaschinen auch in Deutschland auf den Markt kamen.

Heute gibt es zwei verschiedene Arten von Waschmaschinen: Den Toplader, bei dem die Wäsche von oben eingefüllt wird und den Frontlader, der seine Ladeluke an der Vorderseite hat. Eine Waschmaschine benötigt in der Regel einen Strom-, Frischwasser- und Abwasseranschluss.

Vor dem Waschen

Zum Waschen wird die Schmutzwäsche in die Stahltrommel gelegt und dann die Türe oder Klappe verschlossen. Eine dicke Gummidichtung sorgt dafür, dass später kein Wasser aus der Ladeluke auslaufen kann. Nun

Programmwahl

muss Waschmittel in die kleine Schublade oben an der Waschmaschine gefüllt werden. Die Schublade hat unterschiedliche Fächer für die verschiedenen Waschgänge. Meist ist für den Hauptwaschgang das Mittelfach vorgesehen. Die anderen Fächer sind für die Vorwäsche und den Weichspüler. Zum Schluss der Vorbereitungen wird noch das Waschprogramm eingestellt: Feine Textilien wie zum Beispiel Seide sollten nur bei niedrigen Temperaturen gewaschen werden, den robusteren Baumwollstoffen schadet eine höhere Temperatur hingegen nicht.

So funktioniert die Maschine

Ist das Programm ausgewählt und der Startknopf gedrückt, beginnt der Waschvorgang. Das Frischwasser gelangt durch ein Einlassventil in die Schublade. Das Ventil steuert, wie viel Wasser in die Schublade fließt. Im Schubfach vermischen sich Wasser und Pulver zu einer Lauge. Das Gemisch gelangt dann in einen Laugenbehälter, der die Waschtrommel umgibt. Da die Trommel kleine Löcher hat, kann das Wasser aus dem Behälter in die Trommel eindringen. Wenn sich die Trommel dreht, wird die gesamte Wäsche nass. Für die Drehung sorgt ein Motor. Beim Schleudern arbeitet dieser Motor auf Hochtouren und dreht die Trommel bis zu 1800 Mal in der Minute!

Damit die Wäsche auch schön sauber wird, muss das Wasser erhitzt werden. Dafür sind so genannte Heizschlangen zuständig, die Wärme abgeben. In dem Heizsystem der Waschmaschine ist auch ein Temperaturregler eingebaut. Grundsätzlich lässt sich über die Waschtemperatur sagen: Je heißer die Waschlauge ist, desto besser verschwinden Flecken und andere Schmutzspuren.

Beim Waschen dreht sich nun die Trommel viele Male im Behälter. Der Dreck geht nach und nach aus der Wäsche ins Wasser. Nach einem Wasch- oder Spülgang wird das Wasser mit einer Laugenpumpe über den Wasserablauf aus der Maschine befördert.

Wenn man vor dem Hauptwaschgang noch einen Vorwaschgang wählt, werden die Textilien zweimal gewaschen. Das Schleuderprogramm trocknet die Wäsche vor: Durch die enorm hohe Drehgeschwindigkeit der Trommel wird die Wäsche an die Trommelwand gedrückt. Die dabei auftretende Zentrifugalkraft schleudert das Wasser aus den Löchern der Waschtrommel.

Warum dreht sich die Waschtrommel in beide Richtungen?

Wer schon einmal durch die Ladeluke einen Waschgang beobachtet hat, weiß, dass sich die Trommel mal in die eine, mal in die andere Richtung bewegt. Würde sich die Trommel nur in eine Richtung drehen, so würde die Zentrifugalkraft die Wäsche zusammenballen. Der Schmutz könnte dann nicht so gut von der Kleidung gelöst werden.

Wäsche farblich sortieren

Wetterstation

Was passiert in einer Wetterstation?

Das Wetter ändert sich beinahe täglich. Wir wollen wissen, ob es am nächsten Tag regnet oder ob die Sonne scheint. Wird es ein warmer oder kalter Tag? Um diese Fragen beantworten zu können, beobachtet man das Wetter und zeichnet die Wetterdaten auf. Durch die Wetterdaten kann eine Wettervorhersage für einen bestimmten Zeitraum getroffen werden. Der zuverlässige Vorhersagezeitraum liegt bei zirka drei bis vier Tagen. Für die Vorhersage benötigt man viele Informationen über die Einflussfaktoren des Wetters wie Lufttemperatur, Windgeschwindigkeit, Windrichtung, Luftfeuchtigkeit, Luftdruck und Niederschlag. In den Wetterstationen werden diese Einflussfaktoren mehrmals am Tag gemessen. Dort werden Tabellen und Wetterkarten erstellt, um langfristige Wettervorhersagen machen zu können. Menschen, die sich beruflich mit dem Wetter und seiner Vorhersage beschäftigen, bezeichnet man als Meteorologen.

Lufttemperatur und Luftfeuchtigkeit

Die Lufttemperatur ist wichtig für die Vorhersage. Wie aber erwärmt sich die Luft? Die Sonne scheint auf die Erde. Die Sonnenstrahlen selber erwärmen die Luft aber nicht. Wenn die Sonnenstrahlen auf ihrem Weg von der Sonne zur Erde auf Hindernisse treffen, werden sie von diesen dabei entweder reflektiert (zurückgeworfen), gehen durch die Dinge hindurch oder werden von ihnen absorbiert (verschluckt). Helle Oberflächen reflektieren die Strahlen, dunkle Oberflächen absorbieren sie. Wasserflächen und Schnee reflektieren die Sonnenstrahlen besonders stark. Darum ist es auf dem Wasser oder auf einer großen Schneefläche auch kälter als auf dem „normalen" Boden. Treffen die Strahlen auf den Boden, werden sie von ihm absorbiert. Wenn dieser sich dann aufgeheizt hat, strahlt ein Teil der Wärme zurück und erwärmt so wiederum die Luft. Die Temperatur der Luft wird in einer Wetterstation mit einem geeichten Thermometer gemessen.

Schlechtwettervorhersage

Das Messgerät zur Bestimmung der Luftfeuchtigkeit heißt Hygrometer. Die relative Feuchtigkeit gibt die Sättigung der Luft mit Wasserdampf an. 100 Prozent relative Feuchtigkeit ist die höchste Wasserdampfmenge, die Luft bei einer bestimmten Temperatur enthalten kann. Je wärmer die Luft ist, um so mehr Wasser kann sie auch aufnehmen. In der Luft ist ständig Feuchtigkeit als Wasserdampf enthalten. Überschreitet der Wasserdampfgehalt die Sättigungsgrenze, bilden sich Tau, Nebel und Regen. Die Aufnahmekapazität der Luft für Wasserdampf ist stark temperaturabhängig.

Windgeschwindigkeit und Windrichtung

Während sich Thermometer und Hygrometer innerhalb der Wetterstation befinden, sind die Messgeräte zur Bestimmung von Windgeschwindigkeit und Windrichtung unter freiem Himmel angebracht. Die Windgeschwindigkeit ist der Weg, den die Luft in einer bestimmten Zeit zurücklegt. Sie kann mit einem Windsack abgeschätzt werden. Genau gemessen werden Richtung und Geschwindigkeit mit einem kleinen rotierenden Windmessgerät, dem Anemometer. Die Windgeschwindigkeit wird meist in Metern pro Sekunde oder in Kilometern pro Stunde angegeben.

Wetterstation

Der Wind wird je nach seiner Geschwindigkeit in verschiedene Windstärken eingeteilt. Eine Skala zur Bestimmung der genauen Windstärke wurde im Jahre 1806 von Sir Francis Beaufort (1774-1857) entwickelt. Er teilte die gemessenen Winde in die Stärken 0 bis 12 ein. Windstärke 0 bedeutet nach der Beaufort-Skala, dass absolute Windstille herrscht. Die Beaufort-Skala endet mit Windstärke 12. Dann spricht man von einem Orkan.

Barometer

Luftdruck

Die Oberfläche der Erde ist von Luft umgeben. Auch Luft ist eine Masse, sie hat also ein Gewicht. Durch die Anziehungskraft der Erde werden die Moleküle der Luft angezogen. Daher drückt die Luft konstant auf den menschlichen Körper. Unser Körper verformt sich aber nicht, weil er darauf ausgelegt ist, dem Luftdruck standzuhalten. Der Druck der Luft wird mit einem Barometer gemessen und in Hektopascal angegeben. Mit zunehmender Höhe wird der Luftdruck immer dünner. Ist bei der Wettervorhersage von einem heraufziehenden Tiefdruckgebiet die Rede, so kündigt sich schlechtes Wetter an. Bei einem Hoch wird das Wetter schön.

HAST DU SCHON GEWUSST,

dass heute vor allem Satellitenaufnahmen zur Wettervorhersage genutzt werden? Sie liefern wichtige Informationen für die Meteorologen. Auf Satellitenbildern können sie die Bewegungen von Luftmassen und Wolken erkennen und bestimmen, wohin sie wandern. So lassen sich schwere Stürme und Unwetter vorhersagen und die Bewohner der betreffenden Region können rechtzeitig vor der drohenden Gefahr gewarnt werden.

Register